中国农业农村政策的基本框架

赵 鲲 主编

赵长保 杨春华 王 平
王 宾 刘 涛 张海阳 副主编

中国农业出版社

北 京

图书在版编目（CIP）数据

中国农业农村政策的基本框架 / 赵鲲主编. —北京：
中国农业出版社，2022.12
ISBN 978-7-109-30398-0

Ⅰ.①中⋯　Ⅱ.①赵⋯　Ⅲ.①农业政策－研究－中国
Ⅳ.①F320

中国国家版本馆 CIP 数据核字（2023）第 017728 号

中国农业出版社出版

地址：北京市朝阳区麦子店街 18 号楼
邮编：100125
责任编辑：赵　刚
责任校对：吴丽婷
印刷：北京中兴印刷有限公司
版次：2022 年 12 月第 1 版
印次：2022 年 12 月北京第 1 次印刷
发行：新华书店北京发行所
开本：700mm×1000mm　1/16
印张：20.5
字数：295 千字
定价：98.00 元

编委会

主 编:

赵 鲲

副主编:

赵长保　杨春华　王 平　王 宾　刘 涛
张海阳

编写人员（按姓氏笔画排序）:

王 欧　王茂林　龙文军　吕向东　吕明阳

刘 涛　刘光明　刘丽佳　刘武兵　刘春明

孙 昊　苏晓宁　李 娜　李文婧　李沣恒

杨 霞　杨凯波　肖卫东　余 葵　张海阳

张照新　陈炫汐　金书秦　胡顺平　种 聪

姚 璐　贺 潇　郭 军　曹 慧　崔 琳

程 杰　鲁广鹏　靳少泽　蔡海龙　谭慧颖

翟雪玲

序　言
不断完善中国特色农业农村
政策体系

吴宏耀

　　政策是发展的助推器。改革开放四十多年来，我国农业农村政策与时俱进，不断回应实践提出的新任务、新要求，不断引领实践取得新进展、新成效。农业农村发展取得的辉煌成就，与农业农村政策体系的不断完善是分不开的。特别是党的十八大以来，以习近平同志为核心的党中央始终把解决好三农问题作为全党工作的重中之重，连续出台指导三农工作的中央 1 号文件，全方位加大对农业农村发展的支持力度，全面推进乡村振兴的"四梁八柱"初步构建，农业农村政策的系统性、整体性、协同性显著增强。在强农惠农富农政策的有力支持下，粮食生产稳定发展，农业供给侧结构性改革扎实推进，人类历史上规模最大的脱贫攻坚战取得全面胜利，农村生产生活条件显著改善，农业农村发展取得历史性成就、发生历史性变革，为党和国家事业全面开创新局面提供了重要支撑。

　　党的二十大擘画了全面建设社会主义现代化国家、以中国式现代化全面推进中华民族伟大复兴的宏伟蓝图，对做好三农工作作出了系统部署。在 2022 年中央农村工作会议上，习近平总书记对加快建设农业强国、加强三农工作作出重要指示，发出了党中央重农强农的强烈信号，令人振奋，催人奋进。面向新时代新征程，农业农村改革发展仍面临许多长期存在的矛盾问题，也会面临一些新的风险挑战，任务更加艰巨，必须不断完善农业农村政策体系。

　　要锚定建设农业强国目标，推动完善农业农村政策体系。习近平总书记指出，现在农业农村仍然是我国现代化建设的短板。强国必先强农，农强方能国强。农业强国是社会主义现代化强国的根基。加快建设农业强国是新时代新征程党对做好三农工作的战略部署。要锚定建设农业强国目标，科学谋划和推进三农工作。保障粮食和重要农产品稳定安全供给始终是建设农业强国的头等大事。要全面落实粮食安全党政同责，完善粮食安全保障政策，健全耕地保护与建设制度，健全种粮农民收益保障机制、主产区利益补偿机制，健全国土资源统筹开发利用政策，构建多元化食物供给体系，全方位夯实粮食安全根基。全面推进乡村振兴是新时代建设农业强国的重要任务。要坚持走中国特色社会主义乡村振兴道路，全面推进乡村产业振兴、人才振兴、文化振兴、生态振兴、组织振兴。要落实和完善乡村产业帮扶政策，开发农业多种功能、挖掘乡村多元价值，推动农村一二三产业融合发展，增强产业的市场竞争力和可持续发展能力。要围绕巩固拓展脱贫攻坚成果，完善农村低收入人口和欠发达地区帮扶政策，增强脱贫地区和脱贫群众内生发展动力，坚决守住不发生规模性返贫的底线。要坚持把增加农民收入作为三农工作的中心任务，完善农民增收支持政策，拓宽农民增收致富渠道，扎实推进共同富裕，推动现代化成果更多更公平惠及农民农村。要适应全面推进乡村振兴、加快农业农村现代化、加快建设农业强国的要求，不断优化和创新农业农村政策，进一步健全政策体系、聚焦政策目标、丰富政策工具、完善实施机制，持续提高政策的精准性、指向性、实效性。

　　要立足基本国情农情，推动完善农业农村政策体系。习近平总书记指出，建设农业强国要体现中国特色，立足我国国情，立足人多地少的资源禀赋、农耕文明的历史底蕴、人与自然和谐共生的时代要求，走自己的路。要在把握基本国情农情的基础上，发挥制度优势，弘扬优良传统，积极探索创新，调整完善农业农村政策体系，为建设农业强国提供有力支撑。中国共产党领导是中国特色社会主义制度的最大优势，党管农村工作是我们的优良传统，要坚持加强党对农村工作的全面领导，健全党领导农业强国建设的体制机制，最大限度整合资源、凝聚力量，为农业农村发展提供坚强政治保障、创造更好环境条件。小农数量众多是我国的基本国情，要以小农户提升为核心完善新型农业经营主体培育政策，健全农业产业化联农带农机制，广泛开展面向小农的社会化服务，发展中国特色的农业适度规模经营。中华文明根植于农耕文明，要完善乡村经济发展和资源保护利用政策，继承和弘扬优秀农耕文化，支持现代技术理念与天人合一、精耕细作、用养结合等传统农耕文化的精髓有机结合，推动乡村的内涵式可持续发展。绿色是农业的底色，生态是农业的底盘，要生产生态一起抓，完善生态低碳农业发展政策，健全农村人居环境整治提升机制，推动建设宜居宜业和美乡村。

要聚焦激发农业农村发展活力，推动完善农业农村政策体系。习近平总书记指出，建设农业强国，利器在科技，关键靠改革。加快建设农业强国，迫切需要改革增动力、添活力。新时代十年来，以习近平同志为核心的党中央全面部署、系统推进农村改革，一些长期制约农业农村发展的体制机制障碍逐步得到破解，基础性关键性制度更加完善，农业农村发展活力不断增强。党的二十大报告对深化农村改革作出系统部署，2022年中央农村工作会议对深化农村改革给予特别强调、提出明确要求。深化农村改革，要贯彻落实党中央部署要求，必须继续把住处理好农民和土地的关系这条主线，把强化集体所有制根基、保障和实现农民集体成员权利同激活资源要素统一起来，搞好农村集体资源资产的权利分置和权能完善，让广大农民在改革中分享更多成果。当前和今后一个时期，要巩固和完善农村基本经营制度，落实第二轮土地承包到期后再延长30年政策，健全承包地"三权"分置制度和现代农业经营体系，不断提升家庭经营内在动力和统一经营能力，丰富双层经营体制内涵。要完善农业支持保护制度，健全三农投入稳定增长机制，深化农产品价格形成机制和收储制度改革，完善农业补贴政策，健全农村金融服务体系，发展政府支持的农业保险，夯实农业基础，提高农业质量、效益和竞争力。要完善现代农村产权制度和农村土地制度，巩固提升农村集体产权制度改革成果，促进城乡要素平等交换、双向流动，健全乡村振兴要素保障机制，促进发展要素、各类服务更多下乡。要完善党组织领导的自治、法治、德治相结合的乡村治理体系，加强农村精神文明建设，让农村既充满活力又稳定有序。总之，要通过健全农业农村优先发展、城乡融合发展的体制机制和政策体系，确保全面推进乡村振兴取得更为明显的实质性进展，持续提升农民群众获得感、幸福感、安全感。

推动完善农业农村政策体系，既要明方向，也要知过往。在加快建设农业强国的起步之际，全面回顾、系统梳理改革开放以来特别是新时代十年农业农村政策的演变脉络、基本框架和重点举措，意义很大，正当其时。本书的编写出版，对于农业农村系统的同志把握正确方向、深化理论研究、推动完善政策、指导基层实践很有帮助，对于关心三农问题的读者了解三农政策、支持三农工作、投身三农一线同样裨益良多。

通读下来，本书有三个特点：一是体系完整，重点突出。篇章结构涵盖了改革开放以来农业农村政策各个领域，对党的十八大以来的政策演进和政策要点进行了重点梳理，对土地制度、粮食安全、新型主体培育、绿色发展、城乡融合等进行了重点阐述，突出了国之大者，明晰了制度本源，揭示了发展趋势。二是资料详实，内容严谨。书中引用了大量的法律政策文件和理论研究文献，对重要政策的反映全面准确到位，并进行了有价值的分析评价，言之有据、言之成理，有很强的资料价值和历史价值。三是表述规范，守正创新。本书在吃透政策精神的基础上，行文力求归纳准确、语言规范，与党中央的部署要求保持一致。对重大政策问题的分析，坚守底线原则，确保正确方向。在此基础上，坚持解放思想，实事求是地提出政策创新的思路和举措，体现了我国农业农村政策历来融严肃性、灵活性、前瞻性、针对性于一体的鲜明特征。

　　本书是集体智慧的结晶，编者既有中央农办、农业农村部、国家乡村振兴局的机关干部，又有农业农村部所属事业单位的研究人员，还有科研院所的专家学者，体现了三农政策工作理论和实践的有机结合。希望编者继续关注农业农村政策领域的重大理论和实践问题，不断总结新进展，推动农业农村政策体系不断完善。希望读者朋友多提宝贵意见，群策群力促进农业农村改革发展，汇聚起关心三农、支持三农的强大力量。

　　（作者为中央农办专职副主任、农业农村部党组成员）

目　　录

第 1 章

总　论

改革开放特别是党的十八大以来，我国农业农村发展取得举世瞩目的巨大成就，粮食等重要农产品供给充足，乡村产业繁荣兴旺，农村社会事业蓬勃发展，农民生活水平持续提高，为全面建成小康社会提供了坚实支撑，为我国改革开放和社会主义现代化建设作出了重大贡献。与之相伴随，我国在长期不断的探索中，逐步形成了一整套符合国情农情、实践证明行之有效的农业农村政策体系，成就了40多年的三农辉煌，成为中国特色社会主义政策和理论体系的重要组成部分。习近平总书记在党的二十大报告中指出，全面建设社会主义现代化国家，最艰巨最繁重的任务仍然在农村。系统回顾和梳理改革开放特别是党的十八大以来农业农村政策体系的形成过程、框架结构、主要内容和实践效果，对于做好新时代新征程三农工作，具有重要的理论和实践意义。

一、改革开放以来农业农村政策体系构建历程

改革开放前，在特定历史背景下，我国确立了"以农业为基础、以工业为主导"的国民经济发展方针，大力推进社会主义工业化，利用农业农村积累支持工业和城市发展，在"一穷二白"基础上迅速建立起独立的、比较完整的工业体系和国民经济体系，屹立于世界民族之林。改革开放以后，我国工作中心转到经济建设上来，随着社会生产力水平快速提升和综合国力不断增长，我国更有能力、更有条件支持农业农村发

展，在创新理念、调整政策、增加投入等方面积极探索，明确提出三农工作重中之重的指导思想，推动农业农村政策不断突破、扩充、调整和完善。这一过程大体可分为三个阶段。

第一阶段，从20世纪80年代初到党的十六大之前，主要是确立农村基本制度，并出台一系列以"放活"为目标、以市场化为导向的具有开创性的政策措施。 改革开放之初，农业生产陷于困境，有三分之一的农民吃不饱饭，三分之二的农民生活贫困。1978年党的十一届三中全会胜利召开，恢复了我们党解放思想、实事求是的思想路线，全党工作转到以经济建设为中心，拉开了改革开放的序幕。1979年党的十一届四中全会通过《中共中央关于加快农业发展若干问题的决定》，统一了全党对农业问题的认识，明确了发展农业生产力的25项政策和措施。1982—1986年中央连续印发5个1号文件，引发了农村经济社会一系列深刻变化。1991年党的十三届八中全会通过《中共中央关于进一步加强农业和农村工作的决定》，提出把双层经营体制作为我国一项基本制度长期稳定下来。1992年邓小平同志视察南方发表重要讲话，改革开放步伐明显加快。1993年党的十四届三中全会通过《中共中央关于建立社会主义市场经济体制若干问题的决定》，明确了建立社会主义市场经济体制的改革方向。同年颁布实施《农业法》，明确农业农村发展的基本目标、路径和保障措施。1998年党的十五届三中全会通过《中共中央关于农业和农村工作若干重大问题的决定》，对农业农村经济跨世纪发展目标和方针进行全面阐述，为新世纪农村改革发展提出了行动纲领。这一阶段，党中央、国务院始终坚持建立和巩固农村基本经营制度、坚持市场化改革方向，及时出台重大改革举措，推动解决农业农村经济的结构性问题和农村社会领域的突出矛盾。这一阶段，人民公社体制被废除，家庭承包经营制度迅速普及，农产品购销流通体制改革不断深化，农村市场体系逐步建立，乡镇企业异军突起，大量农村劳动力走出乡村，村民自治制度迅速推开，农村扶贫开发和区域协调发展稳步推进，农村经济社会活力竞相迸发。这一阶段，通过一系列政策调整和创新，市场机制在我国农业农村发展中的作用不断凸现，是改革开放背景下农业农村政策破冰起航、披荆斩棘开新路的二十年。

第二阶段，从党的十六大之后到党的十八大之前，指导三农工作新理念逐渐形成，着眼科学发展和城乡统筹的农业农村政策体系开始全面构建。 2001 年，我国加入世界贸易组织，人均国内生产总值首次突破 1 000 美元，工业化和城镇化速度加快。同时，在 20 世纪 90 年代经济社会快速发展的总体背景下，城乡发展不协调矛盾日益显现，二元结构严重制约国家发展全局，国民经济社会发展也对农业农村发展提出了新要求新任务。在深刻分析我国三农问题和认真总结国际发展经验的基础上，党中央、国务院贯彻落实科学发展观，推动三农工作思想认识的升华、发展方式的创新和指导方针的转变。党的十六大提出统筹城乡经济社会发展，2003 年初中央农村工作会议首次提出把解决好三农问题作为全党工作的重中之重，党的十六届三中全会强调"五个统筹"的明确要求，2004 年党的十六届四中全会提出"两个趋向"的重要论断，2008 年党的十七届三中全会通过《中共中央关于推进农村改革发展若干重大问题的决定》，2004—2012 年中央连续印发9个1号文件。深化粮食流通体制改革，全面取消农业税费，制定一系列农产品价格支持和农业补贴政策，确立"工业反哺农业、城市支持农村"和"多予、少取、放活"的基本方针，公共财政逐步覆盖广大乡村，农村公共服务及社会保障制度正式建立，集中连片地区扶贫开发稳步推进，建设社会主义新农村和促进城乡统筹发展有序展开。相对来看，如果说 20 世纪 90 年代是改革开放以来三农领域问题的集中凸显期，本世纪前 10 年则是这些问题的破冰解决期，经过不懈探索，促进农业农村健康发展和统筹推进城乡建设的政策体系粗具雏形。

第三阶段，党的十八大以来，农村改革全面深入，农业农村政策逐步走向体系化、协同化、法制化。 中央从经济社会发展全局出发，着眼两个百年奋斗目标，提出"五位一体"总体布局和"四个全面"战略布局，在全面深化农村改革、完善政策体系等方面作出一系列重大部署。2013 年党的十八届三中全会通过《中共中央关于全面深化改革若干重大问题的决定》，党的十九大提出实施乡村振兴战略，2013—2022 年连续印发 10 个中央 1 号文件，中央全面深化改革领导小组（委员会）有 39 次会议审议了 64 个涉农改革文件（截至 2022 年 6 月），出台了一系列重大改革方案，开展了一系列试点试验，创新了一系列重大法律和政策。农村基本经营制度进一步巩固和完善，新型农业经营体系构建迈出坚实步伐，农业现代化制度支撑更加有力；农业供给侧结构性改革深入推进，国家粮食安全战略启动实施；农产品价格形成机制逐步完善，市场配置资源引导生产的作用得到有效发挥；以绿色生态为导向的农业补贴制度探索建立，构建新型农业补贴政策体系扎实起步；农村产权制度和要素配置市场化改革深入推进，公共资源均衡配置和城乡基本公共服务均等化水平明显提升；脱贫攻坚取得全面胜利，全面建成小康社会目标顺利实现，农村居民同全国人民一道迈入小康社会；党组织领导的自治法治德治相结合的乡村治理体系逐步健全，比较完整的乡村治理政策体系基本形成；《乡村振兴促进法》颁布实施，乡村振兴取得阶段性成效，城乡融合发展局面加快形成。在这一阶段，国家全方位加大对农业农村发展的支持，农业农村政策的系统性、整体性、协同性显著增强，农业支持保护制度进一步完善，促进乡村振兴和城乡融合发展的体制机制与政策体系初步建立。

二、农业农村政策体系的构建目标

一般而言，一个国家农业农村政策主要目标是保障农产品有效供给和农业生产者收入的合理增长，以及农业农村的全面进步和可持续发展。回顾改革开放以来 40 多年历程，我国农业农村政策体系构建是在计划经济体制向社会主义市场经济体制转型、城乡二元体制机制久未破除的背景下起步并展开的，因此还肩负着制度重构的重要功能，其构建目标也包括建立和完善农村基本经营制度、推进农村经济市场化和构建新型工农城乡关系等独特内容。概括起来，我国农业农村政策大体围绕六个方面目标来制定和完善。

（一）保障粮食等重要农产品有效供给

立足本国资源实现粮食等重要农产品基本自给，是我国长期奉行的基本方略。为此，国家加大农业投入力度，实行最严格的耕地保护制度，划定永久基本农田、粮食生产功能区、重要农产品生产保护区，加强高标准农田建设，提高种子、农机等农业物质技术装备水平，实行粮食生产补贴，完善粮食储备制度，构建多元化食物供给体系，确保中国人的饭碗牢牢端在自己手里。在连续多年实行"米袋子"省长负责制和对农业大县进行奖励的基础上，进而实行粮食安全和耕地保护党政同责，进一步压实地方政府重农抓粮的主体责任。

（二）坚持和完善农村基本经营制度

习近平总书记强调，坚持和完善农村基本经营制度，是党在农村最大的政策。以家庭承包经营为基础、统分结合的双层经营体制是农业农村政策的"根"和"魂"，是激活主体、激活要素、激活市场的前提和基础。围绕着建立、巩固和完善农村基本经营制度，坚持家庭承包经营的基础性地位，重构农业微观经营主体；创新农村各类经济组织，鼓励发展农业产业化经营和社会化服务；深化农村集体产权制度改革，发展新型农村集体经济；引导先进要素进入农业，构建立体式、复合型现代农业经营体系。

（三）推进农村经济市场化

打破计划经济的僵化封闭，构建市场导向的农村经济体系，是农业农村政策改革完善的重大任务。一方面，从放开水产品等鲜活农产品市场入手，取消农产品统购统销制度，直至完全放开粮食等重要农产品市场；另一方面，鼓励农民工进城务工，加快建设农村劳动力就业市场，深化农村金融体制改革，引导农民承包地有序流转，支持农村集体经营性建设用地入市，建立农村产权交易市场，不断健全促进农村资源要素优化配置的市场体系。

（四）促进农民持续稳定增收

农民钱袋子鼓不鼓，是衡量农业农村政策绩效的重要标尺。改革开放以来，我国将促进农民增收作为三农工作的基本任务。在稳定发展农业生产的基础上，探索完善农产品价格形成机制，稳定提高粮食等重要农产品价格，既发挥市场在农产品价格形成中的决定性作用，又发挥政府对农产品市场的有效调控作用，促进农产品价格总体稳定。同时，从维护农民工权益、直接补贴农民、发展富民乡村产业、支持农村创新创业、推进精准扶贫精准脱贫等方面采取有力措施，不断拓宽农民增收渠道。

（五）促进农业农村的全面进步和可持续发展

针对我国地域广阔，各地资源禀赋、经济社会发展水平差异较大，农业农村资源约束趋紧的现实，扭转农村不同区域、不同产业和群体、短期和长期之间发展失衡状况，促进绿色可持续发展，逐步成为农业农村政策的重要目标。随着经济发展水平提升，补齐农村社会事业发展短板被提上重要日程。在解除阻碍农村社会生产力发展桎梏的同时，全面发展农村文化、教育、医疗卫生、社会保障等各项社会事业，特别是近年来深入实施乡村振兴战略，推动建设宜居宜业和美乡村，有效缩小了地区、城乡、产业和群体的发展差距。

（六）构建新型工农城乡关系

破除城乡二元结构，构建新型工农城乡关系，是我国农业农村政策改革的重要目标。特别是进入新世纪以来，中央基于对国内发展阶段的准确把握和对国际经验的分析借鉴，对城乡关系的认识不断深化。2007年党的十七大提出"建立以工促农、以城带乡长效机制，形成城乡经济社会发展一体化新格局"的统筹城乡发展新思路，2017年党的十九大提出建立健全城乡融合发展的体制机制和政策体系，国家与农民的关系逐步实现从取到予的根本性转变，工业反哺农业、城市支持农村的方针得以确立，"工农互促、城乡互补、协调发展、共同繁荣"的新型工农城乡关系构建步入快车道。

三、农业农村政策体系的基本框架

经过多年实践探索，我国农业农村政策构建取得丰硕成果，适合国情农情和时代要求的农业农村政策体系基本建立，大致可分为七个方面。

一是农业生产经营政策。以农业经营制度为核心的农业生产经营政策，是农业农村政策的基础。目前，我国农业生产经营政策主要包括农户家庭承包经营、集体统一经营、培育新型经营主体、发展农业社会化服务、农业产业化经营等方面。其主要目标是，在农户家庭承包经营基础上，通过各方面政策相互衔接与配套，实现带动小农、服务小农、提升小农，发展适度规模经营，构建以农户家庭经营为基础、合作与联合为纽带、社会化服务为支撑的立体式复合型现代农业经营体系。

二是农产品市场流通政策。市场是经济运行的重要环节，流通更是农产品价值实现的"惊险一跃"。我国农产品市场流通政策主要包括产品流通、市场调控、质量安全、对外贸易等方面。2015 年以来，农产品领域已没有政府定价项目，全部由市场形成价格并放开主体，市场配置资源引导生产的作用充分发挥。同时，积极发挥政府作用，完善农产品收购储备政策，改善市场调控，加强质量安全监管，确保市场平稳有序运行。积极扩大农业对外交流合作，利用"两个市场、两种资源"，通过扩大进口保障国内紧缺农产品供给。其主要目标是，促进农产品货畅其流，推动农业再生产顺利实现，稳定重要农产品生产供给，发挥我国庞大市场优势，加快构建以国内大循环为主体、国内国际双循环相互促进的新发展格局。

三是农业支持保护政策。农业关系国计民生，又深受自然风险和市场风险的双重影响，对农业进行支持保护是国际通行做法。作为人多地少的发展中大国，我国必须强化农业支持保护，确保农产品供给安全和农民收入增加。目前，我国农业支持保护政策主要包括耕地保护、农业科技创新、农业农村基础设施建设、农业投入、农业补贴、农产品价格支持、农村信贷、农业保险、资源环境保护与建设等方面。其主要目标是，健全完善符合我国国情和世贸组织规则要求的农业支持保护制度，促进农业稳定发展、农民持续增收，不断提升我国农业质量效益和市场竞争力。

四是乡村产业发展政策。发展乡村产业是提升农业、繁荣农村、富裕农民的根本依托。我国乡村产业发展政策主要包括粮食安全、农业结构调整、农村一二三产业融合等方面，涉及粮食安全责任制落实、粮经饲统筹、农产品供给和需求结构调整、农村新产业新业态发展、农业产业链价值链延伸等。其主要目标是，确保粮食等重要农产品供给安全，促进乡村产业提升市场竞争能力和抗风险能力，扩大农民就业，推动形成分工明确、紧密衔接、运行高效的多元化乡村产业形态和多功能乡村产业体系。

五是农村产权政策。以土地集体所有为基础的农村产权制度，是实现农业农村现代化的基础支撑。构建归属清晰、权责明确、保护严格、流转顺畅的现代农村产权制度，是完善社会主义市场经济体制、维护农民合法财产权益、激发农村内在动力的重要任务。农村产权政策主要包括集体经济组织运营、集体资产管理、集体经济发展、宅基地管理与改革、集体经营性建设用地入市、农村建设用地保障、农村产权流转交易等方面，涉及国家、集体、农民和市场主体等各方权益。其主要目标是，通过扎实搞好确权、稳步推进赋权、有序实现活权，落实集体所有权、明晰农户财产权、放活资产经营权，赋予农民更充分的财产权利，促进农村资源要素优化配置，推动乡村产业繁荣。

六是乡村治理政策。乡村治理是国家治理的基石，是乡村振兴的重要内容，关系农村稳定安宁，关乎党在农村的执政基础。改革开放特别是党的十八大以来，党领导下的自治法治德治相结合的乡村治理体系逐步建立，现代乡村治理的制度框架和政策体系基本形成。我国乡村治理政策主要包括加强农村基层党组织建设、规范村民自治制度、建设平安法治乡村、激活德治力量、推进党组织领导下的三治结合等方面。其主要目标是，党组织领导的自治、法治、德治相结合的乡村治理体系更加完善，乡村社会治理有效、充满活力、和谐有序，乡村治理体系和治理能力基本实现现代化。

七是城乡融合发展政策。缩小城乡差距、促进城乡融合发展，是全面建设社会主义现代化国家的重大任务。进入 21 世纪以来，中央明确提出统筹城乡发展，推动城乡发展一体化，制定并不断完善相关政策，加强城乡融合发展的顶层设计。这些政策主要包括推进农村劳动力转移就业、引导工商资本和城市人才有序下乡，以及加强农村基础设施建设和基本公共服务，促进农村区域协调发展、城乡一体化发展以及农业转移人口市民化等方面。其主要目标是打破城乡二元结构，推动乡村振兴与新型城镇化互促共进，不断提升城乡融合发展水平和质量。

从上述几个方面的相互关系看，农村产权政策着眼最基础的生产关系和生产力相适应问题，农业生产经营政策着眼农业经营主体培育和农业生产组织问题，农产品市场流通政策着眼农产品价值实现问题，农业支持保护政策着眼农业稳定发展的保障支撑问题，乡村产业发展政策着眼农业产业链价值链利益链的提升扩展问题，乡村治理政策着眼乡村治理主体、治理体系、治理效能与乡村发展目标相适应问题，城乡融合发展政策着眼城乡要素平等交换和公共资源均衡配置等问题。这些政策相互协调、相互促进、互为动力，沿着从生产到消费、从农业到非农产业、从经济到社会等其他领域、从乡村到城镇的路径，逐步拓展、深化、健全和完善，在螺旋式上升的演进过程中，不断实现政策理念的更新和具体内容的丰富。

四、农业农村政策的实践成效

党的十八大以来，在强农惠农富农政策有力支持下，我国农业农村发展取得历史性成就、发生历史性变革，国家粮食安全有效保障，农村社会稳定安宁，农民生活水平大幅度提高，城乡发展差距不断缩小，为经济社会发展全局稳定奠定了坚实基础。

（一）粮食产量稳定在 1.3 万亿斤[①]以上，农业综合生产能力稳步提升

2012 年我国粮食产量迈上 1.2 万亿斤台阶，此后连续稳定在 1.2 万亿斤以上，2015—2021 年连续 7 年稳定在 1.3 万亿斤以上，亩产量由 2012 年的 357 千克提高到 2021 年的 387 千克，人均产量由 2012 年的 452 千克提高到 2021 年的 483 千克。同时，其他农产品生产稳定发展，多样化食物消费需求得到有效满足。2019 年，我国谷物、棉花、花生、蔬菜、水果、茶叶、猪肉、羊肉、禽蛋产量世界第一，油菜籽产量世界第二，牛肉产量世界第三。农业生产稳定发展与农业物质技术水平提高是分不开的。2012—2021 年，耕地灌溉面积由 9.37 亿亩[②]增加到 10.44 亿亩，农作物耕种收综合机械化率由 57% 提高到 72%，农业科技进步贡献率由 55% 提高到 61%。

（二）美丽乡村建设扎实推进，农村基础设施明显改善

实施乡村振兴战略以来，农村发展进一步全面提速。农村水电路气信等基础设施建设步伐加快，绝大部分村庄实现通公路、通电、通电话、通有线电视信号和通宽带。农村人居环境逐步改善，以建设宜居宜业和美乡村为导向，以农村垃圾、污水治理和村容村貌提升为主攻方向，加快补齐农村人居环境突出短板。完成实施农村人居环境整治三年行动方案，启动农村人居环境整治提升五年行动。据农业农村部统计，全国农村卫生厕所普及率超过 70%，进行生活垃圾收运处理的自然村比例稳定在 90% 以上。

（三）农业绿色发展取得明显进展，农村生态文明建设开创新局面

"十三五"以来，我国农业发展方式加快转变，资源节约型、环境

---

① 斤为非法定计量单位，1 斤＝500 克，下同。
② 亩为非法定计量单位，1 亩＝1/15 公顷，下同。

友好型农业加快发展。农业资源保护利用得到加强。耕地保护制度逐步健全，耕地质量稳步提升。实施"藏粮于地、藏粮于技"战略，严守耕地红线，划定永久基本农田 15.5 亿亩。开展耕地轮作休耕试点，探索促进耕地休养生息和农业可持续发展的有效制度。2016—2021 年，累计实施休耕轮作超过 1.5 亿亩次。农业用水总量得到有效控制，农田灌溉水有效利用系数由 2015 年的 0.536 提高到 2021 年的 0.568。草原生态保护效果明显，近 12.1 亿亩草原通过禁牧封育得以休养生息，26.1 亿亩草原通过季节性休牧轮牧和减畜初步实现草畜平衡。农业面源污染防治成效明显。2015 年以来开展化肥农药使用量零增长行动，化肥农药减量增效已顺利实现预期目标，化肥农药使用量显著减少、利用率明显提升。农业废弃物资源化利用水平稳步提高。畜禽粪污综合利用率达到 75%，秸秆综合利用率、农膜回收率分别达到 86% 和 80%。农产品质量安全水平稳步提高。标准化清洁化生产逐步推行，食用农产品达标合格证制度加快实施，绿色食品、有机农产品和地理标志农产品供给明显增加，主要农产品例行监测合格率稳定在 96% 以上。

（四）农村居民收入连续迈上新台阶，农民消费水平快速提高

2012 年以来，农村居民人均可支配收入每年增长 1 000 元以上，2019 年比 2010 年实际增长 104%，提前一年实现党的十八大提出的倍增目标，2021 年达到 18 931 元。在此过程中，农村居民收入结构不断优化。2021 年农村居民人均可支配收入中，工资性收入占 42.0%，转移净收入占 20.8%，均比 2013 年提高 3.3 个百分点。城乡居民收入之比由 2012 年的 2.88 下降到 2021 年的 2.50。随着收入快速增长，以及农村生产生活条件极大改善，农村居民消费增速连年快于城镇居民。2021 年，农村居民人均消费支出 15 916 元，比 2012 年增长 169%，年均增长 11.6%，年均增速快于城镇居民 4.7 个百分点。

（五）农村绝对贫困现象消除，脱贫攻坚成果得到有效巩固

截至 2020 年底，脱贫攻坚取得全面胜利，现行标准下 9 899 万农

村贫困人口全部脱贫，832 个贫困县全部摘帽，12.8 万个贫困村全部出列，区域性整体贫困得到解决，完成了消除绝对贫困的艰巨任务。此后，脱贫攻坚成果得到巩固，守住不发生规模性返贫底线的基础巩固向好。目前，中央层面确定的衔接政策全部出台，确定 160 个国家乡村振兴重点帮扶县并出台支持政策，逐步实现由集中资源支持脱贫攻坚向全面推进乡村振兴平稳过渡，易地搬迁后续扶持、东西部协作、定点帮扶不断深化。

（六）城乡融合发展步伐加快，城乡互促共进局面初步形成

党的十八大以来，建立健全城乡融合发展体制机制和政策体系，推动城乡要素双向流动、平等交换和公共资源均衡配置，城乡融合发展不断呈现新局面。户籍制度改革取得突破性进展。2014—2021 年全国有 1.3 亿农业转移人口成为城镇居民，城乡统一的户口登记制度全面建立，户口迁移政策全面放开放宽，居住证制度已实现全覆盖，户籍人口和常住人口的城镇化率分别提高到 46.7%、64.72%。农村教育、文化、卫生等社会事业快速发展，新型农村合作医疗和城镇居民医保、新型农村社会养老保险和城镇居民社会养老保险实现整合并轨，农村社会保障体系日益完善。城乡居民基础养老金上调至 93 元，新型农村合作医疗制度人均财政补助标准提高到 610 元。县级行政单位全部实现县域义务教育基本均衡发展。农村低保平均标准占城市低保标准的平均比例，从 2015 年的 58.7% 提高到 2022 年的 73.6%。城乡均等的公共就业创业服务体系逐步完善。面向农民工等重点群体的公共就业服务体系不断健全完善，农民工总量由 2013 年的 26 894 万人增加到 2021 年的 29 251 万人。截至 2021 年，返乡入乡创业创新人员累计达到 1 120 万人，其中返乡农民工占 70.5%。乡村治理稳步加强。以党组织为核心的农村基层组织建设进一步加强，乡村治理内容逐步充实，乡村治理手段不断创新，乡村治理体系进一步完善，乡村治理试点示范和乡村治理示范村镇创建行动有序开展，积分制、清单制等经验全面推广，农村社会保持稳定。

五、面向未来的农业农村发展重点任务

当前，我国发展不平衡不充分问题依然突出，粮食安全根基仍需夯实，城乡区域发展和收入分配差距较大，民生保障存在短板，全面建设社会主义现代化国家最艰巨最繁重的任务依然在农村。当前和今后一个时期，要深入贯彻落实党的二十大精神，全面贯彻习近平新时代中国特色社会主义思想，立足新发展阶段、贯彻新发展理念、构建新发展格局、推动高质量发展，全面深化农村改革，全面推进乡村振兴，坚持在发展中保障和改善民生，坚持人与自然和谐共生，统筹发展和安全，促进农业高质高效、农村宜居宜业、农民富裕富足。总体上，未来一个时期农业农村发展的主要任务有六个方面。

（一）加快建设农业强国

我国即将迈进高收入国家门槛，食品消费结构加快升级，对建设现代农业提出了更高要求。我国农业已具备由大到强的基础，要坚持目标导向和问题导向相结合，走中国特色现代农业发展道路，加快建设农业强国。在"地"方面，牢牢守住 18 亿亩耕地红线，强化耕地用途管制，逐步把永久基本农田全部建成高标准农田，推进全域耕地整理，改造提升高标准农田和中低产田，统筹利用非耕地国土资源，合理开发盐碱地等后备资源，全方位多途径开发食物资源。在"技"方面，强化农业战略科技力量，聚焦生物育种、农机装备、智慧农业等，支持关键核心技术和"卡脖子"技术突破创新，特别是大力推进种业振兴，全面推开生物育种产业化。在"义"方面，严格落实粮食安全和耕地保护党政同责，完善农业主产区利益补偿机制，调动地方重农抓粮积极性，加强粮食等重要农产品应急保供体系建设。在"利"方面，健全种粮农民收益保障机制，挖掘乡村多元价值和农业多种功能，加快促进农村一二三产业融合发展，推动农业全产业链改造升级，提升农业质量效益和竞争力。在农业支持保护方面，完善适应国情和世界贸易组织规则的农业支持保护

制度，创新完善政策工具和手段，为建设农业强国提供有力支撑。

（二）建设宜居宜业和美乡村

农村美不美，关系到百姓的"幸福值"，也是乡村振兴的"试金石"。建设和美乡村，要"硬件""软件"两手抓，使农村具备基本现代生活条件。在乡村建设方面，要适应工业化、城镇化进程中乡村形态快速演变、村庄格局转型重塑的新形势，深入实施乡村建设行动，编制县乡国土空间规划和实用性村庄规划，推进县域内城乡基础设施一体化、基本公共服务均等化，整治提升农村人居环境，加强农村基础设施建设，健全乡村公共服务体系，促进县域内城乡生活品质等值。在农村绿色发展方面，牢固树立绿水青山就是金山银山的理念，构建绿色低碳农业种植业结构和农村产业结构，加快绿色技术创新与应用步伐，加大农业资源生态保护力度，促进农业农村节能减排固碳、资源全面节约和循环利用。在乡村治理方面，要顺应城乡人口结构深刻变动的趋势，坚持党对农村工作全面领导，加强基层党组织建设，统筹运用传统治理手段和现代治理资源，创新乡村治理方式，构建共建共治共享的乡村治理新格局，提升乡村治理体系和治理能力现代化水平。

（三）巩固和完善农村基本经营制度

以家庭承包经营为基础、统分结合的双层经营体制是我国农村基本经营制度，是党的农村政策的基石。巩固和完善农村基本经营制度，要加快健全农地"三权"分置制度和现代农业经营体系，不断提升家庭经营内在动力和统一经营能力，丰富双层经营体制内涵，为全面推进乡村振兴、加快建设农业强国夯实制度基础、提供新动能、增添新活力。在"分"的层面，坚持农村土地集体所有、农户家庭承包经营的基本制度不动摇，保持土地承包关系稳定并长久不变，落实第二轮土地承包到期后再延长 30 年政策，健全承包合同管理制度；提升家庭经营能力，支持有条件的小农户发展成为家庭农场，实现家庭经营向专业化、集约化发展。在"统"的层面，探索丰富集体经济的有效实现形式，加快培育新型农业经营主体和服务主体，构建以家庭经营为基础、新型农业经营主体为依托、社会化服务为支撑的现代农业经营体系，引导带动小农户与现代农业发展有机衔接，不断提升"统"的能力，丰富"统"的形式和内容，实现统一经营向组织化、社会化发展。

（四）培育高素质现代农民

实现乡村全面振兴，离不开农民全面发展。习近平总书记指出，农业出路在现代化，关键是加强农业科技人才队伍建设，培养新型职业农民。在加强农民技能培训方面，要深入实施高素质农民培育计划等项目，聚焦全产业链技能水平提高，培训与教育并举，引进培育与就地培养并重，加快培养农业农村现代化急需的高素质农民。在提高农民组织化程度方面，要实施家庭农场培育计划，鼓励引导有长期稳定务农意愿的小农户稳步发展成为适度规模经营的家庭农场，鼓励家庭农场组建农民合作社，鼓励发展家庭农场联盟、农民合作社联合社，支持农民合作社创办农产品加工企业等实体，探索"龙头企业＋合作社＋家庭农场＋种植大户"的现代农业产业化联合体经营模式，带动农民增收、农业增效。在加强农民发展支持方面，要加快发展农业社会化服务，支持农民改善生产设施条件，支持小农户参与农业多种功能、乡村多元价值开发，让小农户成为现代农业发展成果的直接受益者。

（五）促进共同富裕

习近平总书记强调，共同富裕是中国特色社会主义的本质要求，是人民群众的共同期盼，是中国式现代化的重要特征；实现共同富裕不仅是经济问题，而且是关系党的执政基础的重大政治问题。当前，城乡收入差距依然较大，让农民农村在共同富裕道路上不掉队、赶上来的任务还很艰巨。要重点从四个方面下功夫：在"提低"方面，开展农村低收入人口动态监测，对有劳动能力的农村低收入人口，坚持开发式帮扶，帮助其通过发展产业、参与就业，依靠双手勤劳致富。在"扩中"方面，将家庭农场、种养大户、合作社带头人、中小微企业主、个体工商户、农民工等有一定发展能力的人群作为重点，推动更多农村居民进入中等收入群体。在"兜底"方面，对完全丧失劳动能力或部分丧失劳动能力且无法通过产业就业获得稳定收入的人口，按规定纳入农村低保或特困人员救助供养范围。在"缩差"方面，挖掘农业增收潜力，促进农村劳动力高质量就业，创造增加农民财产性收入的制度环境，完善对农民直接补贴政策，促进农村居民收入增长和经济增长基本同步，推动城乡居民收入差距显著缩小。

（六）实现城乡深度融合

习近平总书记指出，我们应该通过振兴乡村，开启城乡融合发展和现代化建设新局面。面向未来，应围绕建立"工农互促、城乡互补、协调发展、共同繁荣"的新型工农城乡关系，进一步建立健全城乡融合发展体制机制和政策体系，不断缩小城乡发展差距，促进城乡全面深度融合。在土地要素配置方面，完善承包地"三权"分置制度，依法依规统筹推进宅基地、集体经营性建设用地、集体公益性建设用地等不同类型农村土地制度改革，运用市场机制盘活乡村存量土地和低效用地，积极探索乡村产业用地市场化配置方式。在乡村营商环境方面，全面完善农村产权制度，公平保护城乡产权，建立符合市场经济要求的集体经济运行新机制，加快发展农村产权流转交易市场，健全社会资本下乡政策措施，吸引更多城市资本投身乡村振兴，推动城乡要素跨界配置和产业有机融合。在劳动力配置和人口流动方面，继续推进以人为核心的新型城镇化，加强城乡统一的劳动力市场建设，引导农民工返乡创业，探索人才加入乡村机制，支持城市各类人才投身乡村振兴，以人口自由流动为纽带，不断提高城乡融合发展质量和水平。在乡村振兴要素保障方面，按照干部配备优先考虑、要素配置优先满足、资金投入优先保障、公共服务优先安排的要求，不断健全农业农村优先发展和城乡融合发展体制机制，完善实施乡村振兴战略的领导体制、推进机制、考核制度和保障措施，确保重点任务落地见效。

第 2 章

农村土地承包政策

土地是农业最基本的生产要素，土地归谁所有、如何经营，是一个国家农业农村政策的基础。新中国成立七十多年来，我国逐步形成以土地集体所有、农户家庭承包经营为基本内涵的农村土地承包经营制度。党的十八大以来，农村土地承包政策不断完善，为农业农村发展提供了坚实的制度支撑。

一、发展历程

(一) 农村土地集体所有制的确立

新中国建立后，顺应广大农民的热切期盼，1950 年 6 月，中央人民政府委员会第八次会议通过的《土地改革法》规定，废除地主阶级封建剥削的土地所有制，实行农民的土地所有制；所有没收和征收得来的土地和其他生产资料，除本法规定收归国家所有者外，均由乡农民协会接收，统一地、公平合理地分配给无地少地及缺乏其他生产资料的贫苦农民所有；土地改革完成后，由人民政府发给土地所有证，并承认一切土地所有者自由经营、买卖及出租其土地的权利。到 1952 年底，除少数地区外，全国土地改革基本完成，约 3 亿无地少地农民无偿获得约 7 亿亩土地。通过土地改革，废除了封建剥削的土地制度，从根本上铲除了中国封建制度的根基，彻底改变了农村的生产关系，形成"农民所有、自主经营"的农民土地所有制，充分调动了农民发展生产的积极性。

1951年12月，中共中央印发《关于农业生产互助合作的决议（草案）》，明确提出发展农业生产互助合作的基本方针、政策和指导原则，指出"为了帮助农民克服一家一户个体经营中的困难，避免产生两极分化，必须提倡组织起来，发挥农民劳动互助的积极性。这种劳动互助是建立在个体经济（农民私有财产）的基础上，其发展前提就是农业集体化。"此后，农业领域开始进行社会主义改造。1953—1956年，中央先后印发《关于农业生产互助合作的决议》《关于发展农业生产合作社的决议》等。1956年6月，全国人民代表大会通过《高级农业生产合作社示范章程》，规定农业生产合作社按照社会主义的原则，把社员私有的主要生产资料转为合作社集体所有。到1956年底，全国加入高级社的农户已占农户总数的89%，农业社会主义改造基本完成，农村土地集体所有制基本建立。广大农村普遍建立起劳动群众集体所有制经济，奠定了农村社会主义建设的制度基础，开启了农村社会主义建设新的历史时期。

（二）家庭承包经营制度的确立和完善

为消除政社合一的人民公社体制、高度集中的计划经济模式对农村生产力的束缚和制约，改革开放以后，我国在农村实行了家庭承包经营制度，所有权归集体，承包经营权归农户，形成统分结合的双层经营体制。

1. 家庭承包经营制的确立

1978年中国共产党十一届三中全会作出改革开放的战略决策，拉开了农村改革的序幕。安徽凤阳小岗村等地开展"包产到户""包干到户"，打破了"大锅饭"。1979年9月通过的《中共中央关于加快农业发展若干问题的决定》提出，"除某些副业生产的特殊需要和边远山区、交通不便的单家独户外，也不要包产到户"，为包产到户打开了突破口。1980年5月，邓小平明确指出，"农村政策放宽以后，一些适宜搞包产到户的地方搞了包产到户，效果很好，变化很快……有的同志担心，这样搞会不会影响集体经济。我看这种担心是不必要的。我们总的方向是发展集体经济。"同年 9 月，中央印发《关于进一步加强和完善农业生产责任制的几个问题》，明确在边远山区和贫困落后地区可以包产到户，也可以包干到户。到 1981 年底，全国农村基本核算单位中，建立各种形式生产责任制的已占 97.8%。1982—1986 年，连续出台 5 个中央 1 号文件，对稳定和完善家庭联产承包责任制提出明确要求。到 1983 年底，全国农村基本上实行了家庭承包经营，以家庭承包经营为基础、统分结合的双层经营体制初步形成。1986 年 6 月，全国人大常委会通过的《土地管理法》首次在法律中规定，集体所有的土地，全民所有制单位、集体所有制单位使用的国有土地，可以由集体或者个人承包经营，从事农、林、牧、渔业生产。1991 年 11 月，《中共中央关于进一步加强农业和农村工作的决定》提出，把以家庭联产承包为主的责任制、统分结合的双层经营体制，作为我国乡村集体经济组织的一项基本制度长期稳定下来，并不断充实完善。

2. 一轮承包期十五年

家庭承包政策的确立，极大地调动了亿万农民的生产积极性，粮食产量从 1978 年的 3.05 亿吨猛增到 1984 年的 4.07 亿吨。为了给农民稳定的预期，《中共中央关于 1984 年农村工作的通知》（即 1984 年中央 1 号文件）明确规定："土地承包期一般应在十五年以上。在延长承包期以前，群众有调整土地要求的，可以本着'大稳定、小调整'的原则，经过充分商量，由集体统一调整。"这是第一次以中央文件的形式规定了农村土地承包的期限。1987 年，中央发布《把农村改革引向深入》，强调"要进一步稳定土地承包关系。只要承包户按合同经营，在规定的承包期内不要变动，合同期满后，农户仍可连续承包。已经形成一定规模、实现了集约经营并切实增产的，可以根据承包者的要求，签订更长期的承包合同。"

3. 一轮承包到期后再延长三十年

由于各地实行土地承包的时间不同，20 世纪 90 年代初，许多地区 15 年承包期已经到期或即将到期，土地承包期到期以后怎么办成为农民普遍关注的问题。1993 年 11 月，中共中央印发《关于当前农业和农村经济发展的若干政策措施》，明确："为了稳定土地承包关系，鼓励农民增加投入，提高土地的生产率，在原定的耕地承包期到期之后，再延长三十年不变。开垦荒地、营造林地、治沙改土等从事开发性生产的，承包期可以更长。"针对一些地方土地调整过于频繁的情况，文件指出，"为避免承包耕地的频繁变动，防止耕地经营规模不断被细分，提倡在承包期内实行'增人不增地，减人不减地'的办法。"对于要求土地使用权流转的问题，文件提出"在坚持土地集体所有和不改变土地用途的前提下，经发包方同意，允许土地使用权依法有偿转让。"1997 年，《中共中央办公厅、国务院办公厅关于进一步稳定和完善农村土地承包关系的通知》提出，集体土地实行家庭联产承包制度，是一项长期不变的政策。承包期满后，落实土地承包期再延长三十年，要使绝大多数农户原有承包地继续稳定，不能打乱重分；根据实际需要，可以在个别农户之间小范围调整。承包期内解决人地关系的矛盾，可按"大稳定、小调整"的原则在农户之间进行个别调整。1998 年 10 月，党的十五届三中全会通过《中共中央关于农业和农村工作若干重大问题的决定》，肯定了实行家庭联产承包责任制的改革成效，指出实行双层经营体制理顺了农村最基本的生产关系，强调要坚定不移地贯彻土地承包期再延长三十年的政策，并抓紧制定确保农村土地承包关系长期稳定的法律法规，赋予农民长期而有保障的土地使用权。

4. 土地承包法律体系逐步建立健全

1993 年修正的《宪法》规定，农村中的家庭联产承包为主的责任制和生产、供销、信用、消费等各种形式的合作经济，是社会主义劳动群众集体所有制经济。这是家庭承包制度首次入宪。1999 年修正的《宪法》规定，农村集体经济组织实行家庭承包经营为基础，统分结合的双层经营体制。2003 年 3 月，《农村土地承包法》实施，赋予农民对承包地享有占有、使用、收益的权利，允许采取转包、出租、转让、互换、入股等方式流转承包地。2009 年 6 月，《农村土地承包经营纠纷调解仲裁法》实施，为有效化解承包经营纠纷提供了重要法律保障。2007 年 10 月《物权法》施行，2021 年 1 月《民法典》施行（《物权法》同时废止），进一步强化了对土地承包经营权的物权保护。

（三）土地承包经营制度的进一步巩固和完善

党的十八大以来，根据经济社会发展新趋势，中央从全局高度、战略高度，对深化农村土地制度改革作出一系列重大决策部署。

1. 明确农村承包地"三权"分置

随着工业化、城镇化深入推进，农村劳动力大量转移进城，相当一部分农户将承包地流转给他人经营，承包主体与经营主体分离成为普遍现象。2013 年 7 月，习近平总书记在武汉农村综合产权交易所调研时指出，深化农村改革，完善农村基本经营制度，要好好研究农村土地所有权、承包权、经营权三者之间的关系。习近平总书记指出，顺应农民保留土地承包权、流转土地经营权的意愿，实现承包权和经营权分置并行，这是我国农村改革的又一次重大创新。2014 年 11 月，中共中央办公厅、国务院办公厅印发《关于引导农村土地经营权有序流转发展农业适度规模经营的意见》，明确了农村承包土地流转的基本原则，强调农业适度规模经营发展要与城镇化进程和农村劳动力转移规模相适应，与农业科技进步和生产手段改进程度相适应，与农业社会化服务水平提高相适应，让农民成为土地流转和规模经营的积极参与者和真正受益者。2016 年 10 月，中共中央办公厅、国务院办公厅印发《关于完善农村土地所有权承包权经营权分置办法的意见》，明确了承包地"三权"分置的指导思想和基本原则，对形成层次分明、结构合理、平等保护的"三权"分置格局作出了系统全面的制度安排。

2. 开展承包地确权登记颁证

随着工业化、信息化、城镇化和农业现代化深入发展，因历史原因形成的承包地块面积不准、四至不清、空间位置不明、登记簿不健全等问题逐渐显现。自 2008 年起，中央农办、农业部组织开展了土地承包经营权确权登记颁证试点，并逐步扩大试点范围。2013 年 12 月，习近平总书记在中央农村工作会议上明确指出，建立土地承包经营权登记制度，是实现土地承包关系稳定的保证，要把这项工作抓紧抓实，真正让农民吃上"定心丸"[①]。2014 年，中央提出用 5 年左右时间基本完成土地承包经营权确权登记颁证工作。到 2018 年底，农村承包地确权登记颁证工作基本完成。2019 年又开展了"回头看"，进一步夯实了确权成果。农村承包地确权登记颁证工作共涉及 2 838 个县（市、区）及开发区、3.4 万个乡镇、55 万多个行政村，确权耕地面积 15.04 亿亩，完善土地承包合同 2 亿多份，给 2.01 亿农户颁发了农村土地承包经营权证书。

3. 明确"长久不变"政策内涵，第二轮土地承包到期后再延长三十年

顺应农民群众对稳定土地承包关系的期待和愿望，2008 年党的十七届三中全会通过的《中共中央关于推进农村改革发展若干重大问题的决定》强调，现有土地承包关系要保持稳定并长久不变。2013 年党的十八届三中全会通过的《中共中央关于全面深化改革若干重大问题的决定》提出，稳定农村土地承包关系并保持长久不变，在坚持和完善最严格的耕地保护制度前提下，赋予农民对承包地占有、使用、收益、流转及承包经营权抵押、担保权能，允许农民以承包经营权入股发展农业产业化经营。2017 年 10 月，习近平总书记在党的十九大上宣布，保持土地承包关系稳定并长久不变，第二轮土地承包到期后再延长三十年。2019 年 11 月，中央公布《关于保持土地承包关系稳定并长久不变的意见》，明确了"长久不变"的政策内涵，即保持土地集体所有、家庭承包经营的基本制度长久不变，保持农户依法承包集体土地的基本权利长久不变，保持农户承包地稳定，给亿万农民吃了"长效定心丸"。

4. 引导土地经营权有序流转

伴随着我国工业化、信息化、城镇化和农业现代化进程，农村劳动

---

① 《坚持和完善农村基本经营制度》（2013 年 12 月 23 日），载习近平：《论坚持全面深化改革》，中央文献出版社 2018 年版，第 70-71 页。

力大量转移，农业物质技术装备水平不断提高，农村承包土地的经营权流转明显加快。2013 年 11 月，党的十八届三中全会强调，鼓励承包经营权在公开市场上向专业大户、家庭农场、农民合作社、农业企业流转，发展多种形式规模经营。2015 年中共中央办公厅、国务院办公厅印发的《深化农村改革综合性实施方案》强调，把握好土地经营权流转、集中和规模经营的度，不片面追求超大规模经营。2016 年农业部印发《农村土地经营权流转交易市场运行规范（试行）》，2021 年修改《农村土地经营权流转管理办法》，鼓励各地建立健全土地经营权流转交易市场，推动农村产权流转交易公开公正规范运行。截至 2021 年底，全国农村承包耕地经营权流转面积达 5.57 亿亩，占比 35.4%，全国农村产权流转交易市场数量达到 1 153 个，为流转双方提供信息发布、价格指导、政策咨询等服务。

5. 建立健全承包纠纷调解仲裁体系

2002 年 8 月颁布的《农村土地承包法》明确，农村土地承包经营纠纷可以申请调解仲裁。2009 年 6 月颁布的《农村土地承包经营纠纷调解仲裁法》，对土地承包经营纠纷调解仲裁机构设置、工作程序作出详细规定。2013 年农业部印发《农村土地承包经营纠纷调解仲裁工作规范》，加快推进调解仲裁工作的制度化、规范化。2016 年，农业部印发《关于加强基层农村土地承包调解体系建设的意见》，推动建立"乡村调解、县市仲裁、司法保障"的农村土地承包经营纠纷化解机制；同年，农业部、国家林业局联合印发《农村土地承包经营纠纷仲裁法律文书示范文本》，以满足各地农村土地承包经营纠纷仲裁的工作需要。2018 年，农业部印发《农村土地承包仲裁员农业行业职业技能标准（试行）》，对仲裁员职业的工作内容、技能要求作出规定。截至 2021 年底，全国共设立农村土地承包仲裁委员会 2 595 个，其中县级仲裁委员会 2 478 个；依法聘任仲裁员 5.47 万人。各地不断加强仲裁队伍建设，建立健全部门协调机制，进一步提升土地承包经营纠纷调解仲裁公信力。

二、政策内容

(一) 农村土地归农民集体所有，实行家庭承包经营制

1. 农村土地归农民集体所有

习近平总书记指出，坚持农村土地农民集体所有，这是坚持农村基本经营制度的"魂"。农村土地属于农民集体所有，这是农村最大的制度。农村基本经营制度是农村土地集体所有制的实现形式，农村土地集体所有权是土地承包经营权的基础和本位。坚持农村基本经营制度，就要坚持农村土地集体所有。这是社会主义公有制的内在要求，是立足人多地少基本国情、带领人民走向共同富裕的必然选择。我国《宪法》明确规定，农村和城市郊区的土地，除由法律规定属于国家所有的以外，属于集体所有；宅基地和自留地、自留山，也属于集体所有。据统计，集体所有土地为 65.5 亿亩，占国土面积的 45.5％。根据第三次全国国土调查（简称"国土三调"）和农业农村部政策与改革司统计，2019 年末全国耕地 19.18 亿亩，其中集体耕地超过九成。

2. 农村集体土地实行农民家庭承包经营

家庭经营符合农业生产特点，在不同国家、不同历史阶段、不同社会生产力水平中都有广泛的适应性。习近平总书记指出，家庭经营在农业生产经营中居于基础性地位，集中体现在农民家庭是集体土地承包经营的法定主体。农村集体土地应该由作为集体经济组织成员的农民家庭承包，其他任何主体都不能取代农民家庭的土地承包地位。农民家庭承包的土地，可以由农民家庭经营，也可以通过流转经营权由其他经营主体经营，但不论经营权如何流转，集体土地承包权都属于农民家庭。这是农民土地承包经营权的根本，也是农村基本经营制度的根本。《民法典》明确规定，农民集体所有和国家所有由农民集体使用的耕地、林地、草地以及其他用于农业的土地，依法实行土地承包经营制度。土地承包经营权人依法对其承包经营的耕地、林地、草地等享有占有、使用和收益的权利，有权从事种植业、林业、畜牧业等农业生产。土地承包

经营权自土地承包经营权合同设立时生效。

3. 实行统分结合双层经营体制

家庭经营是集体经济组织内部的一个经营层次，是双层经营体制的基础。统一经营主要是通过农村集体经济组织、合作组织、社会化服务组织等发展多种形式的联合与合作，解决一家一户办不了、办不好、办起来不合算的事。两者相辅相成，宜统则统、宜分则分，不能将两者割裂开来、对立起来。2008 年 10 月通过的《中共中央关于推进农村改革发展若干重大问题的决定》强调，家庭经营要向采用先进科技和生产手段的方向转变，增加技术、资本等生产要素投入，着力提高集约化水平；统一经营要向发展农户联合与合作，形成多元化、多层次、多形式经营服务体系的方向转变，发展集体经济、增强集体组织服务功能，培育农民新型合作组织，发展各种农业社会化服务组织，鼓励龙头企业与农民建立紧密型利益联结机制，着力提高组织化程度。

（二）保持土地承包关系稳定并长久不变

《关于保持土地承包关系稳定并长久不变的意见》明确了长久不变的政策内涵，归纳起来就是"两不变、一稳定"，即保持土地集体所有、家庭承包经营的基本制度长久不变，这一基本制度有利于调动集体和农民积极性，对保障国家粮食安全和农产品有效供给具有重要作用，必须毫不动摇地长久坚持，确保农民集体有效行使土地所有权、集体成员平等享有土地承包权。保持农户依法承包集体土地的基本权利长久不变，要长久保障和实现农户依法承包集体土地的基本权利。同时，要根据时代发展需要，不断强化对土地承包权的物权保护，依法保障农民对承包地占有、使用、收益、流转及承包土地的经营权抵押、担保权利，不断赋予其更加完善的权能。保持农户承包地稳定，农民家庭是土地承包经营的法定主体，农村集体土地由集体经济组织内农民家庭承包，家庭成员依法平等享有承包土地的各项权益。农户承包地要保持稳定，发包方及其他经济组织或个人不得违法调整。鼓励承包农户增加投入，保护和提升地力。可在农民自愿前提下结合农田基本建设，组织开展互换并地，发展连片种植。支持新型农业经营主体通过流转农户承包地进行农田整理，提升农业综合生产能力。

（三）实行农村承包地"三权"分置

《关于完善农村土地所有权承包权经营权分置办法的意见》对坚持土地集体所有权根本地位、严格保护农户承包权、加快放活土地经营权、完善"三权"关系作出了具体规定，提出了确保"三权"分置有序实施的任务要求。一是坚持农村土地集体所有权。土地集体所有权人对集体土地依法享有占有、使用、收益和处分的权利。农民集体是土地集体所有权的权利主体，要充分维护农民集体对承包地发包、调整、监督、收回等各项权能，发挥土地集体所有的优势和作用。二是保护农户承包权。土地承包权人对承包土地依法享有占有、使用和收益的权利。任何组织和个人都不能取代农民家庭的土地承包地位，都不能非法剥夺和限制农户的土地承包权。要充分维护承包农户使用、流转、抵押、退出承包地等各项权能。承包土地被征收的，承包农户有权依法获得相应补偿，符合条件的有权获得社会保障费用等。三是放活土地经营权。土地经营权人对流转土地依法享有在一定期限内占有、耕作并取得相应收益的权利。要依法维护经营主体从事农业生产所需的各项权利，使土地资源得到更有效合理利用。承包农户流转出土地经营权，不应妨碍经营主体行使合法权利。加强对土地经营权的保护，引导土地经营权流向种田能手和新型农业经营主体。2018 年 12 月，十三届全国人大常委会第七次会议通过了关于修改《农村土地承包法》的决定，农村承包地实行"三权"分置的制度得以法制化。2021 年 1 月施行的《民法典》从基本法层面上进一步明确了承包地"三权"分置相关规定，加强了对土地经营权的保护。

（四）引导农村土地经营权有序流转

中共中央办公厅、国务院办公厅《关于引导农村土地经营权有序流转发展农业适度规模经营的意见》明确提出，既要加大政策扶持力度，加强典型示范引导，鼓励创新农业经营体制机制，又要因地制宜、循序渐进，不能搞大跃进，不能搞强迫命令，不能搞行政瞎指挥。现阶段，对土地经营规模相当于当地户均承包地面积 10～15 倍、务农收入相当于当地二三产业务工收入的，应当给予重点扶持。一是鼓励发展多种形式适度规模经营。鼓励农户依法采取转包、出租、互换、转让、入股等方式，流转承包地。支持农民以土地、资金、劳动、技术、产品为纽带，开展多种形式的合作与联合，适度扩大经营规模。大力培育新型农业经营主体和服务主体，通过经营权流转、股份合作、代耕代种、土地托管等多种方式，加快发展土地流转型、服务带动型等多种形式规模经营。二是建立健全土地流转管理服务体系。健全土地经营权流转市场，规范市场运行机制。引导土地流转双方签订书面流转合同，保护流转双方权益。建立土地经营权流转合同网签备案制度，推广使用土地流转合同示范文本。三是培育新型农业经营主体。实施新型农业经营主体培育工程，培育发展家庭农场、合作社、龙头企业、社会化服务组织和农业产业化联合体，发展多种形式适度规模经营。

（五）加强对工商企业租赁农户承包地的监管和风险防范

中央高度重视对工商企业租赁农户承包地的监管和风险防范。2013 年和 2014 年中央 1 号文件分别提出，探索建立严格的工商企业租赁农户承包耕地（林地、草原）准入和监管制度；探索建立工商企业流转农业用地风险保障金制度，严禁农用地非农化。《关于引导农村土地经营权有序流转发展农业适度规模经营的意见》指出，各地对工商企业长时间、大面积租赁农户承包地要有明确的上限控制，建立健全资格审查、项目审核、风险保障金制度，对租地条件、经营范围和违规处罚等作出规定。2015 年，农业部、中央农村工作领导小组办公室、国土资源部、国家工商行政管理总局印发《关于加强对工商资本租赁农地监管和风险防范的意见》，要求建立五项制度。一是上限控制制度。对工商资本租赁农地的期限和面积要有明确的上限控制。承包耕地租赁期限一律不得超过土地二轮承包剩余的时间。各地可根据实际情况，确定工商资本租赁农地面积占本地承包耕地总面积的比例上限，也可以确定单个企业（组织或个人）租赁农地的面积上限。二是分级备案制度。工商资本租地，以乡镇、县（市）为主进行备案，超过一定规模的，应在市（地）一级备案，超大规模的要在省一级备案，具体标准由各省（区、市）自行制定。三是审查审核制度。各地要建立多方参与的农地流转审查监督机制，对租赁农地的工商资本主体资质、经营能力、经营项目等进行审查审核。与国家法律政策相抵触的，要依法限制或禁止租赁土地。四是风险保障制度。按照流入方缴纳为主、政府适当补助的原则，抓紧建立健全租赁农地风险保障金制度，引导工商资本与农户签订规范的流转合同。五是事中事后监管制度。强化农地使用监管，对于土地撂荒的，可停发农业补贴；对于发现问题拒不整改的，可以依法解除农地租赁合同；对于擅自改变农业用途、严重破坏或污染耕地的，要依法追究责任。2018年新修正的《农村土地承包法》明确要求，建立工商企业等社会资本通过流转取得土地经营权的资格审查、项目审核和风险防范制度。2021年新修改的《农村土地经营权流转管理办法》，明确了对工商企业等社会资本通过流转取得土地经营权的审查审核具体规定。

（六）开展农村土地承包经营纠纷调解仲裁

自《农村土地承包经营纠纷调解仲裁法》颁布以来，农村土地承包经营纠纷调解仲裁体系日益健全。农村土地承包经营纠纷仲裁有如下四个特点：

1. 仲裁范围明确

受理农村土地承包经营纠纷调解和仲裁的案件主要包括：因订立、履行、变更、解除和终止农村土地承包合同发生的纠纷；因农村土地承包经营权转包、出租、互换、转让、入股等流转发生的纠纷；因收回、调整承包地发生的纠纷；因确认农村土地承包经营权发生的纠纷；因侵害农村土地承包经营权发生的纠纷；法律、法规规定的其他农村土地承包经营纠纷。因征收集体所有的土地及其补偿发生的纠纷，不属于农村土地承包仲裁委员会的受理范围，可以通过行政复议或者诉讼等方式解决。

2. 农村土地承包经营纠纷可裁可审

农村土地承包经营纠纷仲裁在基本制度上采取与商事仲裁不同的制度，即非协议仲裁、可裁可审、裁后再审的制度，这是由我国国情和解决农村土地承包经营纠纷的实际情况决定的。非协议仲裁是指向仲裁委员会提请仲裁，不要求双方当事人达成仲裁协议，一方当事人向仲裁委员会提出仲裁申请即可启动仲裁程序。可裁可审是指纠纷发生后，当事人既可以向仲裁机构申请仲裁，也可以直接向法院起诉。裁后再审是指当事人不服仲裁裁决的，可以自收到裁决书之日起的法定期间向人民法院起诉，逾期不起诉的，裁决书才发生法律效力。

3. 仲裁程序简单易行

为方便农民群众，在仲裁地点和程序上进行了便民设计。如仲裁开庭可以在纠纷涉及的土地所在地的乡（镇）或者村进行，也可以在农村土地承包仲裁委员会所在地进行；当事人双方要求在乡（镇）或者村开庭的，应当在该乡（镇）或者村开庭。关于仲裁庭组成，对事实清楚、权利义务关系明确、争议不大的农村土地承包经营纠纷，经双方当事人同意，叫以由一名仲裁员仲裁。当事人申请仲裁后，可以自行和解；达成和解协议的，可以请求仲裁庭根据和解协议作出裁决书，也可以撤回仲裁申请；申请人可以放弃或者变更仲裁请求；被申请人可以承认或者反驳仲裁请求，有权提出反请求。仲裁开庭时，给予双方当事人平等陈述、辩论的机会，并组织当事人进行质证。农村土地承包经营纠纷仲裁，应当自受理申请之日起六十日内结束；案情复杂需要延长的，经农村土地承包仲裁委员会主任批准可以延长，但延长期限不得超过三十日。

4. 仲裁有显著的公益性

根据相关规定，在对农村土地承包经营纠纷进行处理时，不得向当事人收取费用，由政府财政部门承担仲裁费用。这突出了农村土地承包经营纠纷仲裁的公益性质。

2010 年以来，农业农村部、国家林业局等部门先后印发了《农村土地承包经营纠纷仲裁规则》《农村土地承包仲裁委员会示范章程》《农村土地承包经营纠纷调解仲裁工作规范》《农村土地承包经营纠纷仲裁法律文书示范文本》等规范性文件。2012 年起，农村土地承包纠纷仲裁工作纳入地方政府综合治理考评内容，进一步规范了各地农村土地承包经营纠纷仲裁活动，提高了仲裁公信力。

三、下一步政策取向

新形势下农村土地承包管理，要认真贯彻党的二十大关于"巩固和完善农村基本经营制度，深化农村土地制度改革，赋予农民更加充分的财产权益"的要求，坚持把依法维护农民权益作为出发点和落脚点，坚持以处理好农民和土地的关系为主线，坚持农村土地集体所有、农户家庭承包经营不动摇，保持土地承包关系稳定并长久不变，不断丰富集体所有权、农户承包权、土地经营权的有效实现形式，加强农村土地承包管理规范化、信息化建设，依法落实好维护好农民土地承包合法权益，不断提升家庭经营内在活力，为乡村全面振兴和农业农村现代化夯实基础。

（一）落实好长久不变政策

一是稳定土地承包关系。第二轮土地承包到期后应坚持延包原则，不得将承包地打乱重分，确保绝大多数农户原有承包地继续保持稳定，对少数存在因自然灾害毁损等特殊情形且群众普遍要求调地的村组，可按照大稳定、小调整的原则，由农民集体民主协商，在个别农户间作适当调整，但要依法依规从严掌握。二是落实好第二轮承包到期后再延长三十年政策。稳妥开展延包试点，确保"长久不变"政策落实、承包延期平稳过渡。严守政策底线，对二轮承包以来积累的一些历史遗留问题，例如无地少地农户要地、消亡户的地没有及时收回等，要在法律政策框架下积极研究解决。切实尊重农民意愿，让农民集体在法律政策范围内通过民主协商自主调节利益关系。三是探索建立农民自愿有偿转让土地承包权的机制。鼓励有条件的地方开展土地承包权自愿有偿转让试点，研究制定农民有偿转让土地承包权的具体办法。鼓励通过"承包权不动、经营权流转"等形式解决承包土地细碎化问题。

（二）落实承包地"三权"分置制度

一是根据实践发展要求，丰富集体所有权、农户承包权、土地经营权的有效实现形式，促进农村土地资源优化配置。二是从法律上进一步研究农民集体、承包农户、经营主体在土地上的权利边界及相互权利关系等问题，完善权能内容，平等保护各方权利。

（三）提升土地承包合同管理规范化、信息化水平

一是加强农村土地承包合同管理。研究出台土地承包合同管理办法，加强对土地承包合同及相关档案资料的管理。健全承包合同取得权利、登记记载权利、证书证明权利的确权登记制度。继续解决好承包地确权遗留问题。二是建立健全农村土地承包合同日常管理服务机制。对承包地信息进行动态更新，增强管理服务的精准性和有效性。探索建立土地承包合同网签制度，通过信息应用平台对合同及时变更。三是加强承包地信息化管理和应用。充分利用确权成果，加强承包地数据库和应用信息平台建设，做好数据的保管和更新，推动全国承包地数据信息在中央、省、市、县、乡互联互通，"以图管地"实施精细化管理。

（四）强化土地流转用途监管

一是严格规范土地流转行为。严禁通过定任务、下指标或将流转面积、流转比例纳入绩效考核等方式推动土地流转，严禁违背农民意愿或以少数服从多数名义集中农户承包地搞集体统一经营，严禁由乡镇政府或村级组织出面租赁农户的承包地再进行转租牟利，坚决避免出现强行搞整村整乡土地流转现象。因地制宜创新规模经营方式，在引导土地资源适度集聚的同时，通过农民的合作与联合、开展社会化服务等多种形式，提升农业规模化经营水平。二是加强农村产权流转交易市场规范化

建设。加快建立符合农业农村特点的产权交易市场体系，逐步提升信息发布、合同签订、权益评估、融资担保等专业化服务水平。开展农村产权流转交易市场规范化建设试点，在监督管理制度、市场运行规则、规范交易行为和拓展服务功能等方面开展试点试验。全面加强土地经营权流转合同管理，积极推广使用流转合同示范文本，鼓励有条件的地方依托农村产权流转交易市场探索建立土地流转合同网签制度。三是健全工商企业等社会资本流转土地经营权相关制度。按照《国务院办公厅关于全面实行行政许可事项清单管理的通知》要求，抓紧研究明确工商企业等社会资本流转土地经营权行政审批的对象范围、上限控制标准、分级审批权限、审查审核事项等实施要素，建立健全风险防范和监管服务机制。

（五）健全农村土地承包经营纠纷调解仲裁体系

一是加强调解仲裁能力建设。加强调解仲裁队伍建设，加大培训力度，提高仲裁员队伍整体素质和办案水平，把农村土地承包经营矛盾纠纷化解在基层，切实维护农民合法权益。二是加强调解仲裁信息化建设。建设调解仲裁基础数据中心和应用平台，依托农村土地承包信息数据库，实现农村土地承包、经营权流转、调解仲裁档案等信息整合共享。三是建立健全协调机制。加强部门沟通协调，保障裁决有效执行。鼓励有条件的地市成立调解仲裁委员会，统筹整合所属区县力量，切实提高仲裁公信力。

第 3 章

耕地保护政策

耕地是粮食生产的"命根子",是经济社会发展、人类赖以生存和发展的基础性资源。出台和完善耕地保护政策,切实保护好耕地是增强农业综合生产能力、确保国家粮食安全的根本前提,是造福子孙、实现永续发展的长远大计,容不得半点闪失。

一、发展历程

(一)改革开放前(1949—1978年)

1950年6月,中央人民政府委员会第八次会议通过的《中华人民共和国土地改革法》第二十七条规定,"国家所有土地,由私人经营者,经营人不得以之出租、出卖或荒废。原经营人如不需用该项土地时,必须交还国家。"第三十三条规定,"在土地改革完成以前,为保证土地改革的秩序及保护人民的财富、严禁一切非法的宰杀耕畜、砍伐树木,并严禁荒废土地,破坏农具、水利、建筑物、农作物或其他物品,违者应受人民法庭的审判及处分。"

1953年12月,政务院公布施行的《国家建设征用土地办法》(1957年10月国务院修正,1958年1月全国人大常委会批准并由国务院公布施行)明确规定,"国家建设征用土地,必须贯彻节约用地的原则。凡有荒地、劣地、空地可以利用的,应该尽量利用;尽可能不征用或者少征用耕地良田,不拆或者少拆房屋。"1956年6月,第一届全国人大第三次会议通过的《高级农业生产合作社示范章程》提出,农业生产合作社要积极"兴修水利，保持水土；改良土壤，修整耕地；合理地使用耕地，扩大复种面积；在不妨碍水土保持的条件下，有计划地开垦荒地，扩大耕地面积。"1960 年 11 月，中共中央发出的《关于农村人民公社当前政策问题的紧急指示信》提出，"在保证完成包产任务的前提下，生产小队应该充分利用田边地角和其他闲散的土地，多种多收。""三年来大规模的兴修水利和平整土地、改良土壤等农田基本建设，对于农业增产，一定会陆续发挥出巨大的作用。"

改革开放前，中央虽未出台关于耕地保护的专门政策文件，涉及耕地保护的政策文件及具体措施较少，耕地保护政策强度较低，但加强耕地保护的意识日渐形成。尤其是中央一方面通过动员农民（包括部分退伍军人）对战后废弃的农地进行恢复和开垦；另一方面，组织开荒造田以增加耕地面积。1958—1970 年，我国耕地增加 1 200 万公顷，大约相当于 1970 年全国耕地面积的 11％[①]。

（二）改革开放到党的十八大前（1978—2012 年）

改革开放以来，我国经济高速增长，城镇化和工业化快速推进，大量耕地被占用，耕地保护的重要性和紧迫性逐渐显现并日益突出，耕地保护政策和法律法规陆续制定出台。

1. 耕地保护政策的早期探索（1978—1985 年）

1978 年，国家开始探索制定耕地保护政策。1981 年《国务院政府工作报告》提出，十分珍惜每寸土地，合理利用每寸土地，应该是我们的国策；基本建设即使非占用耕地不可，用地也要严加限制；农村建房要有规划，绝不能乱占滥用耕地。1981 年 4 月，国务院印发的《关于制止农村建房侵占耕地的紧急通知》提出，保护耕地，节约用地，决不允许任何个人和单位乱占滥用耕地；农村建房用地，尽量不占用耕地。1982 年中央 1 号文件《全国农村工作会议纪要》提出，我国人多地少，

---

① 《不断开拓的事业——我国耕地保护 60 年历程回顾》，中国政府网，http：//www.gov.cn/gzdt/2009 - 09/30/content_1430754.htm.

控制人口、保护耕地是我们的重大国策。1982 年 5 月，国务院公布施行《国家建设征用土地条例》，强调节约土地是我国的国策，并明确了征用耕地的审批权限。1983 年中央 1 号文件《当前农村经济政策的若干问题》强调，严格控制占用耕地建房，爱惜每一寸耕地。1983 年 11 月，国务院印发的《关于制止买卖、租赁土地的通知》指出，我国人口多、耕地少，必须十分珍惜每寸土地，切实保护现有耕地。

2. 耕地保护政策的初步建立（1986—1997 年）

1986 年 2 月，国务院第 100 次常务会议决定成立国家土地管理局，统一管理全国土地，结束了我国长期以来多部门分散管理土地的局面。1986 年 3 月，中共中央、国务院印发的《关于加强土地管理、制止乱占耕地的通知》明确提出，十分珍惜和合理利用每寸土地，切实保护耕地，是我国必须长期坚持的一项基本国策。1986 年 6 月，《土地管理法》颁布实施，耕地保护开始有法可依。自此，我国基本建立了"基本国策—管理机构—法律法规"的耕地保护框架体系。

为更好实施《土地管理法》，1991 年 1 月，国务院发布《土地管理法实施条例》；1992 年 11 月，国务院印发《关于严格制止乱占、滥用耕地的紧急通知》。针对当时各地兴办开发区和城镇建设中多占少用、占而不用和闲置撂荒造成耕地严重浪费的情况，1992 年 12 月，国务院办公厅印发《关于严禁开发区和城镇建设占用耕地撂荒的通知》；1993 年 4 月，国务院印发《关于严格审批和认真清理各类开发区的通知》。为了对基本农田实行特殊保护，1992 年 2 月，《国务院批转国家土地管理局、农业部关于在全国开展基本农田保护工作请示的通知》，明确了有关具体要求；1993 年 11 月，中共中央、国务院印发《关于当前农业和农村经济发展的若干政策措施》提出，建立基本农田保护区制度；1994 年 8 月，国务院颁布了《基本农田保护条例》。针对开发区建设热潮并未得到根本制止的现象，为从根本上遏制乱占耕地、违法批地和浪费土地等问题，1997 年 4 月，中共中央、国务院印发《关于进一步加强土地管理切实保护耕地的通知》，要求各省、自治区、直辖市必须严格按照耕地总量动态平衡的要求，做到本地耕地总量只增不减，并努力提高耕地质量。1997 年 5 月，国家土地管理局、国家计划委员会印发《关于冻结非农业建设项目占用耕地的通知》，对冻结非农业建设占用耕地期间的耕地使用情形作出了具体规定。

3. 耕地保护政策体系的基本形成（1998—2003 年）

1998 年 3 月，国土资源部成立，并设立土地利用和耕地保护职能部门承担全国耕地保护责任。随后，国家健全完善了多项耕地保护政策和法律法规，加大了耕地保护力度，耕地保护政策体系初步形成。1998 年 8 月，新修订的《土地管理法》颁布施行，以法律形式确认了"十分珍惜、合理利用土地和切实保护耕地是我国的基本国策"，明确了耕地总量动态平衡、用途管制、集中统一管理和加强执法监察等原则，构建了耕地保护政策体系框架。1998 年 12 月，国务院颁布新的《土地管理法实施条例》，并修订颁布新的《基本农田保护条例》，明确了国家实行基本农田保护制度，强调基本农田保护区经依法划定后，任何单位和个人不得改变和占用。1999 年 5 月，农业部、国土资源部印发《关于认真贯彻执行〈基本农田保护条例〉进一步做好基本农田保护工作的通知》，要求各地各级政府在基本农田的数量、质量、区位和管理制度等方面进一步落实保护措施，认真落实基本农田保护责任制，建立健全基本农田保护区用途管制制度、占用基本农田严格审批和占补平衡制度、基本农田质量保护制度等。

为贯彻落实占用耕地补偿制度，1999 年 2 月，国土资源部印发《关于切实做好耕地占补平衡工作的通知》，规定建设用地需"占一补一"。2000 年 4 月和 2001 年 11 月，又先后印发《关于加大补充耕地工作力度确保实现耕地占补平衡的通知》《关于进一步加强和改进耕地占补平衡工作的通知》，要求建立建设用地项目补充耕地与土地开发整理项目挂钩制度和补充耕地储备制度。

为稳定和完善农村基本经营制度，赋予农民长期而有保障的土地使用权，2002 年 8 月，全国人大常委会通过了《农村土地承包法》。该法明确了承包方"维持土地的农业用途，不得用于非农建设；依法保护和合理利用土地，不得给土地造成永久性损害"的义务，以及承包方违法将承包地用于非农建设的法律责任。

在工业化的大潮中，许多地方开发区热持续升温，地方政府擅自调整土地利用总体规划，圈占了大量耕地特别是基本农田来建设各类园区。对此，2003 年 7 月，国务院办公厅印发《关于暂停审批各类开发区的通知》，提出"对于突击审批和突击设立开发区的行为，要严肃追究有关行政领导和当事人的责任。"2003 年 7 月底，国土资源部印发了《关于清理整顿各类开发区加强建设用地管理的通知》；同年 8 月，印发了《关于严禁非农业建设违法占用基本农田的通知》。2003 年 10 月，党的十六届三中全会通过的《中共中央关于完善社会主义市场经济体制若干问题的决定》提出，实行最严格的耕地保护制度，保证国家粮食安全。2003 年 11 月，国土资源部又印发了《关于进一步采取措施落实严格保护耕地制度的通知》，明确提出基本农田"五不准"。

4. 耕地保护政策体系的逐步完善（2004—2011 年）

由于土地乱占滥用现象没有得到有效控制，2000 年以来耕地面积快速下降，国家进一步完善耕地保护政策体系。2004 年 3 月，国务院印发《关于坚决制止占用基本农田进行植树等行为的紧急通知》，要求正确引导和规范农业结构调整和绿色通道建设，严格控制各类建设占用基本农田。2004 年 10 月，国务院颁布《关于深化改革严格土地管理的决定》，明确提出"实行最严格的土地管理制度"。国土资源部等 2005 年相继印发了《关于规范城镇建设用地增加与农村建设用地减少相挂钩试点工作的意见》《关于开展补充耕地数量质量实行按等级折算基础工作的通知》《查处土地违法行为立案标准》等一系列配套文件。

面对粮食生产大滑坡和促进农民增收的迫切要求，2004 年中央 1 号文件提出不断提高耕地质量，各级政府要切实落实最严格的耕地保护制度，并且要确定一定比例的国有土地出让金用于农业土地开发和建设高标准基本农田。2004 年《政府工作报告》也强调依法加强耕地管理和加快征地改革。为落实中央要求，国土资源部在 2004 年印发了《用于农业土地开发的土地出让金收入管理办法》等一系列文件。为严把土地供应闸门，2006 年 8 月，国务院又发布了《关于加强土地调控有关问题的通知》，将加强耕地保护作为土地调控的重中之重。为支持规模化畜牧业发展和规范规模化畜禽养殖的用地行为，2007 年 9 月，国土资源部、农业部发布了《关于促进规模化畜禽养殖有关用地政策的通知》，提出坚持鼓励利用废弃地和荒山荒坡等未利用地、尽可能不占或少占耕地的原则，禁止占用基本农田。

针对保护基本农田在一些地方仍未受到足够重视的情况，2005 年 9 月，国土资源部、农业部等七部委（局）共同发布了《关于进一步做好基本农田保护工作的意见》，提出确保基本农田数量，严禁违法占用基本农田。2006 年 3 月，第十届全国人大四次会议通过的《中华人民共和国国民经济和社会发展第十一个五年规划纲要》，明确了 1.22 亿公顷耕地保有量这个主要指标。2008 年 10 月，党的十七届三中全会通过的《关于推进农村改革发展若干重大问题的决定》提出，"坚持最严格的耕地保护制度，层层落实责任，坚决守住十八亿亩耕地红线。划定永久基本农田，建立保护补偿机制，确保基本农田总量不减少、用途不改变、质量有提高。"2009 年和 2010 年中央 1 号文件都要求继续坚守耕地红线、建立保护补偿机制，强化耕地责任保护。国土资源部在 2009 年 3—11 月开展了"双保行动"（保增长、保红线行动），2010 年在此基础上提出了实施"双保工程"（保经济增长、保耕地红线工程）。2011 年 1 月，国务院发布的新修正《基本农田保护条例》第二条规定，国家实行基本农田保护制度。2011 年 3 月，国务院颁布《土地复垦条例》，对加强土地复垦管理、切实保护耕地作出了具体规定。

（三）党的十八大以来

党的十八大报告提出加强生态文明制度建设，并要求严守耕地保护红线，严格土地用途管制，完善最严格的耕地保护制度。2012 年 6 月，国土资源部印发了《关于提升耕地保护水平全面加强耕地质量建设与管理的通知》，标志着耕地保护政策体系正式进入数量管控、质量管理和生态管护"三位一体"阶段。2017 年 1 月，《中共中央国务院关于加强耕地保护和改进占补平衡的意见》提出，坚持最严格的耕地保护制度和最严格的节约用地制度，像保护大熊猫一样保护耕地，着力加强耕地数量、质量、生态"三位一体"保护，着力加强耕地管控、建设、激励多措并举保护，促进形成保护更加有力、执行更加顺畅、管理更加高效的耕地保护新格局。2020 年 12 月，中央农村工作会议指出，要采取长牙齿的硬措施，落实最严格的耕地保护制度。2022 年 6 月，全国人大常委会通过《黑土地保护法》；同年 9 月，自然资源部公布了《耕地保护法（草案）》（征求意见稿），标志着我国耕地保护领域立法迈上一个新台阶。

1. 实行永久基本农田保护制度

自党的十七届三中全会提出"永久基本农田"概念以来，耕地保护就从"基本农田"保护升级到"永久基本农田"保护。《关于提升耕地保护水平全面加强耕地质量建设与管理的通知》明确提出，加快划定永久基本农田，严格管控优质耕地，将优质耕地划入基本农田实行永久保护。2016 年 8 月，国土资源部、农业部联合印发了《关于全面划定永久基本农田实行特殊保护的通知》。2017 年 10 月，党的十九大报告明确提出，完成生态红线、永久基本农田、城市开发边界三条控制线划定工作。2018 年 2 月，国土资源部印发的《关于全面实行永久基本农田特殊保护的通知》明确提出，坚持最严格的耕地保护制度和最严格的节约用地制度，逐步构建形成保护有力、建设有效、管理有序的永久基本农田特殊保护格局。2019 年 1 月，自然资源部、农业农村部印发了《关于加强和改进永久基本农田保护工作的通知》。2019 年 8 月，第三次修正的《土地管理法》将"基本农田"统一修改为"永久基本农田"，明确规定国家实行永久基本农田保护制度，并完善了一系列法律措施。2021 年 4 月，十三届全国人大常委会第二十次会议通过的《乡村振兴促进法》明确规定，国家实行永久基本农田保护制度。

2. 加强高标准基本农田建设

2007 年中央 1 号文件提出，按照田地平整、土壤肥沃、路渠配套的要求，加快建设旱涝保收、高产稳产的高标准农田。2012 年 4 月，国土资源部、财政部印发《关于加快编制和实施土地整治规划大力推进高标准基本农田建设的通知》。2019 年 11 月，《国务院关于切实加强高标准农田建设提升国家粮食安全保障能力的意见》印发，明确了切实加强高标准农田建设的目标任务、管理体制、资金投入、机制创新、保障措施等。

国家高度重视高标准农田建设规划工作，全国"十二五""十三五""十四五"规划纲要都提出了建设高标准农田的部署和目标任务。2014 年、2015 年、2019 年、2021 年中央 1 号文件分别提出实施全国高标准农田建设总体规划、统筹实施全国高标准农田建设总体规划、修编全国高标准农田建设总体规划、实施新一轮高标准农田建设规划。由此，国家及相关部门先后印发了《全国高标准农田建设总体规划（2010—2020 年)》《国家农业综合开发高标准农田建设规划（2011—2020 年)》。2021 年 9 月 6 日，《全国高标准农田建设规划（2021—2030 年)》印发。

为提高高标准农田建设质量，2014 年 5 月和 2016 年 10 月，国家质量监督检验检疫总局、国家标准化管理委员会分别发布了《高标准农田建设通则》（GB/T 30600—2014)、《高标准农田建设评价规范》（GB/T 33130—2016)。2019 年 8 月，农业农村部公布了《农田建设项目管理办法》。2021 年 3 月，农业农村部印发了《高标准农田建设质量管理办法（试行)》。

3. 出台耕地轮作休耕政策

2015 年 10 月，党的十八届五中全会通过《中共中央关于制定国民经济和社会发展第十三个五年规划的建议》提出，探索实行耕地轮作休耕制度试点。2016 年中央 1 号文件进一步提出，探索实行耕地轮作休耕制度试点，通过轮作、休耕、退耕、替代种植等多种方式，对地下水漏斗区、重金属污染区、生态严重退化地区开展综合治理。2016 年 6 月，农业部等 10 部门联合发布了《探索实行耕地轮作休耕制度试点方案》。2017 年中央 1 号文件提出，推进耕地轮作休耕制度试点，合理设定补助标准。《中华人民共和国国民经济和社会发展第十四个五年规划和 2035 年远景目标纲要》提出，"健全耕地休耕轮作制度，巩固退耕还林还草、退田还湖还湿、退围还滩还海成果。"2022 年中央 1 号文件提出，加大耕地轮作补贴力度，在东北地区开展粮豆轮作。

4. 强化耕地占补平衡

2017 年 1 月，《中共中央国务院关于加强耕地保护和改进占补平衡的意见》要求"改进耕地占补平衡管理"，具体包括严格落实耕地占补平衡责任、大力实施土地整治落实补充耕地任务、规范省域内补充耕地指标调剂管理、探索补充耕地国家统筹。2017 年 12 月，国土资源部印发的《关于改进管理方式切实落实耕地占补平衡的通知》提出，要建立以数量为基础、产能为核心的耕地占补平衡新机制。2018 年 3 月，国务院办公厅印发了《跨省域补充耕地国家统筹管理办法》。2021 年和2022 年中央 1 号文件均对耕地占补政策进行了新的部署和安排。

5. 制止耕地"非农化"、防止"非粮化"与"进出平衡"

为落实好最严格的耕地保护制度，2020 年以来，党中央、国务院对坚决制止耕地"非农化"、防止耕地"非粮化"作出一系列决策部署。2020 年 9 月和 11 月，国务院办公厅先后印发了《关于坚决制止耕地"非农化"行为的通知》《关于防止耕地"非粮化"稳定粮食生产的意见》。2021 年 9 月 1 日开始实施的新《土地管理法实施条例》第十二条明确规定，"国家对耕地实行特殊保护，严守耕地保护红线，严格控制耕地转为林地、草地、园地等其他农用地，并建立耕地保护补偿制度。"2021 年 11 月，自然资源部、农业农村部、国家林业和草原局联合印发了《关于严格耕地用途管制有关问题的通知》，提出并确立了以"进出平衡"为核心的耕地用途管制政策与制度，主要包括严格落实永久基本农田特殊保护制度、严格管控一般耕地转为其他农用地、严格永久基本农田占用与补划、改进和规范建设占用耕地占补平衡、严肃处置违法违规占用耕地问题等。2022 年中央 1 号文件强调，强化耕地用途管制，严格管控耕地转为其他农用地。

二、政策内容

（一）最严格的耕地保护制度

为了保障国家粮食安全，我国建立了严格的耕地保护制度，实施了耕地的占补平衡、进出平衡、轮作休耕等一系列重大政策，筑牢了耕地红线。

1. 占用耕地补偿制度

（1）国家实行占用耕地补偿制度。2019 年新修正的《土地管理法》第三十条、2021 年 9 月 1 日起施行的《土地管理法实施条例》第八条均规定，"国家实行占用耕地补偿制度"，即耕地占补平衡制度。所谓耕地占补平衡，是指非农业建设经批准占用耕地的，按照"占多少，垦多少"的原则，由占用耕地的单位负责开垦与所占用耕地的数量和质量相当的耕地；没有条件开垦或者开垦的耕地不符合要求的，应当按照省、自治区、直辖市的规定缴纳耕地开垦费，专款用于开垦新的耕地。

（2）垦地责任主体。省级人民政府要采取措施，确保本行政区域内耕地总量不减少、质量不降低。耕地总量减少的，由国务院责令在规定期限内组织开垦与所减少耕地的数量与质量相当的耕地；耕地质量降低的，由国务院责令在规定期限内组织整治。在国土空间规划确定的城市和村庄、集镇建设用地范围内经依法批准占用耕地，以及在国土空间规划确定的城市和村庄、集镇建设用地范围外的能源、交通、水利、矿山、军事设施等建设项目经依法批准占用耕地的，分别由县级人民政府、农村集体经济组织和建设单位负责开垦与所占用耕地的数量和质量相当的耕地。

（3）建立健全以县域自行平衡为主、省域内调剂为辅、跨省域国家适度统筹为补充的占用耕地补偿制度。跨省域补充耕地国家统筹，是指耕地后备资源严重匮乏的直辖市，由于城市发展和基础设施建设等占用耕地、新开垦耕地不足以补充所占耕地，或者资源环境条件严重约束、补充耕地能力严重不足的省，由于实施重大建设项目（限于交通、能源、水利、军事国防等领域）造成补充耕地缺口，经国务院批准，在耕地后备资源丰富省份落实补充耕地任务的行为。

2. 一般耕地"进出平衡"制度

《关于严格耕地用途管制有关问题的通知》指出，永久基本农田以外的耕地为一般耕地。为确保可以长期稳定利用的耕地不再减少，有必要根据本级政府承担的耕地保有量目标，对耕地转为其他农用地及农业设施建设用地实行年度"进出平衡",即除国家安排的生态退耕、自然灾害损毁难以复耕、河湖水面自然扩大造成耕地永久淹没外,耕地转为林地、草地、园地等其他农用地及农业设施建设用地的,应当通过统筹林地、草地、园地等其他农用地及农业设施建设用地整治为耕地等方式,补足同等数量、质量的可以长期稳定利用的耕地。"进出平衡"的核心在于"转一补一",首先在县域范围内落实,县域范围内无法落实的,在市域范围内落实;市域范围内仍无法落实的,在省域范围内统筹落实。

3. 严格落实耕地利用优先序

国家分类明确耕地用途,要求严格落实耕地利用优先序。一般耕地主要用于粮食和棉、油、糖、蔬菜等农产品及饲草饲料生产。永久基本农田是依法划定的优质耕地,要重点用于发展粮食生产,特别是保障稻谷、小麦、玉米三大谷物的种植面积。严格规范永久基本农田上农业生产经营活动,禁止占用永久基本农田从事林果业以及挖塘养鱼、非法取土等破坏耕作层的行为,禁止闲置、荒芜永久基本农田。高标准农田原则上全部用于粮食生产。引导新发展林果业上山上坡,鼓励利用"四荒"资源,不与粮争地。

4. 禁止闲置、荒芜耕地

《农村土地承包法》第四十二条、第六十四条规定,受让方弃耕抛荒连续两年以上,承包方可以单方面解除土地经营权流转合同;土地经营权人擅自弃耕抛荒连续两年以上,承包方在合理期限内不解除土地经营权流转合同的,发包方有权要求终止土地经营权流转合同。《土地管理法》第三十八条规定,禁止任何单位和个人闲置、荒芜耕地。已经办理审批手续的非农业建设占用耕地,一年内不用而又可以耕种并收获的,应当由原耕种该幅耕地的集体或者个人恢复耕种,也可以由用地单位组织耕种;一年以上未动工建设的,应当按照省、自治区、直辖市的规定缴纳闲置费;连续两年未使用的,经原批准机关批准,由县级以上人民政府无偿收回用地单位的土地使用权;该幅土地原为农民集体所有的,应当交由原农村集体经济组织恢复耕种。

5. 耕地保护补偿制度

《土地管理法实施条例》第十二条规定，建立耕地保护补偿制度，具体办法和耕地保护补偿实施步骤由国务院自然资源主管部门会同有关部门规定。一是加强对耕地保护责任主体的补偿激励。积极推进中央和地方各级涉农资金整合，综合考虑耕地保护面积、耕地质量状况、粮食播种面积、粮食产量和粮食商品率，以及耕地保护任务量等因素，统筹安排资金，按照"谁保护、谁受益"的原则，加大耕地保护补偿力度。鼓励地方统筹安排财政资金，对承担耕地保护任务的农村集体经济组织和农户给予奖补。二是实行跨地区补充耕地的利益调节。在生态条件允许的前提下，支持耕地后备资源丰富的国家重点扶贫地区有序推进土地整治增加耕地，补充耕地指标可对口向省域内经济发达地区调剂，补充耕地指标调剂收益由县级政府通过预算安排用于耕地保护、农业生产和农村经济社会发展。省（自治区、直辖市）政府统筹耕地保护和区域协调发展，支持占用耕地地区在支付补充耕地指标调剂费用的基础上，通过实施产业转移、支持基础设施建设等多种方式，对口扶持补充耕地地区，调动补充耕地地区保护耕地的积极性。

6. 黑土地保护利用

黑土地是指黑龙江省、吉林省、辽宁省、内蒙古自治区的相关区域范围内具有黑色或者暗黑色腐殖质表土层，性状好、肥力高的耕地。黑土地是极为珍贵的自然资源，是耕地中的"大熊猫"。2015年以来，有关方面先后印发了《东北黑土地保护利用规划纲要（2017—2030年）》（农农发〔2017〕3号）《东北黑土地保护性耕作行动计划（2020—2025)》（农机发〔2020〕2号）《东北黑土地保护性耕作行动计划实施指导意见》（农办机〔2020〕3号）《国家黑土地保护工程实施方案(2021—2025年)》《黑龙江省"十四五"黑土地保护规划》《黑龙江省黑土地保护利用条例》（2022年3月1日起施行）《吉林省黑土地保护条例》（2021年5月27日起施行）《黑土地保护法》（2022年8月1日起施行）等规划、政策文件和法律法规，对黑土地保护利用作出明确部署和法律规定。《黑土地保护法》第三条规定，国家实行科学、有效的黑土地保护政策，保障黑土地保护财政投入，综合采取工程、农艺、农机、生物等措施，保护黑土地的优良生产能力，确保黑土地总量不减少、功能不退化、质量有提升、产能可持续。黑土地保护利用的重点是突出保数量、提质量、改善生态环境，稳步恢复提升黑土地基础地力，促进资源可持续利用，维护生态平衡，保障国家粮食安全。

7. 盐碱地综合利用

盐碱地是我国极为重要的耕地后备资源[①]，开展盐碱地综合利用对保障国家粮食安全、端牢中国饭碗具有重大战略意义。为加强退化耕地治理，加大盐碱改良力度，2014 年 4 月，国家发展改革委会同科学技术部、财政部等有关部门印发了《关于加强盐碱地治理的指导意见》，提出了盐碱地治理的总体要求、目标任务和政策措施，为各地、各部门科学有序开展盐碱地治理提供了明确的思路和政策保障。2021 年 9 月印发的《全国高标准农田建设规划（2021—2030 年）》规划了土壤盐碱化治理。2021 年 10 月 21 日，习近平总书记在黄河三角洲农业高新技术产业示范区考察调研时强调指出，"18 亿亩耕地红线要守住，5 亿亩盐碱地也要充分开发利用。如果耐盐碱作物发展起来，对保障中国粮仓、中国饭碗将起到重要作用。"

（二）永久基本农田保护制度

永久基本农田保护制度包括永久基本农田内涵，划定范围、主体及比例，划定的主要任务，特殊保护等内容。

1. 永久基本农田的内涵

按照《基本农田保护条例》的规定，永久基本农田是按照一定时期人口和经济社会发展对农产品的需求，依据土地利用总体规划确定不得占用的耕地，就是对法律规定的基本农田实行永久保护、特殊保护。一经划定，在规划期内必须得到严格保护，除法律规定的情形外，不得擅

---

① 耕地后备资源是指在当前技术条件下，能够通过开发、复垦措施改变成为耕地的后备土地资源。根据《自然资源部办公厅关于开展全国耕地后备资源调查评价工作的通知》（自然资办发〔2021〕47 号），纳入全国调查评价对象的耕地后备资源主要包括其他草地、盐碱地、沙地、裸土地。

自占用和改变。永久基本农田既不是在原有基本农田中挑选的一定比例的优质基本农田，也不是永远不能占用的基本农田，而是具有土壤肥沃、土质较好、适于机械化等特征的基本农田，是最优质、最精华、生产能力最好的耕地。

2. 永久基本农田划定的范围、主体及比例

《土地管理法》第三十三条规定，下列耕地应当根据土地利用总体规划划为永久基本农田，实行严格保护：经国务院农业农村主管部门或者县级以上地方人民政府批准确定的粮、棉、油、糖等重要农产品生产基地内的耕地；有良好的水利与水土保持设施的耕地，正在实施改造计划以及可以改造的中、低产田和已建成的高标准农田；蔬菜生产基地；农业科研、教学试验田；国务院规定应当划为永久基本农田的其他耕地。永久基本农田划定以乡（镇）为单位进行，由县级人民政府自然资源主管部门会同同级农业农村主管部门组织实施。各省、自治区、直辖市划定的永久基本农田一般应当占本行政区域内耕地的80%以上，具体比例由国务院根据各省、自治区、直辖市耕地实际情况规定。

3. 永久基本农田划定的主要任务

一是落地块。永久基本农田应当落实到每个地块，落地到每户，具体确定边界、坐落、面积、地类、保护情况、质量等别（级）等信息。二是明责任。市、县（市、区）、乡镇（街道办）逐级签订永久基本农田保护责任书，乡镇（街道办）与农村集体经济组织或者村民委员会签订永久基本农田保护责任书。三是设标志。乡（镇）人民政府应当将永久基本农田的位置、范围向社会公告，并在铁路、公路等交通沿线和城镇、村庄周边显著位置设立永久基本农田保护标志牌和界桩，昭示社会，接受监督。四是建表册。各级自然资源主管部门以行政村为基本单元，编制省、市、县、乡、村各级永久基本农田表册。五是入图库。市县级自然资源部门编制标准分幅永久基本农田保护图、乡级永久基本农田保护图、县级永久基本农田分布图，以及城（镇）周边永久基本农田保护图，并更新完善省、市、县三级永久基本农田数据库。

4. 永久基本农田的特殊保护

坚持从严保护、坚持底线思维、坚持问题导向、坚持权责一致，严格、全面落实永久基本农田特殊保护制度，主要包括坚决制止永久基本农田"非农化"、坚决防止永久基本农田"非粮化"、建立健全永久基本农田储备区制度、严格永久基本农田占用、严格永久基本农田补划等。

（三）高标准农田建设

1. 高标准农田的内涵

《高标准农田建设评价规范》（GB/T 33130—2016）规定，高标准农田是指土地平整、集中连片、设施完善、农电配套、土壤肥沃、生态良好、抗灾能力强，与现代农业生产和经营方式相适应的旱涝保收、高产稳产，划定为永久基本农田的耕地。

2. 高标准农田建设目标及内容

总体上，高标准农田建设的目标主要有四个方面：一是优化土地利用结构与布局，实现集中连片，发挥规模效益；二是增加有效耕地面积，提高高标准基本农田比例；三是提高基本农田质量，完善生产、生态、景观的综合功能；四是建立保护和补偿机制，促进高标准基本农田的持续利用。具体看，主要是集中力量建设集中连片、旱涝保收、节水高效、稳产高产、生态友好的高标准农田，形成一批"一季千斤、两季吨粮"的口粮田。

高标准农田建设内容主要包括田块整治、土壤改良、灌溉和排水、田间道路、农田防护和生态环境保护、农田输配电、科技服务、管护利用等。已建成的高标准农田，要及时划为永久基本农田，实行特殊保护。经依法批准占用高标准农田的，要及时补充，确保高标准农田数量不减少、质量不降低。推行合理耕作制度，实行用地养地相结合，加强后续培肥，防止地力下降，确保高标准农田可持续利用。

3. 高标准农田建设的分区

一是七个建设区。全国高标准农田建设分为东北区、黄淮海区、长江中下游区、东南区、西南区、西北区、青藏区七个区域。二是限制建设区域。包括水资源贫乏区域；水土流失易发区、沙化区等生态脆弱区域；历史遗留的挖损、塌陷、压占等造成土地严重损毁且难以恢复的区域；安全利用类耕地，易受自然灾害损毁的区域；沿海滩涂、内陆滩涂等区域。三是禁止建设区域。包括严格管控类耕地，自然保护地核心保护区，退耕还林区、退牧还草区，河流、湖泊、水库水面及其保护范围等区域。

三、下一步政策取向

总体上看，自 20 世纪 90 年代中期以来，虽然国家保护耕地的政策措施力度越来越大，但耕地数量减少、优质耕地减少、局部质量变差的趋势仍在持续[①]。农民多耕地少、高质量耕地少、耕地后备资源少，仍是我国的基本国情农情。

1. 耕地数量减少

据统计，1957—1996 年，我国耕地年均净减少超过 600 万亩；1996—2008 年均净减少超过 1 000 万亩；2009—2019 年均净减少超过 1 100 万亩。第一次全国土地调查的人均耕地面积 1.59 亩，第二次、第三次全国土地调查分别减少到 1.52 亩、1.36 亩。

2. 耕地后备资源不足

2016 年 12 月公布的全国耕地后备资源调查数据显示，全国耕地后备资源总面积 8 029.15 万亩，比上一次调查减少近 3 000 万亩。受水资源利用限制等，近期可开发利用的耕地后备资源仅为 3 307.18 万亩，仅占耕地后备资源总量的 41.19%。

3. 耕地质量不高

一是优质耕地资源紧缺。2016 年，在全国耕地评定总面积中，优等地面积 5 848.58 万亩，仅占 2.90%；高等地面积 53 693.58 万亩，

---

① 《耕地问题调查》，《经济日报》，2022 年 2 月 14 日。

占比 26.59%；中低等地面积 142 393.80 万亩，占比 70.51%[1]。全国耕地等级平均仅为 4.76 等。其中，一等到三等耕地仅占 31%，中低产田占比三分之二以上。二是耕地退化，质量下降。耕地基础地力呈下降态势，2018 年化肥施用量是 1978 年的 6.4 倍，而粮食产量仅为 2.2 倍。东北黑土地退化、南方耕地酸化、北方耕地盐碱化等问题尤为突出。

寸土寸金关乎国计，一垄一亩承载民生。保护耕地就是保护我们自己和子孙后代，在耕地问题上决不能犯历史性错误。下一步，要认真贯彻党的二十大精神，从战略和全局的高度全面把握牢牢守住 18 亿耕地红线、提升耕地质量的极端重要性，严格落实"长牙齿"的耕地保护硬措施，以实现"但存方寸地，留与子孙耕"。

1. 强化耕地占补平衡

在当前和未来一段时间内，耕地占补平衡仍是必须坚守、不可替代的重要耕地保护制度之一[2]，必须进一步强化、规范和优化。建立补充耕地立项、实施、验收、管护全程监管机制，严格新增耕地核实认定和监管。打通土地整治相关政策，通过统筹实施土地综合整治、高标准农田建设等，产生的新增耕地经核定后用于补充耕地任务，确保在数量上"补足"。加强高标准农田建设，加强黑土地保护，提升耕地地力等级。把牢耕地占补平衡质量关，确保补充可长期稳定利用的耕地，实现补充耕地产能与所占耕地相当[3]，确保在质量上"补优"。

2. 建立耕地"全要素"保护制度

增强对数量、质量、生态、空间、时间五大要素并重的认知，形成耕地用途管制、整治提质、产能提升、空间规划、流转增值、权益保障"六位一体"融合机制。将一般耕地、永久基本农田、高标准农田等全部纳入土地用途管制，实现耕地用途管制的类型全覆盖。采取"长牙齿"的硬措施，严格落实永久基本农田特殊保护制度，确保永久基本农

---

① 自然资源部：《2017 年中国土地矿产海洋资源统计公报》，2018 年 5 月。
② 孔祥斌：《耕地占补平衡如何对接生态文明建设》，《中国自然资源报》，2019 年 8 月 13 日。
③ 唐仁健：《扎实推动乡村振兴取得新进展》，《学习时报》，2022 年 3 月 2 日，第 1 版。

田重点用于粮食生产，高标准农田原则上全部用于粮食生产。严格落实"永久基本农田不得转为林地、草地、园地等其他农用地及农业设施建设用地"政策。严格管控一般耕地转为其他农用地，健全一般耕地"进出平衡"制度，严格耕地用途转用监督。严格永久基本农田占用与补划，健全永久基本农田储备区制度。

3. 加强高标准农田建设

把高标准农田建设摆在更加突出的位置，作为落实粮食安全和耕地保护"党政同责"的重要内容扎实推进。加快推进农田建设立法，健全高标准农田管理的法律法规制度体系。建立健全高标准农田建设政府投入保障机制，压实省级政府主要投入责任。充分发挥政府投入的引导和撬动作用，有序引导金融资本、社会资本和新型农业经营主体投入高标准农田建设。探索利用国外贷款开展高标准农田建设。加快推进科技创新成果转化，为高标准农田建设提供科技支撑。实施区域化整体建设，在潜力大、基础条件好、积极性高的地区，推进高标准农田建设整区域示范。抓好高标准农田建设管理和技术服务两支队伍建设，加快形成层次清晰、上下衔接的专业化人才队伍体系。

4. 加强用地审批管理

加快、严格落实《国务院关于授权和委托用地审批权的决定》（国发〔2020〕4号），做好审批权下放的工作衔接，赋予省级政府更加灵活的处理空间。深化细化管控要求，完善与国土空间用途管制相匹配的用地审批，做好"地类变更"向"空间功能、地类变更、强度变化"的管理应对。建设占用土地，涉及农用地转为建设用地的，应当办理农用地转用审批手续。规范临时用地①审批，县（市）自然资源主管部门负责临时用地审批，其中涉及占用耕地和永久基本农田的，由市级或者市级以上自然资源主管部门负责审批。结合国土调查云、遥感监测、监管平台等手段，加强用地审批事中事后监管，探索建立动态调整

---

① 临时用地是指建设项目施工、地质勘查等临时使用，不修建永久性建（构）筑物，使用后可恢复的土地（通过复垦可恢复原地类或者达到可供利用状态），具有临时性和可恢复性等特点。

委托审批机制。

5. 压实耕地保护责任

省级政府要切实担负本行政区域耕地保护总责，省级政府主要负责人担负本行政区域耕地保护第一责任人职责。全面实行耕地保护党政同责，从严查处各类违法违规占用耕地或改变耕地用途行为，确保 18 亿亩耕地"实至名归"。按照耕地和永久基本农田、生态保护红线、城镇开发边界的顺序，统筹划定落实三条控制线，将耕地保有量和永久基本农田保护目标任务足额带位置逐级分解下达，并作为刚性指标实行严格考核、一票否决。对在耕地保护方面有令不行、有禁不止、失职渎职的，严肃追究责任，终身追责。加强耕地保护网格化监管，将耕地保护责任落实到人头、部门、网格。严格落实耕地卫片监督和土地卫片执法，强化乡级监管、村级管护。建立耕地保护责任落实与基层干部绩效评价挂钩的奖惩机制。

第 4 章

粮食安全政策

粮食安全是国家安全的重要基础，是维护经济发展、社会稳定最重要的压舱石。确保国家粮食安全和重要农产品有效供给，是党和政府的一项长期战略任务。改革开放以来，我国立足国情农情，探索建立起符合市场经济要求的粮食安全政策体系，粮食安全形势总体稳定向好。党的十八大以来，我国粮食安全保障水平稳步提升，粮食总产量已经连续多年稳定在 1.3 万亿斤以上。总体来看，我国已基本建立起生产、流通、贸易、储备、加工等多方面并重，以及耕地保护、重农抓粮等多措施并举的粮食安全政策框架与制度体系，粮食等重要农产品供给基础牢固扎实。

一、发展历程

新中国成立之初，国家制定了工业化优先发展战略，农村农业需要为城市工业发展提供资金积累。1953 年，国家对粮棉油等主要农产品实施统派购制度，1960—1962 年统派购农产品种类达到 220 种，至 1978 年仍有 174 种。农产品统派购制度压低了农产品收购价格，为工业化发展进行物质积累。国家通过建立统购统销制度，增强对粮食供应的控制能力，但粮食长时期低价高征，农民生产积极性受到抑制，粮食生产潜力未能充分发挥出来。1949—1978 年，人均粮食占有量由 208.9 千克增加到 318.7 千克，年均增长率只有 1.47%，尚不能满足人民生活的需求。

改革开放以后，农村改革深入推进，我国粮食流通体制改革持续深化，粮食市场化进程不断加快，粮食储备流通管理体系、粮食生产支持保护体系从无到有并逐步健全，粮食购销市场化机制作用不断凸显。

1. 增加粮食供给解决温饱问题

党的十一届三中全会决定将工作重点转移到社会主义现代化建设上来，强调把农业尽快搞上去，提出了一系列发展农业生产的政策举措。为解决老百姓吃饭难的问题，党和国家顺应民心、审时度势，在全国范围内大力推行农村土地家庭承包经营制度，使亿万农民获得了生产经营自主权。同时，大幅提高粮食统购价格，扩大超购加价幅度，缩减农产品的统购派购范围，极大调动了农民生产积极性，扭转了当时粮食生产发展缓慢、产需矛盾突出的困难局面。1979—1984 年国内粮食连续六年丰收，1984 年粮食产量首次登上 4 亿吨台阶，农产品供给日趋充裕，农民生活得到较大改善，百姓温饱问题基本得到解决。1996 年，《中国粮食问题白皮书》首次提出中国的粮食安全战略，明确立足国内资源实现粮食基本自给，是中国解决粮食供需问题的基本方针。2008 年，国务院颁布《国家粮食安全中长期规划纲要（2008—2020 年）》（以下简称《纲要》），对确保粮食安全进行顶层设计。《纲要》提出，立足于基本靠国内保障粮食供给，加大政策和投入支持力度，加快构建供给稳定、储备充足、调控有力、运转高效的粮食安全保障体系。

2. 深化粮食流通体制改革破除价格双轨制

1985—2003 年，以价格改革为核心的粮食流通体制改革，加快了粮食商品化、经营市场化进程，粮食流通储备管理体系从无到有并日趋完善。随着农村经营体制改革的推进和粮食的增产，1985 年国家适时取消了粮食统购政策，改为以合同定购为主的粮食收购政策，恢复了农村集贸市场，形成合同订购与市场收购并行的农产品价格双轨制。但由于连续多年大丰收，出现农民"卖粮难"现象，加之国家粮食合同收购价格偏低，抑制了农民种粮积极性，1985 年粮食出现大幅减产。从1986 年开始，国家加大了粮食生产扶持和市场调节的力度，调减定购数量，增加议购粮收购，提高粮食定购价格，对定购粮实行奖售化肥、柴油和发放预购定金的"三挂钩"政策。随着政策效果不断显现，1989年开始市场粮价逐步上扬，粮食生产走出低迷，产量开始稳步提高。1990年，将合同定购改为国家定购并提高定购价格。1993年，全国范围内取消了已实行40年的口粮定量办法，价格随行就市，由此粮食统销政策废除，粮票终于退出了历史舞台，城乡粮食购销双轨制就此打破。

3. 建立健全粮食流通储备管理体系

随着粮食流通体制改革走向深入，我国逐步建立起由中央专项粮食储备和地方储备共同构成的多级粮食储备制度。1990年，成立国家粮食储备局对国家储备粮进行专门管理，标志着国家粮食宏观调控体系初步建立。1993年，成立国家农业发展银行，作为政策性金融机构，专门从事粮棉油收购等农业政策性信贷业务。同年，建立粮食市场风险基金，作为保护价收购制度和吞吐调节手段的财力基础，国家粮食宏观调控体系进一步加强。1994年，国务院进一步规定，实行省、自治区、直辖市政府领导负责制，负责本地区粮食总量平衡，保证粮食供应和粮价稳定。为应对粮食生产布局变化尤其是东南沿海地区粮食产量下降过快问题，1995年4月国务院印发《国务院关于深化粮食棉花化肥购销体制改革的通知》，首次将"米袋子"省长负责制作为专门制度提出，要求省级政府必须保证稳定粮食播种面积，不断提高粮食单产，充分掌握商品粮源，确保供应和粮价稳定。1998年，明确"四分开、一完善"的粮食流通体制改革基本原则，提出包括按保护价敞开收购农民余粮在内的"三项政策、一项改革"。2004年，国家放开粮食市场收购价格，以促进粮食增产为主要目标，以托市收储为主要政策工具，以预期管理、需求管理和储备投放为补充的粮食市场调控政策体系逐步建立起来。

4. 建立健全农业支持保护政策体系

1999—2003年，随着政策导向由增产导向转向农业结构调整，粮食产量徘徊下降。2003年，粮食总产量降至43 070万吨，比1998年减少7 384万吨，为20世纪90年代以来最低水平。在此背景下，国家及时调整工农关系、城乡关系，推进粮食流通体制改革，稳住粮食生产、促进农民增收。党的十六届四中全会提出"两个趋向、一个阶段"的重大判断，国家进入统筹城乡发展新阶段，工农关系、城乡关系开始得到调整，农业农村政策逐步实现"由取到予"的转变。2004 年全国粮食主产区开始全面实行种粮农民直接补贴政策，加上在此前后设立的良种补贴、农机具购置补贴、农业生产资料价格综合补贴，以四项补贴为核心的农业补贴制度逐步建立。国家取消了农业税，对重点粮食品种在主产区执行最低收购价政策，此后农业支持保护政策体系建立并不断完善，强农惠农富农力度持续加强。一系列政策举措有力调动了农民务农种粮和地方政府重农抓粮的积极性，2004—2012 年粮食产量逐年提高，2007 年重新站稳 1 万亿斤台阶，2012 年达到 11 792 亿斤，比 2004 年提高 25.6%。

党的十八大以来，党中央把粮食安全作为治国理政的头等大事。粮食安全的各项已有制度持续健全完善。同时，国家进一步强化了粮食安全顶层设计，从大食物观的角度提升粮食安全内涵，不断完善党政同责体制机制，粮食安全的重要地位被提升到前所未有的高度。

1. 强化国家粮食安全战略顶层设计

2013 年中央农村工作会议提出"确保谷物基本自给、口粮绝对安全"，确立了以我为主、立足国内、确保产能、适度进口、科技支撑的国家粮食安全战略，粮食安全从产量安全向产能安全转变，其核心不仅是保障粮食数量充裕和食物多样丰富，更在于立足农业资源相对匮乏的基本国情，发掘农业科技潜力，提高资源利用效率，创新体制机制，提高粮食综合生产能力与供给保障能力。通过实行最严格的耕地保护制度、加强高标准农田建设和黑土地保护、强化现代农业科技和物质装备支撑，夯实"藏粮于地、藏粮于技"战略的物质基础，持续推进农业供给侧结构性改革，更高层次、更高质量、更有效率、更可持续的粮食安全保障体系逐步建立。2021 年，全国粮食总产量 13 657 亿斤，比 2012 年提高 15.8%，连续 7 年保持在 1.3 万亿斤以上，中国人的饭碗牢牢端在自己手上。

2. 树立大食物观挖掘非粮食物供给能力

2015 年中央农村工作会议提出"树立大农业观、大食物观念",对国家粮食安全战略进一步丰富和扩展。2016 年中央 1 号文件提出"树立大食物观",作为推进农业供给侧结构性改革的重要内容。2017 年中央农村工作会议上,习近平总书记指出,"老百姓的食物需求更加多样化了,这就要求我们转变观念,树立大食物观、大粮食观,向耕地草原森林海洋、向植物动物微生物要热量、要蛋白,全方位多途径开发食物资源。"2022 年,习近平总书记指出要树立大食物观,全方位、多途径开发食物资源,开发丰富多样的食物品种,实现各类食物供求平衡,更好满足人民群众日益多元化的食物消费需求。树立大食物观,进一步丰富了国家粮食安全战略内涵,是立足我国人多地少、资源环境约束趋紧的国情农情,顺应人民群众食物结构变化趋势的必然选择。树立大食物观体现了粮食安全向食物安全转变的观念取向,进一步明确了食物安全与农业可持续发展的关系,对深化农业供给侧结构性改革提出了新要求,为确保食物安全和粮食安全指明了方向。

3. 健全粮食安全党政同责体制机制

随着粮食连年增产,一些地方出现了放松粮食生产、过度依靠中央的现象。为加快构建国家粮食安全保障体系,进一步明确地方政府维护国家粮食安全的责任,2021 年中央 1 号文件首次提出,地方各级党委和政府要切实扛起粮食安全政治责任,实行粮食安全党政同责。2021年 4 月,修订后的《粮食流通管理条例》将"粮食安全党政同责"第一次在行政法规中明确规定。2022 年 1 月,中共中央办公厅、国务院办公厅印发《地方党委和政府领导班子及其成员粮食安全责任制规定》,旨在切实保障国家粮食安全,进一步强化地方党委和政府粮食安全政治责任,落实粮食安全党政同责要求。在完善粮食安全省长责任制的基础上,对省级落实粮食安全党政同责、粮食安全责任制情况进行年度考核,对省级党委和政府对本地区粮食安全工作情况进行考核,粮食安全党政同责的制度体系基本确立。

二、政策内容

改革开放以来，我国逐步构建起涵盖耕地和水资源保护利用、粮食生产补贴、科技与装备提升、市场调控与储备、产业发展规划等多方面的粮食安全保障政策体系，为实现国家粮食安全提供了有力支撑。

（一）耕地与水资源保护利用

"人多地少"是我国的基本国情农情，我国人均耕地面积和水资源占有量仅为世界平均水平的 1/3 和 1/4 左右，农业生产资源相对匮乏是我国农业现代化发展绕不开的难题。党的十八大以来，国家大力推进生态文明建设，耕地保护与水资源利用政策体系朝着增强农业综合生产能力、确保粮食安全和生态安全的方向不断完善。

1. 耕地保护利用政策

我国耕地保护政策体系已进入数量管控、质量管理和生态管护"三位一体"阶段。目前，我国耕地保护利用主要包括三个方面政策：一是全面落实永久基本农田特殊保护制度。"十三五"以来，国家对全面完成永久基本农田划定工作作出详细部署，提出建立健全永久基本农田"划、建、管、补、护"长效机制，全面落实特殊保护制度。截至 2021 年底，全国已划定永久基本农田 15.5 亿亩。二是实行耕地占补平衡政策。国家严格管控建设占用耕地，改进耕地占补平衡管理，推进耕地质量提升和保护，健全耕地保护补偿机制，强化保障措施和监管考核。2018 年，国务院办公厅印发《跨省域补充耕地国家统筹管理办法》，对申请补充耕地国家统筹、落实国家统筹补充耕地、加强监管考核等提出了具体管理办法和要求。三是实行耕地轮作休耕政策。2016 年起实行的耕地轮作休耕制度试点，内容是建立耕地轮作休耕组织方式和政策体系，集成推广种地养地和综合治理相结合的生产技术模式，探索形成轮作休耕与调节粮食等主要农产品供求余缺的互动关系。2022 年，耕地轮作休耕项目资金规模增加到 111.45 亿元，主要在东北地区、黄淮海地区、长江流域、北方农牧交错区和西北地区开展粮、棉、油等轮作模式，以及开发冬闲田扩种冬油菜；支持在西北、黄淮海、西南和长江中下游等适宜地区开展大豆玉米带状复合种植；支持在河北、新疆地下水超采区开展休耕。

2. 水资源利用政策

党的十八大以来，习近平总书记就水利建设作出一系列重要论述和重大部署，开启了治水兴水的新局面。2012 年，国务院办公厅印发《国家农业节水纲要（2012—2020 年）》提出，到 2020 年，在全国初步建立农业生产布局与水土资源条件相匹配、农业用水规模与用水效率相协调、工程措施与非工程措施相结合的农业节水体系。2014 年 3 月，在中央财经领导小组第五次会议上，习近平总书记从党和国家发展全局的战略高度出发，提出了"节水优先、空间均衡、系统治理、两手发力"的治水思路。2016 年，国务院通过《农田水利条例》，提出发展农田水利，要坚持政府主导、科学规划、因地制宜、节水高效、建管并重的原则。这是新中国的第一部关于农田水利的行政法规，对加快农田水利发展、提高农业综合生产能力产生积极影响。当年，全国人大修订《中华人民共和国水法》，为合理开发、利用、节约和保护水资源、防治水害、实现水资源可持续利用提供了根本遵循。

（二）以主产区和种粮农民为重点的奖励补贴政策

对主产区和种粮农民进行奖励补贴是我国农业支持保护政策体系的重要组成部分。2016 年，财政部、农业部印发《关于全面推开农业"三项补贴"改革工作的通知》，旨在推动解决农业四项补贴政策在实施过程中出现的指向性不明、精准性不够、激励作用弱化等问题，将良种补贴、种粮农民直接补贴和农资综合补贴等三项补贴合并为农业支持保护补贴，支持耕地地力保护和粮食适度规模经营，并支持农业信贷担保体系建设。目前，以主产区和种粮农民为重点的补贴政策主要有以下几项：

1. 耕地地力保护补贴政策

从 2016 年起，在全国范围内将农业生产资料价格综合补贴存量资金的 80%，加上种粮农民直接补贴和农作物良种补贴资金，组成耕地地力保护补贴，直接现金补贴到户；将存量资金的 20%，加上种粮大户补贴试点资金和政策增量资金，统筹用于支持粮食适度规模经营。耕地地力保护补贴的对象原则上为拥有耕地承包权的种地农民，补贴依据可以是二轮承包耕地面积、计税耕地面积、确权耕地面积或粮食种植面积，具体补贴依据和标准由各地结合实际自行确定。截至 2021 年底，耕地地力保护补贴资金总体规模每年约 1 200 亿元，亩均补贴约 95 元，户均补贴约 564 元。

2. 玉米大豆生产者补贴政策

2014 年，国家取消大豆临时收储政策，开展了大豆目标价格改革试点，中央财政对东北三省和内蒙古自治区给予大豆目标价格补贴。2016 年，国家取消玉米临时收储政策，实行市场化收购加生产者补贴政策，中央财政将补贴资金拨付到省区，由地方政府统筹将补贴资金兑付到玉米实际种植者。2017 年国家将东北三省一区大豆目标价格政策调整为生产者补贴政策，统筹实施玉米和大豆生产者补贴。地方可根据本省（区）实际情况制定具体的补贴实施办法，合理引导农民调整种植结构，保障玉米和大豆生产稳定发展。2022 年，中央财政安排玉米大豆生产者补贴资金 408.2 亿元，引导地方合理拉开玉米大豆补贴差，支持农民扩种大豆。

3. 稻谷补贴政策

2018 年起，为缓解稻谷供求结构性矛盾，特别是普通品种过剩、优质品种供给不足等问题，中央财政在稻谷主产省份建立稻谷补贴制度。补贴资金由省级政府统筹安排，并明确资金使用要有利于引导种植结构调整，促进增加绿色优质稻谷供给，切实保持优势产区稻谷种植收益基本稳定，并可由地方统筹用于发展优质粳稻产业。

4. 产粮（油）大县奖励政策

为了调动地方政府重农抓粮的积极性，缓解产粮（油）大县财政困难，促进粮食、油料产业发展，2005 年起，中央财政根据粮食播种面积、产量和商品量等因素，对产粮大县给予奖励和补助。常规产粮大县入围条件为：近五年平均粮食产量大于 4 亿斤，且商品量大于 1 000 万斤；或者在主产区产量或商品量列前 15 位，非主产区列前 5 位的县级行政单位。近五年平均粮食产量或者商品量分别位于全国前 100 名的县为超级产粮大县，在获得常规产粮大县奖励的基础上，再获得超级产粮大县奖励。常规产粮大县奖励资金作为一般性转移支付，由县级人民政府统筹使用，超级产粮大县奖励资金用于扶持粮食生产和产业发展。产油大县奖励入围条件由省级人民政府按照"突出重点品种、奖励重点县（市）"的原则确定，入围县享受的奖励资金不低于 100 万元，全部用于扶持油料生产和产业发展，特别是用于支持油料收购、加工等方面支出。在奖励产粮大县的同时，中央财政对 13 个粮食主产区的前 5 位超级产粮大省给予重点奖励，其余给予适当奖励，奖励资金由省级财政用于支持本省粮食生产和产业发展。2010 年产粮大县奖励资金规模约 210 亿元，奖励县数达到 1 000 多个；2021 年奖励资金翻了一番多，达到 482 亿元。

（三）促进科技进步与物质装备水平提升

科技是第一生产力，粮食增产的关键是科技成果的推广应用。党的十八大以来，科技创新被摆在国家发展全局的核心位置，农业科技创新步伐明显加快，成果转化和推广不断加强，对粮食增产提质增效的支撑作用进一步显现。促进科技进步与物质装备水平提升，主要包括四个方面的政策：

1. 现代种业发展支持政策

为加快推进现代种业发展，建设种业强国，国务院办公厅于 2013 年印发《关于深化种业体制改革提高创新能力的意见》提出，深化种业权益改革，强化良种联合攻关，激励科技创新、加速成果转化，完善科技体制改革总体设计和制度框架，为农业科技创新创业清障搭台。2021 年，中央全面深化改革委员会第二十次会议审议通过《种业振兴行动方案》，强调要把种源安全提升到关系国家安全的战略高度，集中力量破难题、补短板、强优势、控风险，实现种业科技自立自强、种源自主可控。目前，我国已围绕农业种质资源保护利用、绿色优质新品种选育和示范推广、优势种业企业发展、救灾备荒种子储备管理和调用等方面建立起一整套现代种业发展支持政策体系。

2. 深化农业科技体制机制改革

2015 年，农业部印发《关于深化农业科技体制机制改革加快实施创新驱动发展战略的意见》，提出深入实施创新驱动发展战略，以保障国家粮食安全为首要任务，以转变农业发展方式为主线，深化农业科技体制机制改革，从加快农业科技创新的总体思路、努力提升农业科技创新效率、推进农业科技成果转化应用、加强农业科技条件能力建设、加快农业科技人才队伍建设、营造良好发展环境等六个方面提出 25 条政策举措。2021 年我国农业科技进步贡献率突破 60%，比 2012 年提高 7.0 个百分点。

3. 强化农业科技平台建设政策

2018 年，国务院办公厅印发《关于推进农业高新技术产业示范区建设发展的指导意见》，提出充分发挥创新高地优势，集聚各类要素资源，着力打造农业创新驱动发展的先行区和农业供给侧结构性改革的试验区。同年，科技部等六部门印发《国家农业科技园区发展规划（2018—2025年)》，定位于集聚创新资源，培育农业农村发展新动能，着力拓展农村创新创业、成果示范展示、成果示范推广和高素质农民培训等功能。

4. 农业机械化发展支持政策

2004 年起，中央财政安排专项资金实施农机购置补贴政策，对农民个人、农场职工、农机专业户和直接从事农业生产的农机服务组织购置和更新大型农机具给予一定补贴。党的十八大以来，截止到 2021 年，中央财政累计投入 1 839 亿元，扶持 2 100 多万农户和农业生产经营组织，购置农机具近 2 700 万台（套），大幅提升了农业物质技术装备水平，有力推动了我国农业机械化和农机装备产业的快速发展。2018 年，国务院印发《关于加快推进农业机械化和农机装备产业转型升级的指导意见》，提出以农机农艺融合、机械化信息化融合、农机服务模式与农业适度规模经营相适应、机械化生产与农田建设相适应为路径，以科技创新、机制创新、政策创新为动力，推动农机装备产业向高质量发展转型，推动农业机械化向全程全面高质高效升级。2021年，我国农作物综合机械化率超过71％，小麦、玉米、水稻三大粮食作物的耕种收综合机械化率分别达到97％、90％和84％，基本实现了机械化。

（四）粮食市场储备调控

粮食市场调控是指政府通过经济手段、法律手段、行政手段等对粮食供给和需求产生影响，以维护粮食市场稳定，保障粮食安全。粮食市场调控政策的初始目标主要是增加粮食产量，政策的着力点主要放在供给侧，主要政策工具是最低收购价，并对粮食出口和粮食深加工进行管制，在增加国内粮食产量的同时减少出口和非食用需求。目前，我国粮食市场调控政策主要包括以下几项：

1. 最低收购价政策

2004年，全面放开粮食收购价格，由取得经营资格的企业随行就市收购，同时对重点粮食品种实行最低收购价格制度。当市场价格低于最低收购价格时，受政府委托的政策执行主体企业按照最低收购价格进行托市收购，以减少粮食市场流通量，维持市场粮价保持在一定水平，保护农民种粮积极性，保持粮食生产稳定发展；如果粮价高于最低收购价，则不启动或及时退出托市收购。最低收购价及执行预案在每年粮食收获之前由国家发展改革委、财政部、国家粮食局等相关部门测算制定，报请国务院批准后向社会发布。托市收购主体包括中国储备粮总公司、地方储备粮公司，按照预案规定在特定区域、特定期限内限定总量收购粮食，中国农业发展银行负责向其发放购粮贷款。最低收购价政策实施对象包括稻谷和小麦，稻谷包括早籼稻、中晚籼稻和粳稻，小麦包括白小麦、红小麦和混小麦。2022年生产的小麦（三等）最低收购价格为每斤1.15元，早籼稻、中晚籼稻和粳稻最低收购价分别为每斤1.24元、1.29元、1.31元。

2. 政策性粮食竞价拍卖政策

2004年国务院印发的《粮食流通管理条例》提出，国家实行中央和地方分级粮食储备制度，粮食储备用于调节粮食供求，稳定粮食市场，以及应对重大自然灾害或者其他突发事件等情况。2006 年，国家发展改革委、财政部、国家粮食局、中国农业发展银行和中国储备粮管理总公司联合印发《国家临时存储粮食销售办法》，对储备粮如何销售进行了明确规定。文件提出，要采取竞价销售的方式，根据市场需求情况，安排临时存储粮在粮食批发市场上常年销售，根据国家宏观调控需要和市场供求状况确定销售底价，保证市场粮食供应、市场粮价保持在合理水平、保护农民种粮积极性。同时，要提前向社会公布每批销售数量、粮食品质和交割地点，加强监管，维护正常的流通秩序。此后，有关机构逐步建立全国粮食现货竞争交易系统，构建全国跨地区粮食现货交易平台，政策性粮食竞价拍卖机制不断健全完善，已成为粮食储备调控的重要环节。

3. 目标价格政策

2014 年，国家取消大豆临时收储政策，在东北地区推行大豆目标价格改革试点。目标价格补贴政策是在已形成的农产品市场价格的基础上，政府根据市场供求和运行情况设定一个目标价格，通过差价补贴保护生产者利益。当市场价格过高时以此标准补贴低收入消费者，反之以此价格补贴生产者，切实保证农民收益。目标价格水平采取生产成本加基本收益的方法确定，由国家发展改革委牵头，每年一定。大豆目标价格改革适应了我国大豆参与国际市场程度深的特点，将临时收储价格中"保收益"功能剥离出来，实现了价补分离，价格机制作用得到有效发挥。但由于种植大豆比较效益较低，农户种植意愿不强，种植面积与总产量都有所下降。2017 年，国家将东北三省一区大豆目标价格政策调整为"市场化收购＋生产者补贴"政策，并统筹实施玉米和大豆生产者补贴，鼓励增加大豆种植，化解玉米高库存。

（五）粮食生产与产业发展规划布局

我国粮食主产区包括黑龙江、河南、山东、四川、江苏、河北、吉林、安徽、湖南、湖北、内蒙古、江西、辽宁等 13 个省份。2021 年，主产区粮食产量占全国总产量的 78.5%。长期以来，国家将农业投资、国有土地出让金和新增农业综合开发资金向粮食主产区倾斜，主产区粮食产业链条不断扩展延长，种粮农民稳定增收的基础不断夯实。当前，我国围绕主产区开展粮食生产与产业发展规划布局的政策主要有以下几项：

1. 粮食生产功能区和重要农产品生产保护区建设

2004 年起，国家启动实施优质粮食产业工程，选择一部分有基础、有潜力的粮食大县和国有农场，集中力量建设一批国家优质专用粮食基地。2015 年起，国家将建设粮食生产功能区纳入战略规划，作为保障粮食安全的重要抓手。2015 年中央 1 号文件提出探索建立粮食生产功能区，2017 年中央 1 号文件进一步提出以主体功能区规划和优势农产品布局规划为依托，合理划定粮食生产功能区和重要农产品生产保护区。2017 年 4 月，国务院发布《关于建立粮食生产功能区和重要农产品生产保护区的指导意见》，提出大力推进"两区"建设，推动相关资金项目向"两区"倾斜，优先支持"两区"建设高标准农田，提升"两区"综合生产能力，力争用 3 年时间完成 10.58 亿亩两区地块的划定任务，力争用 5 年时间基本完成两区建设任务。2020 年，国务院办公厅印发《关于防止耕地"非粮化"稳定粮食生产的意见》，提出加强粮食生产功能区监管，引导作物一年两熟以上的粮食生产功能区至少生产一季粮食，种植非粮作物的要在一季后能够恢复粮食生产。不得擅自调整粮食生产功能区，不得违规在粮食生产功能区内建设种植和养殖设施，不得违规将粮食生产功能区纳入退耕还林还草范围，不得在粮食生产功能区内超标准建设农田林网。据测算，粮食生产功能区建成后，可以保障我国 95% 的口粮和 90% 以上的谷物需求。截至 2020 年底，全国已划定水稻、小麦、玉米等粮食生产功能区 9 亿亩，大豆、油菜籽等重要农产品生产保护区 2.38 亿亩，有力保障了国家粮食安全。

2. 支持粮食产业集群集聚发展

2017 年起，中央财政先后启动国家现代农业产业园、农业产业强镇和优势特色产业集群创建支持政策，推进乡村产业融合发展。2017

年，农业部会同财政部印发《关于开展国家现代农业产业园创建工作的通知》，启动国家现代农业产业园创建工作。2018 年，农业农村部会同财政部印发《关于批准开展 2018 年农业产业强镇示范建设的通知》，启动农业产业强镇示范建设工作。2020 年，印发《关于开展优势特色产业集群建设的通知》，组织开展首批 50 个优势特色产业集群建设。2021年，印发《关于统筹做好 2021 年农业产业融合发展项目申报工作的通知》提出，统筹布局现代农业产业园、农业产业强镇、优势特色产业集群三类项目建设，着力推进构建以产业强镇为基础、产业园为引擎、产业集群为骨干、省县乡梯次布局、点线面协同推进的现代乡村产业体系，着力引导培育农产品加工企业在产地建设加工生产基地、统筹发展初加工、精深加工，整体提升产业发展质量效益和竞争力。2022 年，在三类项目建设上，重点围绕保障国家粮食安全和重要农产品有效供给，结合粮食生产功能区等规划布局，聚焦支持稻谷、小麦、玉米、大豆、油菜、花生等关系国计民生的重要农产品，并对粮食主产省单设政策性指标给予倾斜支持。截至 2021 年底，全国共支持建设 140 个优势特色产业集群、250 个国家现代农业产业园和 1 309 个农业产业强镇。其中，粮食油料类优势特色产业集群 25 个、国家现代农业产业园 75个、农业产业强镇超 390 个。

3. 国家粮食安全产业带建设

2020 年中央经济工作会议和中央农村工作会议首次提出"建设国家粮食安全产业带"的概念。建设国家粮食安全产业带是指以东北、黄淮海、长江中下游等产粮大县集中且农业生产基础条件良好的主产区域为重点，立足水稻、小麦、玉米、大豆等生产供给，建设高标准农田等农田水利基础设施，完善仓储流通设施，布局粮食生产加工产能，提升粮食产业链供应链现代化水平，建设国家粮食安全保障战略基地。"十四五"规划纲要明确提出，"十四五"时期以粮食生产功能区和重要农产品生产保护区为重点，建设国家粮食安全产业带，实施高标准农田建设工程，建成 10.75 亿亩集中连片高标准农田。2021 年，国家发展改革委会同农业农村部等有关部门，编制实施《国家粮食安全产业带建设总体方案》，以粮食生产功能区和重要农产品生产保护区为重点，聚焦谷物和大豆等主要粮食品种，顺应国内粮食消费升级和粮食转化加工向主产区集中的趋势，着力打造生产基础稳固、产业链条完善、集聚集群融合、绿色优质高效的国家粮食安全产业带。

4. 推进高标准农田建设

建设高标准农田是巩固提升粮食综合生产能力、保障国家粮食安全的关键举措。"十三五"规划纲要明确要求，要以粮食主产区为重点，优先建设确保口粮安全的高标准农田。2018 年起，国家通过中央财政转移支付和中央预算内投资两个渠道共同支持高标准农田建设。目前，项目实施区域为全国范围内符合高标准农田建设项目立项条件的耕地，优先在"两区"和永久基本农田保护区开展高标准农田建设，优先安排干部群众积极性高、地方投入能力强的地区开展高标准农田建设，优先支持贫困地区建设高标准农田，积极支持种粮大户、家庭农场、农民合作社、农业企业等新型经营主体建设高标准农田。截至 2022 年，全国已完成 10 亿亩高标准农田建设任务，亩均粮食产能一般增加10%～20%。

三、下一步政策取向

近年来，国内外形势深刻变化，影响粮食供需格局的新情况、新问题不断出现，对新阶段粮食安全领域深化改革提出了新的要求。新阶段完善粮食安全制度体系，要从加强耕地和水资源保护、加强农业基础设施建设、加强规划布局和主产区综合生产能力建设等方面入手，着力提高粮食单产水平，全方位夯实粮食安全根基，确保谷物基本自给、口粮绝对安全。

（一）加强耕地和水资源保护

当前，耕地和水资源保护政策落实不到位现象比较突出。一些地方不同程度存在永久基本农田"上山下河入海"、边界不明等问题，影响到粮食生产能力保障。一些地区耕地土壤条件退化，耕作适宜性下降；华北平原、东北平原地下水超采问题长期存在，粮食作物应用高效节水灌溉技术相对较少，水资源利用效率低。在资源环境约束日益趋紧、粮食安全保障压力加大的背景下，需进一步加强耕地与水资源的保护利用。一是严格耕地数量保护。严守耕地红线和永久基本农田控制线，确保全国耕地保有量不低于 18 亿亩，实行永久基本农田特殊保护。稳定实施耕地地力保护补贴政策，严格落实耕地用途管制相关规定，加大耕地使用情况核实力度。二是大力提高耕地质量。开展退化耕地治理和耕地生产障碍修复，支持在适宜地区开展深松整地作业，促进耕地质量改善和农业综合生产能力提升。推进东北黑土地保护利用和保护性耕作。围绕土地平整、土壤改良、农田水利、田间道路、农田输配电设备、防护林网等建设内容，完善农田基础设施。三是推进农用水资源合理利用。健全农业水价形成机制，建立农业用水精准补贴和节水奖励机制，建立精细化的灌溉制度。综合考虑灌溉技术的区域适用性和经济社会效益，因地制宜推广节水技术，提高资源利用效率，提高粮食综合生产能力与供给保障能力。

（二）着力提高粮食单产水平

"人多地少"的基本国情，决定了我国推进粮食持续稳定增产必须走提高单产之路。目前，我国水稻、小麦、玉米和大豆平均单产水平仅为世界先进水平的 63%、65%、54% 和 52%。提高粮食单产水平，一是要实施好种业振兴行动，推动现代种业做大做强。加强种质资源保护利用和种子库建设，确保种源安全。加强农业良种技术攻关，有序推进生物育种产业化应用，加快启动种源"卡脖子"攻关计划，强化育种基础研究和创新能力升级，培育具有国际竞争力的种业龙头企业。二是要打好科技"攻坚战"，提升粮食产业链的科技赋能水平。推进信息、生物、新材料等高新技术在粮食产业中的应用，补齐关键共性技术短板。加强大中型、智能化、复合型农业机械研发应用。发展智慧农业，助力提升粮食安全保障能力。三是深化农业科研制度改革，激活科研机构动力。强化企业创新主体地位，加强产学研深度融合机制，健全完善基层农技推广服务体系。

（三）切实加强农业基础设施建设

由于历史欠账较多，农业基础设施仍然是制约农业现代化发展的薄弱环节。一些地方农田基础设施建设滞后，仍有大量耕地缺乏灌排条件。从产权制度上看，不少地方农田水利设施权属确定难、管护资金筹措难、管护责任落实难。加快补上农业基础设施短板，一是加强农业基础设施建设。强化高标准农田建设，稳定粮食产能。加强旱地水源工程和水利设施配套。推进农田宜机化改造，提高坡耕地机械化作业水平，加快研发推广适宜坡耕地作业的农机具，因地制宜、系统谋划坡耕地建设。二是健全农业基础设施建设管护制度。建立健全县乡村统筹的公共基础设施建设管护机制，深化农业基础设施产权制度改革，建立农业基础设施管护责任清单公示制度。三是完善农产品产后处理设施。加大粮食烘干设施建设推进力度，加强产地仓储保鲜冷链物流设施建设，形成上下贯通、集约高效的农产品冷链物流设施网络体系。

（四）加强规划布局和主产区综合生产能力建设

当前，我国耕地数量呈现"南减北增"的特点，粮食产区"南缩北扩"，生产重心持续向北方主产区集中。从生产方式上看，我国粮食以小农户分散经营为主，户均种植规模小，生产组织化、规模化、集约化程度仍然不高，需加快粮食生产规划布局，提高主产区粮食综合生产能力。一是优化粮食生产区域布局。按照资源禀赋、生产条件和增产潜力等因素，重点围绕打造国家粮食安全产业带，科学划定粮食适宜生产区、核心生产区、后备潜力区，合理确定粮食生产适度规模。二是完善构建现代农业产业体系、生产体系和经营体系。大力培育粮食生产新型经营主体，发展农业社会化服务，带动小农户与现代粮食产业有机衔接。加快粮食生产经营方式转变，由拼资源、拼投入的粗放式发展转向拼科技、拼品牌、拼技术的集约化发展。三是持续强化对主产区和种粮农民支持力度。加大强农惠农富农政策支持力度，健全主产区利益补偿机制，推动农业投入向国家粮食安全产业带和优势产区大县倾斜。

（五）强化粮食市场流通和储备调控体系建设

粮食市场宏观调控是保障粮食安全的重要一环。当前，粮食流通和仓储设施功能不够健全，管理的精细化、标准化水平不高，信息化、智能化水平需进一步提升。主产区、主销区、产销平衡区粮食仓储物流能力存在差异，"产购储加销"各环节衔接融合不够，粮食产业体系经营效能有待提高。一是完善粮食最低收购价动态调整机制。探索适合国情的粮食价格市场化形成制度，引导生产经营主体形成合理市场价格预期，推动实现农产品优质优价，促进农业高质高效。二是健全以储备调节为核心的市场调控机制。完善最低收购价政策，坚持稻谷、小麦最低收购价政策框架不动摇，增强政策灵活性和弹性，合理调整最低收购价水平，稳定价格预期。三是完善粮食储备体系及管理体制。健全多元化收储体系，加快培育多元市场购销主体，降低储备成本、提高储备效率。改革完善中央储备粮管理体制，提高粮食储备调控能力。

（六）加强农业走出去与进出口调控

我国目前是世界第一大农产品进口国，农产品进口额占世界的10％左右。每年进口大豆 9 000 万吨左右，对外依存度较高。近年来，新冠疫情全球蔓延，地缘政治冲突加剧，农产品国际供应链不稳定性不断增加，充分暴露了全球粮食系统相互关联的性质和脆弱性。要统筹国内国际两个大局、统筹发展和安全，促进农产品进口多元化，稳定市场供应，发挥进口农产品对国内市场保供稳价的重要作用。一方面，扩大国内大豆和植物油料生产，逐步降低大豆和食用植物油的对外依存度。平衡好以玉米为主的饲料粮进口和肉类进口的关系，大力发展国内畜牧业，努力满足居民对动物性产品不断增长的需求。另一方面，稳定与世界主要国家农产品经贸联系，优化进口布局，开拓南美、黑海等全球主要粮食产区进口贸易渠道。积极参与全球粮食治理，通过南南合作、中非合作帮助低收入国家，提高他们的农业发展能力和减贫能力，持续提高我国在全球粮食市场与农业发展中的话语权。

（七）提高粮食和重要农产品质量安全水平

改革开放以来，我国粮食供给总量不断提高、食品种类日益多样、国民营养状况不断改进，食品安全水平不断提高。总体来看，我国食品安全水平是有足够保障的。但要看到，食品质量和安全控制关系亿万城乡居民健康，确保粮食和重要农产品安全须臾不可放松。下一步，需适应社会对农产品质量安全提高的需要，多管齐下提高粮食和重要农产品质量安全水平。一是加快培育绿色优质农业品牌。实施粮食品牌培育行动，做大做强区域特色农业优势品牌，提升优质农产品品牌附加值，构建农产品"三品一标"新机制，积极发展绿色有机地理标志农产品。二是大力推行农业标准化生产。构建农业高质量发展标准体系，推进现代农业全产业链标准化，推动农产品品质评价。发挥新型农业经营主体在粮食标准化生产方面的带动、服务、规范作用。推动标准化粮食标准化生产基地建设。三是健全农产品质量安全监管体系。提高风险监测能力和监督检查效能，深入开展风险评估，强化风险交流和科普宣传。净化产地环境，加强投入品使用和生产过程监管，推进承诺达标上市。推动社会共治，引导带动各地全面提升粮食和重要农产品质量安全监管能力和水平。

（八）提升粮食应急保障能力

我国粮食应急保障体系不断健全，但各地建设不够均衡。提升粮食应急保障能力，需进一步加强粮食应急保供体系建设，健全应急加工、储运、配送、供应网络，优化完善应急设施布局，畅通粮食应急保障信息系统。加强应急设施建设和管护主体责任，充分调动各类主体承担粮食应急保障任务的积极性，确保粮食应急状态下产购储加销体系各环节有序衔接、协同联动。注重实物与产能相结合，整合现有粮食应急加工、储运、配送、供应等资源，优化布局结构，提升区域应急保障能力。将提升粮食应急保障能力与实施优质粮食工程建设有机融合，提升平时服务、急时保供综合效能。完善应急功能，提高应急组织协调和快速响应能力。

第 5 章

新型农业经营主体培育政策

发展多种形式适度规模经营，培育新型农业经营主体，是建设现代农业的前进方向和必由之路。改革开放以来，在巩固和完善农村基本经营制度、支持小农户发展壮大的基础上，加快培育新型农业经营主体，不断增强其经济实力、发展活力和带动能力，对推进农业供给侧结构性改革，促进小农户和现代农业发展有机衔接，助力全面推进乡村全面振兴、加快农业农村现代化，具有十分重要的意义。

一、发展历程

1978 年党的十一届三中全会以后，党中央作出了实行改革开放的历史性决策，启动了农村改革的进程。在中央政策的鼓励下，以包干到户为主要形式的家庭联产承包责任制在全国范围内推开，极大地推动了生产力的发展。1990 年 3 月 3 日，邓小平同志在与中央负责同志的谈话中指出，"中国社会主义农业的改革和发展，从长远的观点看，要有两个飞跃。第一个飞跃，是废除人民公社，实行家庭联产承包为主的责任制。这是一个很大的前进，要长期坚持不变。第二个飞跃，是适应科学种田和生产社会化的需要，发展适度规模经营，发展集体经济。这是一个很大的前进，当然这是很长的过程。"[①] 从实践看，一家一户分散的家庭经营，仍带有传统小农经济与自然经济的痕迹，不能适应现代农

① 《邓小平文选》第三卷，人民出版社 1993 年版，第 355 页。

业的规模化经营和社会化生产的要求①。因此，在家庭经营基础上，如何解决小农户一家一户办不了、办不好、办起来不经济的事情，着力提高农业生产经营集约化、专业化、组织化、社会化程度，鼓励和支持农民发展多种形式的合作与联合，以及健全农业社会化服务体系等问题，都被提上了研究制定相关政策的议程。

改革开放以来，各种农业经营主体竞相出现。随着实践发展，有些经营形式消亡转化，有些经营主体成长壮大。在这一过程中，国家出台了一系列支持政策，促进新型农业经营主体蓬勃发展。

（一）推进农业经营体制机制创新

2008 年 10 月党的十七届三中全会通过了《中共中央关于推进农村改革发展若干重大问题的决定》。决定总结农村改革发展中的新鲜经验，提出了"两个转变"的观点，即推进农业经营体制机制创新，加快农业经营方式转变。家庭经营要向采用先进科技和生产手段的方向转变，增加技术、资本等生产要素投入，着力提高集约化水平；统一经营要向发展农户联合和合作，形成多元化、多层次、多形式经营服务体系的方向转变，发展集体经济，增强集体组织服务功能，培养农民新型合作组织，发展各种农业社会化服务组织，鼓励龙头企业与农民建立紧密型利益联结机制，着力提高组织化程度。2004—2012 年的中央 1 号文件对积极发展种养专业大户、农民专业合作组织、社会化服务组织、龙头企业和集体经济组织等各类适应现代农业发展要求的经营主体提出了明确要求。

（二）大力发展农业产业化经营

1995 年 12 月，《人民日报》介绍了山东潍坊发展农业产业化的经验，并配发题为《论农业产业化》的社论，标志着农业产业化进入了快

---

① 吴江，张艳丽．家庭联产承包责任制研究 30 年回顾．经济理论与经济管理，2008（11）：43－47.

速发展阶段。2000 年，农业部、国家计委、国家经贸委、财政部、外经贸部、中国人民银行、国家税务总局、中国证监会联合印发《关于扶持农业产业化经营重点龙头企业的意见》，指出龙头企业是发展农业产业化经营的关键，明确扶持重点龙头企业的标准，对重点龙头企业在基地建设、原料采购、设备引进和产品出口等方面给予的具体帮助和扶持。为做好农业产业化国家重点龙头企业的认定、运行监测和服务工作，2001 年，农业部、国家计委、国家经贸委、财政部、外经贸部、中国人民银行、国家税务总局、中国证监会、全国供销合作总社印发了《农业产业化国家重点龙头企业认定及运行监测管理暂行办法》，明确农业产业化国家重点龙头企业是指以农产品加工或流通为主业，通过各种利益联结机制与农户相联系，带动农户进入市场，使农产品生产、加工、销售有机结合、相互促进，在规模和经营指标上达到规定标准并经全国农业产业化联席会议认定的企业；2010 年，根据我国现代农业发展新要求和农业产业化发展新情况，对办法进行了修改。2001 年，国家税务总局印发《关于明确农业产业化国家重点龙头企业所得税征免问题的通知》，对符合条件的农业产业化国家重点龙头企业暂免征收企业所得税。2002 年，中国农业银行印发《关于进一步做好农业产业化信贷工作的指导意见》，提出把信贷支农的重点转移到支持农业产业化经营。2004 年，财政部印发《中央财政支持农业产业化资金管理暂行办法》，明确中央财政农业产业化资金支持的对象是农业产业化的龙头企业和农产品生产基地，规范中央财政支持农业产业化资金管理，提高资金使用效益，促进农业产业化发展。2011 年，农业部印发《关于创建国家农业产业化示范基地的意见》，发挥龙头企业集群集聚优势，集成利用资源要素，完善强化农业产业化功能，提升辐射带动能力。2012 年，《国务院关于支持农业产业化龙头企业发展的意见》印发，从加强标准化生产基地建设、大力发展农产品加工、创新流通方式、拓展产业链条、推动龙头企业集群集聚等方面，就加快发展农业产业化经营、做大做强龙头企业提出了要求。

（三）扶持农民专业合作社加快发展

在 20 世纪 80 年代，农民专业合作经济组织刚刚萌芽，党中央就充分肯定了其重要作用。从 1983 年到 1986 年连续 4 个中央 1 号文件都对依靠和鼓励农民群众自主发展专业合作经济组织提出了明确的要求。党的十六届三中全会提出要支持农民按照自愿、民主的原则，发展多种形式的农村专业合作经济组织；十六届五中全会提出鼓励和引导农民发展各类专业合作经济组织，提高农业的组织化程度；十六届六中全会强调要发展农民专业合作经济组织；十七届三中全会强调要按照服务农民、进退自由、权利平等、管理民主的要求，扶持农民专业合作社加快发展，使之成为引领农民参与国内外市场竞争的现代农业经营组织。2007 年 7 月 1 日，《中华人民共和国农民专业合作社法》施行，赋予了农民专业合作社法人地位，对农民专业合作社的设立、民主管理、财务制度等内容作出相应规范，明确了国家支持农民专业合作社发展的主要措施，填补了我国市场主体法律的一项空白，进一步完善了我国社会主义市场经济法律体系，标志着我国农民专业合作社走上了依法发展的轨道。

（四）推动农村服务业和家庭农场加快发展

1991 年 10 月，国务院印发《关于加强农业社会化服务体系建设的通知》，将农业社会化服务定义为包括专业经济技术部门、乡村合作经济组织和社会其他方面为农、林、牧、副、渔各业发展提供的服务。2007 年，国务院印发《关于加快发展服务业的若干意见》，提出积极发展农村服务业，围绕农业生产的产前、产中、产后服务，加快构建和完善以生产销售服务、科技服务、信息服务和金融服务为主体的农村社会化服务体系。按照党的十七届三中全会决定提出的"有条件的地方可以发展专业大户、家庭农场、农民专业合作社等规模经营主体"，家庭农场首次列为农业规模经营主体。

党的十八大以来，党中央、国务院高度重视新型农业经营体系构建和新型农业经营主体培育。2016年4月，习近平总书记在农村改革座谈会上强调，加快构建新型农业经营体系，推动家庭经营、集体经营、合作经营、企业经营共同发展，提高农业经营集约化、规模化、组织化、社会化、产业化水平①。习近平总书记强调指出，要把加快培育新型农业经营主体作为一项重大战略，突出抓好农民合作社和家庭农场两类农业经营主体发展，赋予双层经营体制新的内涵，不断提高农业经营效率。要加快构建以农户家庭经营为基础、合作与联合为纽带、社会化服务为支撑的立体式复合型现代农业经营体系，实现小农户和现代农业有机衔接。党的十八大报告提出，发展农民专业合作和股份合作，培育新型经营主体，发展多种形式规模经营，构建集约化、专业化、组织化、社会化相结合的新型农业经营体系。党的十八届三中全会通过的《中共中央关于全面深化改革若干重大问题的决定》提出，加快构建新型农业经营体系。坚持家庭经营在农业中的基础性地位，推进家庭经营、集体经营、合作经营、企业经营等共同发展的农业经营方式创新。党的十八届五中全会通过的《中共中央关于制定国民经济和社会发展第十三个五年规划的建议》提出，发展多种形式适度规模经营，着力构建现代农业产业体系、生产体系、经营体系，构建培育新型农业经营主体的政策体系。党的十九大报告提出，构建现代农业产业体系、生产体系、经营体系，完善农业支持保护制度，发展多种形式适度规模经营，培育新型农业经营主体，健全农业社会化服务体系，实现小农户和现代农业发展有机衔接。2013年以来的中央1号文件对着力构建集约化、专业化、组织化、社会化相结合的新型农业经营体系，扶持发展新型农业经营主体，也都提出了具体要求。

党的十八大以来，支持新型农业经营主体的制度供给不断强化。2014年，中共中央办公厅、国务院办公厅印发了《关于引导农村土地经营权有序流转发展农业适度规模经营的意见》，明确提出加快培育新

---

① 《在农村改革座谈会上的讲话》（2016年4月25日），《论坚持全面深化改革》，中央文献出版社2018年版，第260页。

型农业经营主体的要求。2017 年，中共中央办公厅、国务院办公厅印发《关于加快构建政策体系培育新型农业经营主体的意见》，综合运用多种政策工具，从财政税收、基础设施、金融信贷、保险支持、市场营销、人才培养引进等方面加快构建政策体系，引导新型农业经营主体提升规模经营水平、完善利益分享机制，更好发挥带动农民进入市场、增加收入、建设现代农业的引领作用。2020 年，农业农村部编制了《新型农业经营主体和服务主体高质量发展规划（2020—2022 年)》，明确了到 2022 年家庭农场、农民合作社、农业社会化服务组织等各类新型农业经营主体和服务主体蓬勃发展、现代农业经营体系初步构建、各类主体质量效益提升和竞争能力增强的目标。2022 年，农业农村部印发《关于实施新型农业经营主体提升行动的通知》，以新型农业经营主体内强素质、外强能力为重点，着力完善基础制度、加强能力建设、深化社企对接、建立健全指导服务体系，推动新型农业经营主体由数量增长向量质并举转变。

经过多年不懈努力，各类新型农业经营主体蓬勃发展。截至2021 年底，全国纳入家庭农场名录系统的家庭农场数量超过 390 万个；全国依法登记注册的农民合作社达 221.6 万家，组建联合社 1.4 万家；全国各类农业社会化服务组织超过 90 万个，农业生产托管服务面积超过 16 亿亩次，服务带动小农户超 7 000 万户；全国县级以上农业农村部门认定的龙头企业超过 9 万家，培育农业产业化联合体 7 000 多个。

二、政策内容

（一）家庭农场培育政策

家庭农场以家庭经营为基本单元，以农业生产经营为主业，以农业经营收入为家庭主要收入来源，从事农业规模化、标准化、集约化生产经营，是建设现代农业的新生力量。一是促进家庭农场发展。2014 年，农业部印发《关于促进家庭农场发展的指导意见》，提出探索建立家庭农场管理服务制度，县以上农业部门可从当地实际出发，明确家庭农场认定标准，引导承包土地向家庭农场流转。2019 年，经国务院同意，中央农村工作领导小组办公室、农业农村部等 11 部门和单位联合印发《关于实施家庭农场培育计划的指导意见》，从完善登记和名录管理制度、强化示范创建引领、建立健全政策支持体系、健全保障措施等方面对家庭农场培育发展作出了部署。二是加大信贷支持力度。2014 年，中国人民银行印发《关于做好家庭农场等新型农业经营主体金融服务的指导意见》，要求切实加大对家庭农场等新型农业经营主体的信贷支持力度，合理确定贷款额度，适当延长贷款期限，满足农业生产周期实际需求。原则上，从事种植业的专业大户和家庭农场贷款金额最高可以为借款人农业生产经营所需投入资金的 70%，其他专业大户和家庭农场贷款金额最高可以为借款人农业生产经营所需投入资金的 60%。家庭农场单户贷款原则上最高可达 1 000 万元。三是建立规范运营制度。2022 年，农业农村部组织开发了家庭农场"随手记"记账软件，免费提供给广大家庭农场使用，满足家庭农场财务收支、生产销售等基本记账需求。鼓励各地按照"自愿申报、择优推荐、逐级审核、动态管理"的原则，开展示范家庭农场创建，支持有条件的地方开展家庭农场示范县创建，整体提升家庭农场发展水平。

（二）农民合作社法律政策

农民专业合作社是在农村家庭承包经营基础上，农产品的生产经营者或者农业生产经营服务的提供者、利用者，自愿联合、民主管理的互助性经济组织。

1. 法律制度方面

2007 年 7 月 1 日《中华人民共和国农民专业合作社法》施行，由十二届全国人大常委会第三十一次会议于 2017 年 12 月 27 日修订通过，修订后的法律自 2018 年 7 月 1 日起施行。修订后的农民专业合作社法完善了成员资格，规定成员可以用实物、知识产权、土地经营权、林权等可以用货币估价并可以依法转让的非货币财产作价出资，确立了农民专业合作社联合社的法律地位，有利于实现小农户和现代农业发展有机衔接，依法维护农民专业合作社及其成员的权益，有利于加快构建新型农业生产经营体系，更好地发挥农民专业合作社对于推进农业农村现代化的积极作用。全国有 22 个省（区、市）出台了农民合作社地方性法规。

2. 登记管理方面

2013 年，国家工商行政管理总局、农业部联合印发《关于进一步做好农民专业合作社登记与相关管理工作的意见》，进一步加强农民专业合作社登记及相关管理。2014 年，国家工商行政管理总局印发《农民专业合作社年度报告公示暂行办法》，规定农民专业合作社应当于每年 1 月 1 日至 6 月 30 日，通过企业信用信息公示系统向工商行政管理部门报送上一年度的年度报告，并向社会公示。2021 年 4 月，《中华人民共和国市场主体登记管理条例》经国务院第 131 次常务会议通过，自 2022 年 3 月 1 日起施行，将农民专业合作社、联合社及其分支机构作为一类市场主体，纳入了市场主体登记管理条例的调整范围，适用统一的登记管理制度。国家市场监督管理总局令第 52 号公布《市场主体登记管理条例实施细则》，自 2022 年 3 月 1 日起施行。

3. 指导服务方面

2013 年 7 月，经国务院批准，农业部会同发展改革、财政、水利、税务、工商、林业、银监、供销等部门和单位建立了全国农民合作社发展部际联席会议制度，形成了依法推进农民合作社发展的强大合力。大多数地方陆续建立了领导小组、联席会议制度，加强对农民合作社的指导。各地打造农民合作社辅导员队伍，开展多种形式的结对帮扶，为农民合作社提供了全方位服务。

4. 规范发展方面

2014 年，农业部、国家发展改革委等 9 个部门和单位印发《关于引导和促进农民合作社规范发展的意见》，明确了农民合作社规范发展的主要任务。2018 年，农业农村部制修订并印发了《农民专业合作社示范章程》《农民专业合作社联合社示范章程》，指引合作社依法办社、照章办事。经国务院同意，2019 年，中央农办、农业农村部等 11 个部门印发《关于开展农民合作社规范提升行动的若干意见》，明确了提升农民合作社规范化水平、增强服务带动能力、加大政策支持力度的目标要求和政策措施。为落实深入推进示范合作社建设的要求，2019 年，农业农村部、财政部等 9 部门联合印发《国家农民合作社示范社评定及监测办法》，明确了国家农民合作社示范社创建的具体标准和申报程序。

5. 财务管理方面

为规范农民专业合作社财务管理工作，2007 年 12 月，财政部印发《农民专业合作社财务会计制度（试行）》，自 2008 年 1 月 1 日起实施，对农民专业合作社的会计核算基本要求、会计科目、会计报表、会计凭证、会计账簿和会计档案等作出规定。根据农民专业合作社法第五十三条关于"农民专业合作社接受国家财政直接补助形成的财产，在解散、破产清算时，不得作为可分配剩余资产分配给成员，具体按照国务院财政部门有关规定执行"的规定，2019 年，财政部、农业农村部制定印发了《农民专业合作社解散、破产清算时国家财政直接补助形成的财产处置暂行办法》，为农民合作社市场退出中有关财产处置提供了制度遵循。根据修订后的农民专业合作社法的要求和农民合作社发展实践，2021 年 12 月，财政部印发了《农民专业合作社会计制度》，规范农民专业合作社会计工作，加强会计核算，保护合作社及其成员的合法权益；制定了《农民专业合作社新旧会计制度有关衔接问题的处理规定》，确保新旧会计制度顺利衔接、平稳过渡。2022 年 7 月，财政部与农业农村部联合印发《农民专业合作社财务制度》，加强农民专业合作社财务管理，规范农民专业合作社财务行为。《农民专业合作社财务制度》和《农民专业合作社会计制度》均自 2023 年 1 月 1 日起施行。

（三）农业社会化服务支持政策

2014 年，国务院下发《关于加快发展生产性服务业促进产业结构调整升级的指导意见》，明确生产性服务业涉及农业、工业等产业的多个环节，鼓励农业企业和涉农服务机构重点围绕提高科技创新和推广应用能力，加快推进现代种业发展，完善农副产品流通体系；推进农业生产现代化，搭建各类农业生产服务平台，加强政策法律咨询、市场信息、病虫害防治、测土配方施肥、种养过程监控等服务，健全农业生产资料配送网络，鼓励开展农机跨区作业、承包作业、机具租赁和维修服务；支持农业生产的信息技术服务创新和应用，发展农作物良种繁育、农业生产动态监测、环境监控等信息技术服务，建立健全农产品质量安全可追溯体系。贯彻落实 2016 年中央 1 号文件关于加快发展农业生产性服务业的要求，2017 年 6 月，农业部会同发展改革委、财政部印发《关于加快发展农业生产性服务业的指导意见》，大力发展多元化多层次多类型的农业生产性服务，推动多种形式适度规模经营发展。同时，农业部会同财政部设立以带领小农户发展现代农业和服务规模经营为目标的农业生产托管项目，联合印发《关于支持农业生产社会化服务工作的通知》，支持以生产托管为主的农业社会化服务。2017 年 9 月，农业部印发《关于大力推进农业生产托管的指导意见》，明确因地制宜重点支持开展托管的农产品生产、托管环节、托管模式以及服务规模经营形式，加强行业管理，促进农业生产托管规范发展。2019 年 2 月，中共中央办公厅、国务院办公厅印发《关于促进小农户和现代农业发展有机衔接的意见》，提出健全面向小农户的社会化服务体系，发展农业生产性服务业，加快推进农业生产托管服务等。2019 年 7 月，农业农村部办公厅、财政部办公厅联合印发《关于进一步做好农业生产社会化服务工作的通知》，提出重点围绕粮棉油糖等重要农产品和当地特色主导产业，服务方式进一步聚焦农业生产托管，服务对象进一步聚焦小农户，服务环节进一步聚焦关键薄弱环节和农民急需的生产环节。2020 年 6 月，农业农村部办公厅印发《农业生产托管服务合同示范文本》，推动各地农业生产托管服务规范化发展。2021 年 7 月，农业农村部印发《关于加快发展农业社会化服务的指导意见》，推动各地因地制宜发展单环节、多环节、全程生产托管等服务模式，并进一步重申了财政、税收、金融、保险、用地等方面的支持政策。2021 年 8 月，农业农村部办公厅印发《关于开展农业社会化服务创新试点工作的通知》，进一步探索农业社会化服务引领支撑农业现代化发展的有效路径和方法。

（四）农业产业化龙头企业支持政策

2012 年，国务院印发《关于支持农业产业化龙头企业发展的意见》，明确农业产业化是我国农业经营体制机制的创新，是现代农业的发展方向，并对加快发展农业产业化经营、做大做强龙头企业作出部署。2017 年，农业部等 6 部门联合印发《关于促进农业产业化联合体发展的指导意见》，明确提出农业产业化联合体发展的基本原则、重点任务和支持政策措施。2018 年 3 月，农业部、国家农业综合开发办公室、中国农业银行印发《关于开展农业产业化联合体支持政策创新试点工作的通知》，选择部分省份在财政、金融支持政策上开展试点探索，支持农业产业化联合体创新发展。2018 年 5 月，农业农村部会同国家发展和改革委等 6 个部门和单位修订完善《农业产业化国家重点龙头企业认定和运行监测管理办法》，建立竞争淘汰机制，对国家重点龙头企业进行动态监测。2019 年，国务院印发《关于促进乡村产业振兴的指导意见》，提出培育多元融合主体，支持农业产业化龙头企业发展。2020 年，农业农村部印发《全国乡村产业发展规划（2020—2025 年）》，提出促进农业产业化和农村产业融合发展，壮大农业产业化龙头企业队伍。2021 年中央 1 号文件明确提出，支持农业产业化龙头企业创新发展、做大做强。贯彻落实中央 1 号文件要求，2021 年 10 月，农业农村部印发《关于促进农业产业化龙头企业做大做强的意见》，从促进龙头企业高质量发展、提升联农带农水平、构建发展梯队、优化发展环境等方面，明确了支持龙头企业发展的总体要求和目标任务。2021 年 11 月，农业农村部印发《关于拓展农业多种功能　促进乡村产业高质量发展的指导意见》，明确要培育壮大龙头企业，扩大龙头企业认定范围，培育行业头部企业。

（五）新型农业经营主体财政支持政策

为加快培育新型农业经营主体，中央财政把新型农业经营主体作为财政支农的重点对象，加大资金支持和补贴力度，为新型农业经营主体的快速发展创造了良好条件。农民专业合作社法明确规定，中央和地方财政应当分别安排资金，支持农民专业合作社开展信息、培训、农产品标准与认证、农业生产基础设施建设、市场营销和技术推广等服务；国家对革命老区、民族地区、边疆地区和贫困地区的农民专业合作社给予优先扶助。财政扶持政策主要通过两种途径明确扶持方向：一是专项支持。2022 年，农业农村部、财政部印发《关于做好 2022 年农业生产发展等项目实施工作的通知》，通过农业生产发展资金支持大力培育新型农业经营主体，提升新型农业经营主体技术应用和生产经营能力，推广农业生产社会化服务，强化高素质农民培育，依托县级及以上示范家庭农场和农民专业合作社示范社等稳步推进农产品产地冷藏保鲜设施建设。二是财政补贴。2016 年，财政部会同农业部等部门印发《关于全面推开农业"三项补贴"改革工作的通知》，在全国范围内全面推开农作物良种补贴、种粮农民直接补贴和农资综合补贴等农业"三项补贴"改革，用于粮食适度规模经营的补贴资金支持对象重点向种粮大户、家庭农场、农民专业合作社和农业社会化服务组织等新型农业经营主体倾斜。鼓励各地创新支持方式，采取贷款贴息、重大技术推广与服务补助等方式，对新型经营主体贷款贴息可按照不超过贷款利息的 50％予以补助。

（六）新型农业经营主体金融支持政策

2016 年，国务院办公厅印发《关于完善支持政策促进农民增收的若干意见》，提出健全新型农业经营主体支持政策，加强农村金融服务，探索财政撬动金融支农新模式。2017 年，中共中央办公厅、国务院办公厅《关于加快构建政策体系培育新型农业经营主体的意见》提出，鼓励金融机构创新产品和服务，加大对新型农业经营主体、农村产业融合发展的信贷支持。有关部门积极推动银行业金融机构加强和创新新型农业经营主体金融服务。2021 年，中国人民银行、中央农办、农业农村部、财政部、银保监会、证监会印发《关于金融支持新型农业经营主体发展的意见》，通过加强新型农业经营主体信息共享、增强金融承载力、推动发展信用贷款、拓宽抵押质押物范围、健全金融服务组织体系等措施，做好新型农业经营主体金融服务工作。

1. 信用评定方面

2009 年 2 月，银监会和农业部联合印发《关于做好农民专业合作社金融服务工作的意见》，把农民专业合作社全部纳入农村信用评定范围，加大信贷支持力度，创新金融产品，改进服务方式，鼓励有条件的农民专业合作社发展信用合作。2014 年，银监会、农业部联合印发《关于支持农业规模化生产和集约化经营的指导意见》，引导银行业金融机构重点满足新型农业经营主体和农业社会化服务组织的服务需求，提高授信额度，创新信贷模式。2017 年，银监会办公厅印发《关于做好 2017 年三农金融服务工作的通知》，要求银行业金融机构要努力将金融业务覆盖到新型农业经营主体，将有需求的各类新型农业经营主体纳入授信评定范围，建立和完善符合各类新型农业经营主体特点的信用评价体系，按类别、按行业细分贷款需求，针对不同新型农业经营主体合理掌握要素条件，设计信贷产品和服务方式，加大贷款投放。

2. 信贷支持方面

2015 年，银监会印发《关于做好 2015 年农村金融服务工作的通知》，要求银行业金融机构持续改善新型农业经营主体的金融服务，大力支持农业现代化建设。2016 年以来，人民银行继续对农村金融机构执行较低的存款准备金率，提升金融机构支持三农力度，引导信贷资源向新型农业经营主体倾斜。

3. 信贷担保服务方面

2015 年，财政部会同农业部、银监会印发《关于财政支持建立农业信贷担保体系的指导意见》，推进财政支持的信贷担保体系建设。经国务院批准同意，国家农业信贷担保联盟有限责任公司于 2016 年 5 月 6 日成立，作为政策性担保机构，也是全国农业信贷担保体系在国家层面的实体机构。2020 年，财政部、农业农村部、银保监会、人民银行联合印发《关于进一步做好全国农业信贷担保工作的通知》，要求银行业金融机构要积极创新农民合作社、家庭农场、农业社会化服务组织、种养大户、小微农业企业等农业适度规模经营主体流动资金贷款服务模式，对符合放贷条件的农担项目同意续贷的，通过新发放贷款结清已有贷款等形式，允许其继续使用贷款资金。截至 2020 年 3 月末，33 家省级农担公司共设立分支机构 1 248 家，共有专职员工 3 000 余人，对全国主要农业县的业务覆盖率达到 92% 以上，已建成上下联动、紧密可控的农业信贷担保网络体系；全国农担体系累计新增担保项目 74 万个，新增担保额 2 540.3 亿元，相较于注册资本金，政策效能放大了 4.29 倍；累计纳入再担保项目 26.6 万个，金额 1 225.2 亿元；在保项目 15.7 万个，在保余额 691.8 亿元。

（七）新型农业经营主体税收支持政策

1. 发展农产品加工流通业务方面

2005 年中央 1 号文件提出，对专业合作组织及所办加工、流通实体适当减免有关税费。2016 年中央 1 号文件提出，落实和完善相关税收优惠政策，支持合作社发展农产品加工流通。

2. 纳税主体税收登记方面

2009 年中央 1 号文件提出，将合作社纳入税务登记系统。2013 年中央 1 号文件提出，要把合作社纳入国民经济统计并作为单独纳税主体列入税务登记。2015 年，国家税务总局印发《关于落实"三证合一"登记制度改革的通知》，明确自 2015 年 10 月 1 日起，新设立农民专业合作社领取由工商行政管理部门核发加载法人和其他组织统一社会信用代码的营业执照后，无需再次进行税务登记，不再领取税务登记证。

3. 增值税和印花税方面

2008 年，财政部、国家税务总局印发《关于农民专业合作社有关税收政策的通知》，给予农民专业合作社增值税、印花税优惠政策，为降低农民专业合作社运行成本、促进持续发展发挥了重要作用。根据 2019 年国家税务总局发布的支持脱贫攻坚税收优惠政策指引，"公司＋农户"经营模式销售畜禽免征增值税、从事农、林、牧、渔业生产减免企业所得税，购进农民专业合作社销售的免税农产品可以抵扣进项税额。2022 年 9 月，国家税务总局从支持农村基础设施建设、推动乡村特色产业发展、激发乡村创业就业活力、推动普惠金融发展、促进区域协调发展、鼓励社会力量加大乡村振兴捐赠等六个方面，梳理形成了109项针对乡村振兴的税费优惠政策指引内容。符合条件的新型农业经营主体可享受国家规定的相应税收优惠政策。

（八）新型农业经营主体辅导服务体系支持政策

近年来，农业农村部加强新型农业经营主体辅导服务工作，在依托基层农村经营管理队伍发展新型农业经营主体辅导员的基础上，鼓励各地积极拓展辅导员选聘渠道，丰富辅导服务工作内容，有效增强了辅导服务的针对性时效性。为保障新型农业经营主体辅导员规范履行职责，促进各级农业农村部门更好地指导监督、激励约束新型农业经营主体辅导服务工作，2022年，农业农村部办公厅印发《新型农业经营主体辅导员工作规程》，明确了辅导员配备、选聘与基本条件、工作职责、绩效评价与动态管理等，鼓励各地创建新型农业经营主体服务中心。

（九）促进小农户和现代农业有机衔接政策

从现阶段来看，以小农户为主的家庭经营是我国农业经营的主要形式，也是我国农业发展必须长期面对的现实。在农业现代化过程中，要处理好培育新型农业经营主体和扶持小农户的关系，让党的农村政策阳光雨露惠及广大农户。党中央、国务院高度重视发挥小农户家庭经营在农业发展中的作用。习近平总书记强调，"大国小农"是我们的基本国情农情，要注重解决小农户生产经营面临的困难，把它们引入现代农业发展大格局。2019年2月，中共中央办公厅、国务院办公厅印发了《关于促进小农户和现代农业发展有机衔接的意见》，对扶持小农户、提升小农户发展现代农业能力作出全面部署。一是强调各级党委政府要重视小农户发展，按照服务小农户、提高小农户、富裕小农户的要求，在政策制定、工作部署、财力投放等方面加大工作力度，实现好、维护好、发展好小农户利益。二是强调加快构建扶持小农户发展的政策体系，注重政策公平性和普惠性，防止人为垒大户，排挤小农户。重点围绕提升小农户发展能力、提升小农户组织化程度、拓展小农户增收空间、健全面向小农户的社会化服务体系，完善小农户扶持政策等，提出了一系列具体政策措施。三是强调统筹兼顾扶持小农户和培育新型农业经营主体，发挥新型农业经营主体对小农户的带动作用，引导小农户开展多种形式的合作与联合。四是强调农业生产经营规模一定要坚持宜大则大、宜小则小，不搞一刀切、不搞行政命令，保持足够历史耐心，确保我国农业现代化进程走得稳、走得顺、走得好。

三、下一步政策取向

总体上看，我国新型农业经营主体仍处于成长初期，发展还不平衡不充分，单体规模偏小、实力偏弱，全产业链收益能力较低，人才匮乏的短板明显。从外部环境看，各类新型农业经营主体融资难、融资贵、风险高等问题仍然突出，各地指导服务能力亟待提升。按照党的二十大报告关于发展新型农业经营主体和社会化服务，发展农业适度规模经营的要求部署，下一步政策取向为：

（一）突出抓好家庭农场和农民合作社

着重围绕规范发展和质量提升，增强新型农业经营主体联农带农能力。实施新型农业经营主体提升行动，支持有条件的小农户成长为家庭农场，引导以家庭农场为主要成员组建农民合作社，深化示范创建，持续开展农民合作社质量提升整县推进，健全社企对接服务机制。加强辅导服务，建立新型农业经营主体辅导员队伍，探索依托社会组织建立服务中心，加强行业指导和公共服务。引导各类新型农业经营主体融合发展，推动组建规模大、竞争力强的大型农业经营组织。创新组织形式和利益联结机制，充分发挥农业产业化龙头企业引领带动小农户的功能作用。

（二）加快发展农业社会化服务

锚定培育农业服务业大产业的目标，加快形成组织结构合理、专业水平较高、服务能力较强、服务行为规范、全产业链覆盖的农业社会化服务体系。聚焦服务小农户，着力解决小农户生产关键薄弱环节的现代化难题。加强探索创新，推动农业社会化服务内容、方式和手段创新，推进信息化、智能化同农业社会化服务深度融合。引导资源共享，推动多元服务主体加强联合合作，扩大服务半径，强化服务力量，拓展服务领域。充分发挥农村集体经济组织"统"的优势和作用，为小农户和服务组织顺畅对接提供多种形式的居间服务。

（三）强化政策支持保障

完善农业支持保护制度，优化农产品价格支持和生产者补贴政策，积极支持农民提升生产技能、改善生产设施条件。强化金融保险支持，针对小农户需求特点创新金融产品，落实落细农业保险政策，引导金融机构满足农业社会化服务组织的合理融资需求。强化高素质农民培训，深入实施农村创新创业带头人培育行动，加快培育农业科技应用人才和经营管理人才。

（四）强化体制机制保障

健全利益联结机制，支持小农户参与农业多种功能、乡村多元价值开发，建立契约型、分红型、股权型等利益分享机制，让小农户成为现代农业发展成果的直接受益者。健全工作协调机制，加强部门间沟通协作，增强工作的系统性和协同性，推动形成政策合力。

第 6 章

农产品流通政策

改革开放以来，适应农产品供求形势变化，坚持市场化取向，我国农产品流通政策不断调整。特别是党的十八大以来，围绕提高流通效率，降低流通成本，不断满足多元化的消费需求，农产品流通政策不断完善，市场在资源配置中的决定性作用进一步凸显。

一、发展历程

新中国成立后，国民经济进入恢复期，粮食供求矛盾日益突出。1953 年开始，粮食购销由国营商业领导下的自由流通向统购统销转变。1953 年 10 月 16 日，中共中央政治局讨论并通过了《中共中央关于实行粮食的计划收购与计划供应的决议》。同年 11 月 19 日，政务院第 194 次政务会议又通过了《关于实行粮食的计划收购和计划供应的命令》。1953 年 12 月开始，除西藏和台湾外，粮食统购统销制度在全国开始实施。除粮食外，油料、棉花等也相继被列入统购统销范围。在计划经济体制下，以粮食为主的农产品统购统销制度存续超过了三十年，被纳入统、派购序列的农产品品种数量在 20 世纪 60 年代初的困难时期多达 200 多种，到改革开放前的 1978 年还有 170 多种。作为特殊历史背景下的产物，统购统销制度通过严格的计划调控，基本保证了粮食等重要农产品在较低生产水平下的稳定供给。改革开放以后，农产品市场逐步放开，以粮食、棉花和鲜活农产品流通政策调整为核心，逐步形成市场化的农产品流通体制机制。

（一）改革开放到党的十八大前

1. 粮食流通政策演变

从 1978 年改革开放到 2012 年期间，我国粮食流通体制改革大致经历了五个时期。一是国家提高粮食收购价格，缩小统购统销范围。从 1979 年夏粮上市起，对小麦、稻谷、谷子、玉米、高粱、大豆等 6 种粮食加权平均统购价格提高 20.9%，超购部分从加价 30% 提高到 50%，实行"粮食征购、销售、调拨包干一定三年"的粮食管理办法。从 1983 年起，逐步减少统购统销的品种。到 1984 年底，统购派购的农产品减少到 38 种。这一阶段改革的目的主要在于增加粮食供给，提高农民收益，没有触及统购统销体制本身。二是取消粮食统购派购，实行合同订购和市场销售相结合。从 1985 年起国家取消粮食统购派购，实行合同定购和市场销售相结合的政策，定购以外的粮食可自由上市。这一时期的改革扩大了市场对生产的调节，促进了农业产业结构的优化。三是废除粮食统购统销，让市场发挥主要作用。从 1991 年到 1993 年，通过购销同价和"保量放价"（合同定购粮数量不变，收购价随行就市）的政策安排，废除了粮食统销制度，让市场在调节产销上发挥主要作用，同时建立粮食收购保护价制度和粮食风险基金，保证农民的种粮收益。四是恢复粮食购销统一经营，完善粮食政策收储制度。由于 1993 年底粮食价格出现大幅度上涨，通货膨胀形势严峻，1994 年国家恢复并加强对粮食购销、价格和市场方面的控制和干预。粮食从收购到批发由国有粮食部门统一经营，按保护价收购议购粮，粮食价格实行最高限价。为配合政策实施，实行了粮食收购资金封闭运行和"米袋子"省长负责制。五是全面改革粮食购销体制，逐步放开粮食市场化购销。从 1998 年开始，国家在粮食供求形势改善的背景下，逐步对粮食购销体制进行全面改革，建立适应社会主义市场经济体制要求和中国国情的粮食流通体制。2001 年，完全放开主销区粮食购销，粮食价格由市场调节。2004 年，全面放开粮食收购市场，粮食收购价格由市场供求关系决定。同时，对种粮农户给予直接补贴、对主要粮食品种实行最低收购价政策，如表 1。

表 1　粮食最低收购价政策执行区域分布

品种	执行范围	调整区域
早籼稻	湖北、湖南、江西、安徽、广西	2008 年早籼稻增加广西，中晚籼稻增加江苏、河南和广西，粳稻增加辽宁
中晚籼稻	湖北、湖南、江西、安徽、四川、广西、江苏、河南	
粳稻	黑龙江、吉林、辽宁	
白麦、红麦及混合麦	河北、河南、山东、湖北、安徽、江苏	无

资料来源：根据国家发展改革委公布方案整理。

2. 棉花流通政策演变

从 1978 年改革开放到 2012 年期间，棉花流通体制改革经历了五个时期。一是调整棉花收购价格，实行超购加价政策。从 1979 年起，以 1976—1978 年三年平均的收购量作为定购基数，超过基数部分加价 30％收购。在政策的推动下，1984 年全国棉花产量增加到 626 万吨，比 1979 年增长 2.8 倍，有效促进了棉花生产，增加了棉农收入。二是取消棉花统购制度，实行合同定购。1985 年，国家定购计划为 425 万吨，由供销合作社按国家定购任务与农民签订定购合同，合同定购内的棉花，北方按"倒三七"（30％按统购价、70％按超购价），南方按"正四六"（60％按统购价、40％按超购价）比例加价，定购以外的棉花允许农民自销，供销合作社按市价收购。对棉花收购、加工和销售依然实行严格控制，由供销社统一经营。三是提高棉花收购价格，恢复统购统销。从 1994 年到 1997 年，确立了逐步建立国家宏观调控下主要依靠市场机制实现棉花资源合理配置的新型棉花购销体制的长远目标，但由于供求矛盾突出的原因，实施了棉花不放开经营、市场和价格的"三不放开"政策。四是放开棉花市场，实施棉花运输费用补贴。从 1998 年起，全面推进依靠市场机制实现棉花资源合理配置的新型棉花购销体制改革，棉花收购销售价格主要由市场形成，国家主要通过储备、进出口调节等经济手段调控棉花市场。2008 年开始，对出疆棉花、棉纱提供运输费用补贴，补贴标准为每吨 400 元。2011 年将补贴标准提高至每吨 500 元，同时将出疆棉布纳入补贴范围。五是启动棉花临时收储，稳定棉花市场。2010—2011 年，棉花市场剧烈波动。从 2011 年 9 月起，国家实行棉花临时收储政策，以稳定棉花市场。

3. 鲜活农产品流通政策演变

与粮食、棉花等国家战略性农产品相比，蔬菜、畜禽、水产等鲜活农产品流通体制的市场化改革要快速得多。1978—1983 年，恢复农村集贸市场，调整部分鲜活农产品购销政策，打破国合商业对鲜活农产品的垄断经营。1984—1985 年，改革实行了 30 多年的农副产品统购派购制度，逐步放开绝大多数鲜活农产品经营，鼓励通过多渠道筹资改善和建设流通基础设施，并提出建立农副产品贸易中心和批发市场。1986—1992 年，在加强鲜活农产品生产供应体系建设的基础上，开展农产品批发市场及流通设施建设，培育市场流通主体，逐步加强政府对市场的宏观调控。1993 年以后，围绕"菜篮子工程"建设，改革与完善鲜活农产品流通体制，初步形成新型鲜活农产品流通体系。到 2004 年，除烟叶、蚕茧外，所有农副产品全部实行市场化经营，由市场调节供求、形成价格。

（二）党的十八大以来

党的十八大以来，围绕加快完善社会主义市场经济体制，发挥市场在资源配置中的决定性作用的目标，我国不断调整粮食等重要农产品市场调控政策，加强粮食等大宗农产品储备调控制度建设，加快构建现代农产品市场流通体系，更好发挥政府宏观调控作用，农产品流通政策体系日趋完善。

1. 进一步完善粮食流通体系

经过数轮改革与调整，我国粮食流通体制不断向市场化方向迈进，粮食流通政策的调控对象和调控方式随之发生变化，逐步由直接调整特定品种，向培育多元市场主体、完善流通基础设施、建立健全流通制度体系等领域转变。2014 年底，国务院出台《关于建立健全粮食安全省长责任制的若干意见》，从加强粮食仓储物流设施建设和管理、积极发展粮食物流网络和加强粮食产销合作等三个方面增强粮食流通能力。2021 年 1 月，国务院发布修订后的《粮食流通管理条例》，进一步强化政策性粮食管理，加快实现从事先管主体、管门槛、管准入的方式，向管行为、管规则、管公平竞争、管处罚违法违规的事中事后监管方式转变。

2. 推进玉米、棉花、大豆等重要农产品市场化改革

2012 年后，为稳定农产品供给，我国先后对棉花、玉米、大豆、油菜籽等实施了临时收储政策。一定程度上保障了农产品供给，增加了农民收入，但同时也导致部分农产品库存积压严重、市场价格扭曲、进口持续增加、财政压力加大。从 2014 年起，我国先后取消了大豆、棉花、油菜籽、玉米等产品的临时收储政策，全面实行市场化收购，对棉花、大豆实行目标价格补贴试点政策。为降低产地与销地市场长途运输成本，不同地区还出台了生产调运补贴政策。例如，为发展新疆纺织服装产业带动就业，进一步解决新疆生产棉纱、棉布远离内地销区导致运输成本较高等问题，中央和新疆对出疆棉花、棉纱、棉布给予运费补贴。

3. 推动全国农产品流通体系转型升级

覆盖城乡的农产品市场体系虽然已基本形成，但总的看，仍处于初级发展阶段，统筹规划缺乏、布局不尽合理、组织化和标准化程度低、市场信息不对称、市场制度建设滞后等问题依然存在。同时，农产品市场"生产小农户、运输长距离、销售大市场、消费高要求"的旧有矛盾也尚未破除。在此背景下，我国相继出台了一系列政策，包括 2012 年8 月国务院出台的《关于深化流通体制改革加快流通产业发展的意见》（国发〔2012〕39 号），2016 年 11 月商务部等 10 部门出台的《国内贸易流通"十三五"发展规划》（商建发〔2016〕430 号）等，确定了未来一段时间农产品流通体制改革的基本内容和主导方向。

4. 完善鲜活农产品绿色通道

为畅通流通网络，满足广大居民对鲜活农产品的需求，我国在

2005 年就开始构建"五纵二横"鲜活农产品运输"绿色通道",直接连通 29 个省会城市、71 个地市级城市,覆盖全国所有具备一定规模的重要鲜活农产品生产基地和销售市场。党的十八大以来,我国进一步完善鲜活农产品"绿色通道"名单,督促各地严格落实各项相关政策,免收整车合法装载运输鲜活农产品车辆的车辆通行费。

二、政策内容

截至目前,我国农产品流通政策框架已经基本建立,涵盖了健全市场体系、发育市场主体、发展流通设施、提高信息化水平、加强市场监管等各个方面,农产品大市场、大流通的格局初步形成。

1. 建立健全农产品市场体系

近年来,国家制定实施了一系列促进农产品流通体系转型升级的规划和意见措施,成为推动农产品流通体系转型升级的重要抓手。2015年 8 月,商务部发布《全国农产品市场体系发展规划》,提出了全国农产品流通骨干网络、区域农产品流通网络、农产品零售市场网络、公益性农产品市场四类流通网络布局,要求加强农产品流通基础设施建设、培育壮大农产品市场主体、完善农产品产销衔接体系、推动农产品流通信息化建设。为落实党的十八届三中、五中全会提出的"推进国内贸易流通体制改革,建设法治化营商环境""促进流通信息化、标准化、集约化"的要求,《国内贸易流通"十三五"发展规划》突出互联网背景下流通功能转变和模式创新,提出了流通升级战略和消费促进、流通现代化、智慧供应链三大行动。为加快建立现代农产品产地市场体系,推进农产品流通现代化,2022 年 3 月,农业农村部发布《"十四五"全国农产品产地市场体系发展规划》(农市发〔2022〕3 号),提出要立足我国农业农村实际和产业发展状况,优化市场布局,补齐设施短板,提升运营效率,拓展服务功能,强化发展支撑。

2. 完善农产品价格调控政策

其一,完善粮食最低收购价政策。2012 年以后,粮食生产成本不断提高，为保护农民利益，调动农民种粮积极性，我国多次提高粮食最低收购价。在最低收购价的刺激下，粮食产量快速增长。但与此同时，粮食托市收购价格不断上升，由"托底价"变成"最高价"，市场价被最低收购价所替代，政府代替市场成为粮食生产资源的主要配置力量，由此造成国家库存持续增加，粮食市场的供求关系出现扭曲。为改变这种状况，2016 年开始下调粮食最低收购价，使市场机制发挥作用。2020 年后，由于新冠肺炎疫情发生和粮食生产成本上涨，粮食最低收购价随之有所提高（表 2）。

表 2　粮食最低收购价水平

单位：元/斤

年份	早籼稻	中晚籼稻	粳稻	白麦	红麦、混合麦
2004	0.70	0.72	0.75	—	—
2005	0.70	0.72	0.75	—	—
2006	0.70	0.72	0.75	0.72	0.69
2007	0.70	0.72	0.75	0.72	0.69
2008	0.77	0.79	0.82	0.77	0.72
2009	0.90	0.92	0.95	0.87	0.83
2010	0.93	0.97	1.05	0.90	0.86
2011	1.02	1.07	1.28	0.95	0.93
2012	1.20	1.25	1.40	1.02	1.02
2013	1.32	1.35	1.50	1.12	1.12
2014	1.35	1.38	1.55	1.18	1.18
2015	1.35	1.38	1.55	1.18	1.18
2016	1.33	1.38	1.55	1.18	1.18
2017	1.30	1.36	1.50	1.18	1.18
2018	1.20	1.26	1.30	1.15	1.15
2019	1.20	1.26	1.30	1.12	1.12
2020	1.21	1.27	1.30	1.12	1.12
2021	1.22	1.28	1.30	1.13	1.13
2022	1.24	1.29	1.31	1.15	1.15

资料来源：根据国家发展改革委公布方案整理。

其二，实施重要农产品目标价格改革。2014年，国家启动大豆目标价格补贴试点、新疆棉花目标价格补贴试点。当市场价格低于目标价格时，国家根据目标价格与市场价格的差价和种植面积、产量或销售量等因素，对试点地区生产者给予补贴；当市场价格高于目标价格时，不启动目标价格补贴。2017年，取消大豆目标价格补贴试点政策，实行市场化收购加补贴机制；在新疆实行新一轮棉花目标价格补贴政策，但对享受目标价格补贴的棉花数量进行上限管理，目标价格一定三年不变。对内地黄河流域、长江流域九省棉区实行定额补贴，每年补贴额为新疆补贴标准的60%，以每吨2 000元为上限。近年来，新疆棉花目标价格补贴政策一直延续2017年的政策框架（表3、表4）。

表3 大豆和棉花目标价格政策执行范围

品种	执行范围
大豆（2014—2016年）	内蒙古、辽宁、吉林、黑龙江
棉花（2014年至今）	新疆

资料来源：根据国家发展改革委公布方案整理。

表4 2014—2017年大豆和棉花目标价格

单位：元/吨

品种	2014年	2015年	2016年	2017年至今
大豆	4 800	4 800	4 800	取消
棉花	19 800	19 200	18 600	18 600

资料来源：根据国家发展改革委公布价格整理。

3. 促进流通市场主体多元化

为提高农村经纪人参与市场流通的能力，2003年12月，农业部出台了《关于加强农产品经纪人队伍建设的意见》。2011年，印发了《农业部办公厅关于开展农村经纪人培训试点工作的通知》，提出了农村经纪人的培训思路、培训内容、预期目标等。2014年，商务部等13个部门联合出台《关于进一步加强农产品市场体系建设的指导意见》，提出要"加快培育专业大户、家庭农场、农民合作社、农民经纪人队伍、经销商、农产品批发市场经营管理者、农产品流通企业及市场流通服务企业在内的流通主体队伍"。2018 年中央 1 号文件再次提出，鼓励支持各类市场主体创新发展基于互联网的新型农业产业模式，深入实施电子商务进农村综合示范，加快推进农村流通现代化。2021 年修订的《粮食流通管理条例》取消了粮食收购资格行政许可制度，进一步激发市场活力、促进市场竞争、改进市场服务。在政策的推动下，我国农产品市场主体蓬勃发展。电子商务成为农产品产地流通的重要推动力，2021 年农村网商（店）达到 1 632.5 万家，在组织引导农民进入流通领域方面发挥了重要作用。

4. 完善农产品绿色通道建设

农产品绿色通道建设对于保障大中城市居民鲜活农产品需求，具有重要作用。2019 年，交通运输部印发了《关于进一步优化鲜活农产品运输"绿色通道"政策的通知》（交公路发〔2019〕99 号）。通知规定，要确保取消全国高速公路省界收费站顺利实施，实现不停车快捷收费，提高鲜活农产品运输车辆通行效率，减少拥堵，便利群众。建立全国统一的鲜活农产品运输"绿色通道"预约服务制度，鲜活农产品运输车辆通过网络或客服电话系统提前预约通行。建立鲜活农产品运输信用体系，对一年内混装不符合规定品种（或物品）超过 3 次或者经查验属于假冒的鲜活农产品运输车辆，记入"黑名单"，在一年内不得享受任何车辆通行费减免政策，并将有关失信记录纳入全国信用信息共享平台并对外公开；对信用记录良好的车辆，逐步降低查验频次。2022 年 8 月 8日，为统筹防控新冠肺炎疫情和保障广大居民农产品需求，交通运输部印发了《关于进一步完善和落实鲜活农产品运输绿色通道政策的通知》，强调对国家"五纵二横"鲜活农产品运输"绿色通道"，各地要坚决落实各项相关政策，免收整车合法装载运输鲜活农产品车辆的车辆通行费。同时，各省（自治区、直辖市）要按照中央 1 号文件精神，结合本地实际，加快构建区域性"绿色通道"，建立由国家和区域性"绿色通道"共同组成的、覆盖全国的鲜活农产品运输"绿色通道"网络，并在全国范围内对整车合法装载运输鲜活农产品的车辆免收车辆通行费。为统一政策、便于操作，交通运输部、国家发展改革委制定了《鲜活农产品品种目录》，明确界定了"绿色通道"政策中鲜活农产品的范围。

5. 完善农产品冷链物流等基础设施建设

2013 年以来，历年中央 1 号文件始终把农产品流通基础设施建设作为重点内容。2017 年中央 1 号文件提出"完善全国农产品流通骨干网络，加快构建公益性农产品市场体系，加强农产品产地预冷等冷链物流基础设施网络建设，完善鲜活农产品直供直销体系"；2020 年中央 1 号文件提出要启动农产品仓储保鲜冷链物流设施建设工程。2020 年，农业农村部印发《关于加快农产品仓储保鲜冷链设施建设的实施意见》，提出要紧紧围绕保供给、减损耗、降成本、强产业、惠民生，聚焦鲜活农产品产地"最初一公里"，以鲜活农产品主产区、特色农产品优势区和贫困地区为重点，坚持"农有、农用、农享"的原则，依托家庭农场、农民合作社开展农产品仓储保鲜冷链设施建设，进一步降低农产品损耗和物流成本，推动农产品提质增效和农业绿色发展。2021 年，财政部发布《关于进一步加强农产品供应链体系建设的通知》，要求重点抓住跨区域农产品批发市场和干线冷链物流，补齐农产品流通设施短板，畅通农产品流通"微循环"。2021 年 11 月，国务院办公厅印发《"十四五"冷链物流发展规划》。这是我国冷链物流领域的第一份五年规划，标志着冷链物流被提升到国家战略的新高度。《规划》提出要聚焦制约冷链物流发展的突出瓶颈和痛点难点卡点，补齐基础设施短板，畅通通道运行网络，提升技术装备水平，健全监管保障机制，加快建立畅通高效、安全绿色、智慧便捷、保障有力的现代冷链物流体系，提高冷链物流服务质量效率，有效减少农产品产后损失和食品流通浪费，扩大高品质市场供给，保障食品和医药产品安全，改善城乡居民生活质量，为构建以国内大循环为主体、国内国际双循环相互促进的新发展格局提供有力支撑。2021 年，农业农村部办公厅、财政部办公厅印发了《关于做好 2022 年农产品产地冷藏保鲜设施建设工作的通知》，要求合理集中建设产地冷藏保鲜设施，深入开展产地冷藏保鲜整县推进，推动冷链物流服务网络向农村延伸，组织冷藏保鲜实用技术和运营管理培训。

6. 加快农产品流通信息化步伐

"十三五"以来，党中央、国务院高度重视农业农村电子商务工作。2015 年，国务院先后出台了《国务院关于大力发展电子商务加快培育经济新动力的意见》（国发〔2015〕24 号）和《国务院关于积极推进"互联网＋"行动的指导意见》（国发〔2015〕40 号），对促进农村电子商务发展、推进农产品流通信息化提出明确要求。为贯彻落实党中央、国务院部署安排，2015 年，农业部、国家发展改革委、商务部共同研究制定《推进农业电子商务发展行动计划》，提出大力培育农业电子商务市场主体，切实强化农业电子商务公共服务，加快推进农业特色产业电商化，完善农业电子商务支撑体系，充分发挥电子商务在培育经济新动力、打造"双引擎"、实现"双目标"方面的重要作用，扎实推进农业电子商务快速健康发展。2016 年 1 月，农业部办公厅印发《农业电子商务试点方案》，在北京、河北、吉林、黑龙江、江苏、湖南、广东、海南、重庆、宁夏等 10 省（区、市）开展农业电子商务试点。2017 年，商务部和农业部印发《关于深化农商协作大力发展农产品电子商务的通知》，大力推进农产品电子商务发展，不断探索农村电商发展模式，构建支持农村电商发展的政策体系。在总结前期经验基础上，2020 年，农业农村部组织实施了"互联网＋"农产品出村进城工程试点，优先选择包括贫困地区、特色农产品优势区在内的 100 个县开展试点，针对农产品上行的瓶颈制约，发挥"互联网＋"在推进农产品生产、加工、储运、销售各环节高效协同和产业化运营中的作用，培育一批具有较强竞争力的县级农产品产业化运营主体，建立完善适应农产品网络销售的供应链体系、运营服务体系和支持保障体系，实现优质特色农产品产销顺畅衔接、优质优价。

7. 加强农产品市场流通监督管理

为加强农产品流通管理，保证农产品安全、稳定供应，2012 年国务院印发的《关于深化流通体制改革加快流通产业发展的意见》明确提出，要重点加强对关系国计民生、生命安全等商品的流通准入管理，形成覆盖准入、监管、退出的全程管理机制；加大流通领域商品质量监督检查力度，改进监管手段和检验检测技术条件，建立涉及人身健康与安全的商品检验制度；加强网络商品交易的监督管理，规范零售商、供应商交易行为，建立平等和谐的供求关系；加快商业诚信体系建设，完善信用信息采集、利用、查询、披露等制度，推动行业管理部门、执法监管部门、行业组织和征信机构、金融监管部门、银行业金融机构信息共享。2013 年，国务院办公厅印发了《深化流通体制改革加快流通产业发展重点工作部门分工方案》，明确要求要建立健全肉类、水产品、蔬菜、水果、酒类、中药材、农资等商品流通追溯体系。2016 年 3 月，国家工商行政管理总局印发了《产品质量监督抽查管理暂行办法》。强调销售者应当建立健全进货检查验收、停止销售及退换货等商品质量管理制度，保障商品质量，履行商品质量义务，承担商品质量责任；销售者应当严格执行进货检查验收制度，如实记录进货检查验收情况，并根据商品特点采取必要的保管措施，保持所销售商品的质量；工商行政管理部门应当按照法律、法规、本办法规定以及随机抽查实施方案的统一安排，随机抽查辖区内经营者，随机选派执法人员，对销售的商品以及经营性服务中使用的商品进行监督检查。

三、下一步政策取向

经过多年发展，我国农产品流通体系逐步完善，主体多元、方式多样、开放竞争的格局基本形成，流通能力和效率大幅提升，但仍面临不少困难和挑战。一是农产品市场体系不够健全，规划布局有待完善。中西部地区批发市场建设滞后，部分地区农产品批发市场低层次同质化竞争，产地市场、田头市场建设对产业发展的带动作用不强。二是公益性市场建设和发展仍然滞后。批发市场具有公益属性，是稳定市场、应急保供、公平交易、确保食品质量安全的重要平台。但受政策支持弱、管理制度建设滞后等影响，大部分市场公益性职能发挥不足，服务功能弱，管理水平亟待提升。三是冷链物流等基础设施发展存在短板。我国冷链物流建设起步较晚，基础设施薄弱，冷链运输设备占比不高，配套设施及服务不够完善，预冷、包装、配送等冷链能力欠缺。2020 年我国肉类、果蔬类的腐损率分别约为 12％、18％，而发达国家农产品腐损率不到 10％。四是农产品流通全链条组织化程度偏低。各环节运行主体组织化程度低，规范化、集约化流通链条缺失，主体之间利益联结机制不完善，信任机制缺失，合作关系不稳定。五是农产品流通全过程标准化程度不高。标准缺失和有标准难落实问题普遍存在，例如在冷链物流方面，相关的标准已有近 200 项，但缺乏强制性服务标准，很多标准难以落实。

针对以上问题，面向农产品流通发展需要，下一步重点要做好以下几方面工作。

1. 加强顶层设计

加强农产品流通领域发展规划的制定，明确发展目标、任务，创设支持政策。综合考虑经济社会发展水平、人口分布、交通区位、产业布局、农产品流通基础等因素，统筹规划农产品市场建设，优化农产品市场结构和布局。建立覆盖全国的农产品重要流通节点，以跨区域批发市场为龙头、区域市场为骨干、零售市场和田头市场为基础，电子商务等新型市场为重要补充，有形和无形结合、线上和线下融合、产地和销地匹配，构建统一开放、竞争有序、布局合理、制度完备、高效畅通、安全规范的农产品市场体系。

2. 完善农产品市场体系支持政策

整合各类涉农资金，集中支持农产品市场发展，统筹解决东中西部、南北方和城乡间批发市场、冷链物流等基础设施分布不均和结构性失衡等矛盾。将符合条件的农产品批发市场建设项目纳入地方政府专项债券支持范围。强化金融支持，鼓励开发性金融机构、政策性金融机构对农产品批发市场建设予以支持。鼓励各级农业信贷担保公司加强与银行业金融机构合作，为符合条件的农产品批发市场提供担保服务。加大对农村流通基础设施建设的财政支持力度，提高对农村道路特别是农产品生产基地的道路建设资金投入，扶持农村地区物流配送中心、市场信息网络与电子商务平台、大型农产品流通设施等基础设施建设。

3. 完善农产品批发市场用地政策

完善农产品批发市场用地规划，促进农产品批发市场规划与国土空间规划、产业发展规划相衔接，加强农产品批发市场基础设施建设用地保障。将农产品批发市场内与农业生产直接关联的分拣包装、保鲜存储等设施用地纳入农业设施用地管理。农村集体建设用地、废弃闲置房屋等可依法依规通过入股、租赁等方式用于农产品产地市场的仓储物流、交易厅棚等设施建设。

4. 推动现代农产品流通模式创新

加快 5G、物联网、大数据、云计算等新技术与农产品流通行业的技术融合，提升农产品批发市场基础设施智慧化水平。支持农产品批发市场发展直销、配送、电子商务等流通新业态，鼓励探索期货契合市场多样化需求的交易新业态，开发农产品期货交易新品种，推动生鲜农产品流通规模化、标准化、精细化发展，加速智慧化、智能化转型，推进农产品流通线上线下融合发展。支持发展鲜活农产品直供直销体系，推广"生产基地＋中央厨房＋餐饮门店""生产基地＋加工企业＋商超销售"等产销新模式，不断提高鲜活农产品流通效率。

5. 支持培育多元化市场主体

着力提高农民合作社等新型农业经营主体服务农产品流通功能，丰富农产品流通渠道，完善农产品流通载体，提高农民在市场竞争中的地位与谈判能力。推进龙头企业跨地区、跨行业、跨所有制联合重组。鼓励农产品批发市场和物流配送企业跨地区兼并重组和投资合作，培育发展带动力强的大型农产品批发市场，组建辐射面广的农产品物流配送中心。大力发展销售型的农产品经营公司，提升流通的专业化、规模化水平。鼓励农产品流通电商平台、产地直销、生鲜配送等新兴主体与传统批发市场合作发展。

6. 提升优化农产品流通营商环境

进一步提高农产品流通领域的法治化水平，建立健全农产品市场法律法规体系，明确市场建设主体、管理主体的法律地位和责任义务。完善监管制度，落实监管责任，建立全链条监管体系，提升流通管理规范化水平，为促进农产品流通产业健康发展营造良好氛围。

第 7 章

农产品质量安全政策

改革开放以来，我国农产品质量安全政策体系不断完善，初步建立起与发展阶段相适应、与国情农情相匹配的农产品质量安全监管体系，农产品生产标准化体系不断健全，农产品质量安全全链条风险管理持续加强，企业和农户生产责任以及部门和地方政府监管职责进一步压实，农产品质量安全水平总体稳中向好，为人民群众从吃得饱到吃得好、吃得营养健康，提供了坚强有力的保障。

一、发展历程

新中国成立后较长一段时间里，我国农业生产的首要任务是增加农产品供应，解决几亿人口的吃饭问题，这个阶段人民群众对农产品需求主要是"吃得饱"问题。改革开放以来，我国农业生产全面发展，农产品产量大幅增长。随着人民群众的温饱问题逐步得到解决，我国农业生产逐步从单纯追求数量安全，进入强调数量和质量安全并重的新发展阶段，农产品质量安全越来越受到各方面重视。经过 40 多年发展，我国农产品质量安全监管政策和制度规范体系持续健全完善，农产品质量安全工作迅速起步并稳步发展，初步形成完善的农产品质量安全监管体系。

（一）改革开放到党的十八大前

改革开放以后，我国农产品质量安全建设不断实现新突破，全国层面的农产品质量管理体系初步建立，农产品质量安全监测体系、生产体系、政策体系建设在探索中前行。

1. 起步发展阶段（1983—2000 年）

1983 年，农牧渔业部科技司成立质量标准处，我国农产品质量安全管理工作开始恢复起步。1988 年，农业部印发《关于筹建农业部第一批部级产品质量监督检验测试中心的通知》，开始筹建部级农产品质量检测机构。1990 年农业部开始实施绿色食品工程，1992 年挂牌成立中国绿色食品发展中心，绿色食品认证进入探索发展阶段。1992 年，国务院印发《关于发展高产、优质、高效农业的决定》，提出建立健全农业标准体系和监测体系，农产品质量安全管理工作提上重要日程。1993 年，发布《农业部标准化管理办法》和《农业部国家（行业）标准的计划编制、制定和审查管理办法》，农业标准体系建设进入制度化发展轨道。1996 年，农业部和国家技术监督局联合发布《关于加强农业标准和农业监测工作　促进高产优质高效农业发展的意见》，联合召开全国农业标准化工作会议，并发布《全国农业标准化"九五"计划》，标志着我国农业质量标准体系和检测检验体系建设进入了新的规范化发展阶段。

2. 快速发展阶段（2001—2012 年）

进入 21 世纪以后，受加入世界贸易组织后进口国对我国出口农产品农残指标控制等提出更高技术性要求的倒逼影响，以及瘦肉精、三聚氰胺、农兽药残超标等系列食品和农产品质量安全公共事件频发的剧烈冲击，农产品质量安全受到前所未有的关注和重视。这个时期，我国首次在国家层面建立起全国农产品质量安全统筹协调机制，并明确了农产品质量安全政策完善的主要方向：业务管理体系进一步健全，以绿色食品、无公害食品为代表的生产标准管理体系进一步完善，农产品质量安全分段分环节监管体制确立，生产和监管责任进一步明确，农产品质量安全监测体系、生产体系、责任体系和政策体系初步建立，法律法规保障体系探索完善。

2001 年，农业部成立农产品质量安全工作领导小组，统筹协调推进全国农产品质量安全工作。同年 4 月，经国务院同意，启动无公害食品行动计划，对农产品质量安全实施从"农田到餐桌"全程监管。同年 10 月，印发《关于加强农产品质量安全管理工作的意见》，提出加强农产品产地环境、农业投入品、农业生产过程、包装标识和市场准入等五个环节的管理，建立健全农产品质量安全标准、检测检验、质量认证体系，加强执法监督、技术推广、市场信息等工作。同年，农业部还启动了农产品质量安全例行监测工作，并于 2004 年 4 月开始公开发布例行监测结果，国家层面农产品质量安全例行监测体系从此建立并不断完善，成为农产品质量安全监管政策体系的重要支柱之一。

2002 年，农业部印发了《关于加快绿色食品发展的意见》《无公害农产品管理办法》《全面推进"无公害食品行动计划"的实施意见》《优势农产品质量安全推进计划》《关于加强农产品质量安全检验检测体系建设的意见》《关于进一步加强农产品质量安全管理工作的意见》等一系列规范性文件，从生产标准化到农产品质量提升，再到检验监测体系建设等方面，对农产品质量安全工作进行全面部署，我国农产品质量安全体系建设全面加速。2003 年，农业部成立农产品质量安全中心和中国农科院质量标准与检测技术研究所，标志着我国农产品质量安全技术支撑和科技研发开始进入发展的快车道。

2004 年 9 月，国务院印发《关于进一步加强食品安全工作的决定》，这是国家文件层面首次对农产品质量安全部门职责分工进行明确，即确立了分段监管为主、品种监管为辅的食品安全监管体制。由农业、质检、工商、卫生部门分别负责初级农产品生产、食品生产加工、食品流通、餐饮业和食堂等消费环节的监管。由食品药品监管部门负责对食品安全履行综合监督、组织协调和依法组织查处重大事故等职责。同时，该决定还要求加大农业投入品专项整治力度，从源头上防止农产品生产环节的污染；提出建立统一规范的农产品质量安全标准体系，建立农产品质量安全例行监测制度和农产品质量安全追溯制度，开展农产品产地环境、农业投入品和农产品质量安全状况检测；推进无公害农产品标准化生产综合示范区、养殖小区、示范农场、无规定动物疫病区和出口农产品生产基地建设，积极开展农产品认证工作；加快对高毒、高残留农业投入品禁用、限用和淘汰进程等。

2006年4月，全国人大常委会审议通过《中华人民共和国农产品质量安全法》，首次以国家法律形式规范农产品质量安全监管体系、标准和责任，标志着我国农产品质量安全正式进入依法监管的新阶段。该法从我国农业生产实际出发，秉持全过程质量安全控制理念，首次确立了农产品质量安全标准、农产品产地安全管理、农产品包装和标识管理、农产品质量安全监督检查、风险评估、信息发布和责任追究等方面的制度。农业部制定发布了《农产品包装和标识管理办法》《农产品产地安全管理办法》《农产品地理标志管理办法》等配套规章，进一步细化了《农产品质量安全法》相关制度设计。2007年，《国务院关于加强食品等产品安全监督管理的特别规定》发布，强化包括食用农产品的产品质量安全违法行为的法律责任，要求农业、质监、工商、食药等监管部门建立监督检查记录和生产经营者违法行为记录制度。至此，我国初步形成较为完善的农产品质量安全管理配套法律规章体系。2008年，农业部成立农产品质量安全监管局，从国家层面强化了农产品质量安全监管职责。2009年，全国人大常委会审议通过《食品安全法》，以法律形式确立了食品安全分段监管体制。同时，《食品安全法》还明确，除制定食用农产品质量安全标准、公布食用农产品安全信息应当适用该法外，食用农产品质量安全管理遵守《农产品质量安全法》的规定。

这个时期，不仅宏观面上农产品质量安全监管政策和法律法规体系持续完善，专门领域的农产品质量安全监管治理也取得突破性进展。2008年，国务院发布《乳品质量安全监督管理条例》，明确县级以上畜牧兽医主管部门负责奶畜饲养以及生鲜乳生产环节、收购环节的监督管理，县级以上质量监督检验检疫部门负责乳制品生产环节和乳品进出口环节的监督管理，县级以上工商行政管理部门负责乳制品销售环节的监督管理，县级以上食品药品监督部门负责乳制品餐饮服务环节的监督管理，县级以上人民政府卫生主管部门依照职责负责乳品质量安全监督管理的综合协调、组织查处食品安全重大事故。

（二）党的十八大以来

在 2013 年中央农村工作会议上，习近平总书记阐述了做好农产品质量安全工作的重大意义、农产品质量安全面临的严峻形势、需要解决的突出问题和政策要求，对食品安全监管工作提出"四个最严"的要求，即最严谨的标准、最严格的监管、最严厉的处罚、最严肃的问责。之后，习近平总书记又多次对食品和农产品质量安全作出重要指示，为完善新时期农产品质量安全政策指明了方向。这个时期，完善农产品质量安全政策的着力点主要是，标准化引领生产进一步升级，生产和监管责任划分进一步优化明确并压实，监管政策法规体系进一步织密结牢，质量安全风险预警处置等更加突出精细化管理，监管执法体系建设更加突出信息赋能、部门协同和基层提升。高质量监管和效能提升成为新时期农产品质量安全政策完善的鲜明导向。

2013 年以来，每年中央 1 号文件都对做好农产品质量安全工作进行专门部署，先后对包括农产品生产标准化、产地管理提升、监测体系建设、全过程可追溯平台创建和压实各相关方责任等作了具体部署。国家层面上，农业部启动了国家农产品质量安全县创建活动，在 6 个省份试点开展承诺达标合格证制度，上线试运行了国家农产品追溯管理平台，探索建立了乡镇一级的农产品质量安全网格化监管体系。农产品质量安全各方责任压实方面，2019 年印发的《中共中央 国务院关于深化改革加强食品安全工作的意见》，进一步强化了"四个最严"的具体要求，提出要强化生产经营者主体责任落实，推动食品产业高质量发展、提高风险管控能力，推进社会共治，开展放心工程建设攻坚行动等。同年，中共中央办公厅、国务院办公厅印发《地方党政领导干部食品安全责任制规定》，要求将农产品质量安全纳入地方领导干部业绩考核的重要内容。国家和行业管理部门出台了一系列政策文件，从经营主体信用管理、检测技术体系、农业标准化生产、追溯体系建设、农产品质量安全执法、全程监管强化等方面，进一步细化了农产品质量安全管理相关政策规定。

农产品标准化生产体系建设方面，截至 2021 年底，制修订农药兽药残留限量及配套检测方法食品安全国家标准总数超过 1 万项，农业行业标准超过 5 300 项，基本覆盖常用农药兽药品种和主要食用农产品。农业绿色生产方面，大力推进绿色、有机、无公害农产品和地理标志农产品（"三品一标"）认证建设，截至 2021 年底经过认证的"三品一标"农产品总数超过 5 万个，比"十二五"末增加 71.9%，累计禁用高毒农药 46 种，主要农作物化肥农药利用率超过 40%。2021 年 3 月农业农村部办公厅印发《农业生产"三品一标"提升行动实施方案》，决定从 2021 年起启动实施农业生产"三品一标"（品种培优、品质提升、品牌打造和标准化生产）提升行动，对以新标准引领新一轮农业绿色发展、提升农业质量效益和竞争力作出全面部署。质量安全监管监测体系建设方面，全国 88% 的地市、全部"菜篮子"产品大县及其乡镇设立了农产品质量安全监管机构，部省两级检测网络基本覆盖了全国主要大中城市和农产品产区、城乡居民主要消费品种。基层监管执法深入开展，监管责任和政策制度逐步健全，全链条监管、智慧监管等新监管手段进一步推广应用。

二、政策内容

我国农产品质量安全管理已形成以《农产品质量安全法》为核心，相关配套行政法规、部门规章和规范性文件为补充，涵盖监管体制、标准体系、生产管理、质量监测、风险预警、执法监督、市场准入、社会共治等领域的政策法规框架，相关政策和工作体系不断健全完善。

（一）监管体制

目前，我国农产品质量安全监管采取的是政府统一领导、农业主管部门依法监管、其他有关部门分工负责的体制。监管体制建设涉及的法律法规和重要政策性文件包括《农产品质量安全法》《食品安全法》《乳品质量安全监督管理条例》《地方党政领导干部食品安全责任制规定》《中共中央国务院关于深化改革加强食品安全工作的意见》等。2010 年成立的国务院食品安全委员会，是我国食品安全工作的最高议事协调机构，主要职责包括分析食品安全形势，研究部署、统筹指导食品安全工作，提出食品安全监管的重大政策措施，督促落实食品安全监管责任。

1. 部门监管职责划分优化方面

2013 年的政府机构改革对农产品质量安全监管职能进行了大幅调整，从原来多部门按种养殖、加工、经营、餐饮等分环节管理，调整为责任更加集中的两段式管理。其中，农业部负责食用农产品从种养殖环节到进入批发市场、零售市场和生产加工企业前（"三前"环节）的质量安全监管，食品药品监管总局负责食用农产品进入批发市场、零售市场和生产加工企业后（"三后"环节）的食品安全监管。另外，按一件事原则上由一个部门主管的职责分配思路，生猪屠宰监管由商务部调整至农业部，2017 年修订的《农药管理条例》则将工信部、国家质检总局承担的农药生产企业定点核准、生产批准证书、生产许可职能划到农业部，农药登记、生产、经营、使用全链条的监管全部由农业部负责。2018 年机构改革后，原食品药品、质检、工商等部门食品安全职责进一步整合到新成立的国家市场监管总局。

2. 地方政府监管责任压实方面

《农产品质量安全法》明确规定，县级以上地方人民政府统一领导负责本行政区域内的农产品质量安全工作，对本行政区域内的农产品安全监督管理负总责，将农产品安全监督管理纳入政府工作考核目标等。县级以上人民政府的农业行政主管部门具体负责农产品质量安全的监督管理工作，牵头做好包括农产品质量安全风险评估、农产品质量安全信息发布、保护农产品产地、加强农业投入品使用的管理和指导、引导和推进农产品标准化生产、开展农产品质量安全监督检查、依法处罚违反农产品质量安全监督管理法律的行为等方面的工作。

3. 基层监管体制和工作抓手完善方面

近年来，完善了国家农产品质量安全县管理机制，并建立了直达基层的网格化监管体系。2014 年，国务院食品安全委员会在全国治理"餐桌污染"现场会上部署启动了国家农产品质量安全县创建，旨在围绕全面落实属地管理责任、加强农产品生产经营主体管理、强化农业投入品监管和农产品质量安全监测等 8 个方面，全面压实县一级农产品质量安全责任，切实提升全链条全环节监管效能。此后，有关部门对农产品质量安全县不定期监督检查，每 2～3 年开展一次考核，实行进出动态管理，督促地方切实把属地监管职责担起来。2021 年，农业农村部印发《关于加强乡镇农产品质量安全网格化管理的意见》，对推进乡镇农产品质量安全网格化管理工作进行部署，提出建立健全农产品质量安全协管员（信息员）队伍，构建"区域定格、网格定人、人员定责"的管理机制，推动监管治理能力进一步提升。截至 2021 年底，全国 71%的乡镇建立了农产品质量安全监管服务机构，共有监管人员 7.6 万人，初步实现乡镇一级农产品质量安全监管的有人管事。

（二）质量标准体系

食品安全首先是"产"出来的，农产品标准化生产是质量安全控制的基本依托，也是加强农产品质量安全管理的核心内容。这方面政策体系的完善主要体现在《标准化法》《标准化法实施条例》《兽药管理条例》《农业转基因生物安全管理条例》等法律和行政法规的制修订上。农产品质量安全标准的制定和发布依照有关法律、行政法规的规定执行，由农业主管部门商有关部门组织实施。

规范标准方面，农业农村部制定了《农业标准化管理办法》《农药残留风险评估指南》等制度规范，组织成立了国家农产品质量安全风险评估专家委员会，及农药残留、兽药残留、种子、果品、饲料、土壤等一系列专业标准化技术委员会，不断完善标准制定评审的工作支撑体系。目前，我国已建立了完备的农产品生产标准化管理体系。截至2021 年底，我国农兽药残留食品安全国家标准基本覆盖主要食用农产品和主要农兽药品种，限量数量是国际食品法典（CAC）限量数量的近两倍，发布农业行业标准 7 090 多项，创建"三园两场"（果菜茶标准化示范园、畜禽养殖标准化示范场、水产健康养殖示范场）近1.8 万个。

（三）生产管理

1. 农产品产地管理方面

农业农村部门牵头建立农产品产地安全监测管理制度，负责农产品产地安全调查、监测和评价等工作，指导农产品产地安全管理和保护工作等。具体包括，按照保障农产品质量安全的要求，根据农产品品种特性和生产区域大气、土壤、水体中有毒有害物质状况等因素，划定并管理农产品禁止生产区；禁止在农产品生产区倾倒废水、废气、固体废弃物或者其他有毒有害物质等，禁止使用可能污染产地的投入品、兽药、农膜等。

2. 农产品生产过程质量控制方面

《农产品质量安全法》等法律法规对农产品生产行为提出了明确要求，也规定了农业农村部门的监督管理职责。具体来说，农产品生产者义务主要包括，合理使用农业投入品，禁止使用国家明令禁止的投入品，严格执行农业投入品使用安全间隔期或者休药期的规定，建立生产记录，以及对所生产农产品质量安全状况开展自检自测，不得销售不符合质量安全标准的农产品等。比如，农产品生产企业和农民专业合作经济组织应当建立农产品生产记录，如实记载使用农业投入品的名称、来源、用法用量和使用、停用日期等有关情况，动物疫病和植物病虫草害的发生和防治情况，以及收获、屠宰或者捕捞的日期等情况。农业农村主管部门的职责主要包括，制定农产品生产技术要求和操作规范，加强对农产品生产的指导，建立健全农业投入品安全使用制度，定期对农业投入品开展监督抽查。

（四）包装标识和质量认证

农产品包装和标识，有利于消费者识别农产品的产地、质量等级、生产者等质量安全状况信息，是实施农产品追踪溯源、建立农产品质量安全责任追究制度的基础。《农产品质量安全法》和《农产品包装标识管理办法》从我国农产品生产经营现状出发，遵循"先易后难、稳步推进"的原则，针对特定的生产经营主体和农产品提出了包装和标识要求。

开展绿色食品、有机农产品、无公害农产品和地理标志农产品认证，是增加绿色优质安全农产品供给的重要管理方式。这方面，先后制定了《无公害农产品管理办法》《绿色食品管理办法》《农产品地理标志管理办法》。截至2021年底，农业农村部门累计认证绿色食品5.1万个、有机农产品4 584个，登记保护地理标志农产品3 454个，产品总数达5.9万个。此外，为了更好满足新时期人民群众对美好生活的向往、对吃得营养健康的需求，农业农村部2018年成立了农产品营养标准专家委员会，积极探索开展农产品营养品质评价工作。

（五）质量安全监测和风险管理

新世纪以来，国家层面开始探索建立农产品质量安全风险监测制度，具体由县级以上人民政府农业行政主管部门组织实施。该项制度实施伊始仅覆盖北京、上海、深圳等一线城市，近年来监测覆盖面不断扩展，监测指标也根据食品和农产品安全状况不断调整优化，为全面把握我国农产品质量安全状况，强化农产品质量安全风险预警管理，沟通增进公众对农产品质量安全的信心提供了良好支撑。截至2021年底，农产品质量安全监测已基本实现全国大中城市全覆盖，监测对象已覆盖大宗生产消费的蔬菜、水果、茶叶、畜禽产品和水产品110多个，监测重点包括生产基地、养殖场、屠宰场、暂养池和运输车等"三前"环节。从监测内容看，蔬菜水果覆盖全国主要使用的68项农药残留，畜禽产品和水产品分别监测31项和28项兽药残留。

此外，我国还建立了农产品质量安全监督抽查制度。农业农村部每年根据农产品质量安全风险监测中发现的问题隐患、媒体报道和群众投诉举报的质量安全问题线索，以及国家有关部门日常监管中发现的问题，聚焦主要"菜篮子"大县的生产和消费地区，制定监督抽查工作方案，确定监督抽查重点品种、参数及检测的重点对象，强化"检打联动"，对监督抽查中发现的不合格产品，要求各地农业农村部门在收到检测报告后要立即启动执法程序，及时跟进开展农产品质量安全执法。

农产品质量安全检测机构管理方面，《农产品质量安全法》规定，从事农产品质量安全检测的机构，必须具备相应的检测条件和能力，由省级以上人民政府农业农村行政主管部门或者其授权的部门考核合格。检测机构必须有技术监督部门的"计量认证证书（CMA）"和农业农村行政主管部门出具的"农产品质量安全机构考核证书（CATL）"，才具备进行农产品质量安全检测并出具检测数据的资格。目前，我国已构建起部级检测机构为龙头、省级检测机构为骨干、市县级检测机构为基础的农产品质量安全检验检测体系。截至 2020 年底，全国共有农产品检测机构 2 297 个，其中县级 1 711 个；共有农产品检验人员 2.42 万人，其中县级 12 156 人。

农产品质量安全风险评估方面，农业农村部每年制定农产品质量安全风险评估计划，评估内容主要包括：一是农业种植养殖过程可能产生的危害，包括因投入品不合理使用造成的农药、兽药、添加剂等有毒有害物质残留污染，以及因产地环境造成的本底性污染和汞、砷、铅、铬、镉等重金属毒物、氟化物及持久性有机污染物等非金属毒物污染；二是农产品保鲜包装储运过程可能产生的危害，包括贮存过程中使用的保鲜剂、催熟剂和包装材料中有害化学物等产生的污染，以及流通渠道中导致的二次污染；三是农产品自身生长或发育过程中产生的危害，如花生中的黄曲霉毒素等。

（六）执法监督和市场准入管理

农产品质量安全不仅要高度重视"产出来"，也要高度关注"管出来"。这方面政策主要是落实"四个最严"要求，全流程、全链条、全方位完善监管体系，把农产品质量安全监督管理各项任务落到实处，具体包括执法整治提升、市场准入创新、质量安全县创建和强化网格化管理等。

1. 执法整治提升

关于执法依据。从国家层面看，主要包括《农产品质量安全法》，以及《畜牧法》《渔业法》《动物防疫法》《乳品质量安全监督管理条例》《生猪屠宰管理条例》《农药管理条例》《兽药管理条例》以及若干部门规章，涉及农业投入品使用管理、农产品产地管理、生产资质、准入管理等方面内容。地方层面，各省、自治区、直辖市均通过地方立法进一步明确了农产品质量安全监管的权限范围，细化执法主体权限、执法范围和监管对象。

关于执法主体。2013 年，国务院办公厅印发《关于加强农产品质量安全监管工作的通知》，将农产品质量安全监管执法纳入农业综合执法范围。2017 年，《农业部关于加强农产品质量安全执法工作的意见》印发，提出要厘清各级执法权限，明确执法职责、执法领域和执法重点，合理配置执法力量，加大执法办案力度，健全执法机制，强化技术支撑，提升执法能力。2018 年党的十九届三中全会审议通过的《深化党和国家机构改革方案》明确提出深化行政执法体制改革，整合组建农业综合执法队伍，将农业系统内兽医兽药、生猪屠宰、种子、化肥、农药、农机、农产品质量等执法队伍整合，实行统一执法。目前，省市县农业综合行政执法机构已实现应建尽建，在岗农业综合行政执法人员超过 8.6 万人。

关于执法内容。农产品质量安全执法领域主要包括种植业产品、畜禽产品和水产品三大部分。依据《农产品质量安全法》和《国务院关于加强食品等产品安全监督管理的特别规定》，农业农村部 2020 年印发的《农业综合行政执法事项指导目录（2020 年版）》主要列举了 7 项农产品质量安全执法事项。一是对农产品生产企业、农民专业合作经济组织未建立或者未按照规定保存或者伪造农产品生产记录逾期不改正的行政处罚。二是对农产品生产企业、农民专业合作经济组织以及从事农产品收购的单位或者个人销售的农产品未按照规定进行包装、标识逾期不改正的行政处罚。三是对食用农产品进入批发、零售市场或者生产加工企业前使用的保鲜剂、防腐剂、添加剂等材料不符合国家有关强制性技术规范的行政处罚。四是对农产品生产企业、农民专业合作经济组织销售不合格农产品的行政处罚。五是对冒用农产品质量标志的行政处罚。六是对生产经营者不按照法定条件、要求从事食用农产品生产经营活动等行为的行政处罚。七是对生产食用农产品所使用的原料、辅料、添加剂、农业投入品等不符合法律、行政法规的规定和国家强制性标准的行政处罚。

2. 市场准入及承诺达标合格证制度

《农产品质量安全法》确立了市场准入制度，对上市销售的农产品设定了明确的准入条件，要求上市销售的农产品必须符合农产品质量安全标准。同时，对农产品批发市场规定了抽查检测义务，对农产品销售企业规定了进货验收义务。在政策健全完善方面，近年比较重要的调整是从事先准入资质审查的"他律式"审批制，调整为更强调自律管理的事后备案制。具体政策文件包括 2017 年中共中央办公厅、国务院办公厅印发的《关于创新体制机制推进农业绿色发展的意见》，以及 2019 年《中共中央　国务院关于深化改革加强食品安全工作的意见》。2021 年，农业农村部印发《关于加快推进承诺达标合格证制度试行工作的通知》，正式将合格证名称由"食用农产品合格证"调整为"承诺达标合格证"。目前，全国试行范围内38 万多家生产企业、合作社、家庭农场等实现了常态化开具，覆盖率达到 65％。

（七）质量安全追溯和信用体系建设

农产品质量安全事关千家万户"舌尖上"的安全，农产品产运储加销环节多链条长，完善农产品质量安全治理体系非常重要，近年来政策和工作体系的完善主要体现在质量安全追溯和生产主体信用档案体系建设等方面。

1. 质量安全追溯

质量安全追溯体系建设有利于厘清农产品质量安全生产各方责任，有利于构建提升质量安全的全链条共同监督管理机制。2018 年农业农村部开始全面推广运用国家农产品追溯平台，配套制定相关技术标准与管理制度 11 项，出台追溯"四挂钩"意见（与农业农村重大创建认定、农产品优质品牌推选、农产品认证、农业展会等工作挂钩），加强对品牌农产品追溯管理指导，探索建立部门协作、部省合作机制，推动重点地区先行先试，产地农产品追溯信息大规模进入流通消费领域，构建全程追溯体系。截至 2021 年底，国家农产品追溯管理信息平台已与 31 个省级平台和农垦行业平台完成对接，共有 32 万家农产品生产经营主体入驻，覆盖 515 个农产品种类。

2. 信用体系建设

这是农业经营主体信用管理的一项重要内容，主要通过声誉管理机制强化农产品质量安全管理责任。农业部门2014 年和 2017 年分别印发了指导意见和通知，对农产品生产经营主体信用档案建设进行部署，与国家发展改革委等 29 个部委联合签署了农资领域联合惩戒合作备忘录，累计向全国信用信息共享平台推送行政许可和行政处罚等信用信息近 30 万条，将相关部门提供的失信名单嵌入农业行政审批综合办公和农业财政项目管理等工作系统，进一步强化农安信用信息共享，通过联合惩戒等方式推动农产品生产行业更加诚信自律。

三、下一步政策取向

对标对表党中央、国务院部署要求和人民群众期待，农产品质量安全本身以及相关工作体系、政策体系建设还存在不少短板弱项。从监管对象看，潜在风险点多面广，监管成本高、难度大的格局还将长期存续。从监管手段看，在标准建设、技术服务、产品检测方面还有不少短板弱项。从监管体系建设看，基层监管力量依旧薄弱，执法效能有待提升。产生这些问题的原因是多方面的，既有生产主体质量安全意识水平不高、标准化生产能力较弱问题，也有监管部门监管力度跟不上、责任落实不到位问题，还有监管体系建设投入和支撑保障不足问题。下一步，要以落实好新修订的《农产品质量安全法》为契机，紧盯短板弱项，采取更加有力有效的政策举措，进一步筑牢夯实农产品质量安全基石。

1. 强化农产品质量安全突出问题治理和执法整治

紧盯禁用药物违法使用和常规农兽药残留超标问题，对重点整治品种采取"一个问题品种、一张整治清单、一套攻坚方案、一批管控措施"的精准治理模式逐个攻克，力争全面解决禁限用农兽药超标问题。坚持问题导向，加强行刑衔接，强化农产品质量安全领域执法，坚决守住不发生区域性、系统性农产品质量安全风险的底线。

2. 强化农产品质量安全风险监测体系建设和风险管理水平提升

聚焦重点品种，着力提高例行监测的随机性和科学性。针对小宗品种，轮动开展专项监测。积极构建部省联动机制，推动监测工作全国统筹、各有侧重、数据共享，提升农产品质量安全全链条全环节风险管理水平，切实做到风险监测及时、提示及时、化解及时。加强基层检测机构能力建设，着力提高市县两级机构的"双认证"比例，筑牢农产品质量安全检测的基层基础。

3. 强化农产品质量安全监管制度建设和监管效能提升

全面推进食用农产品承诺达标合格证制度，深入开展国家农产品质量安全县创建，加强追溯管理。继续强化信用体系建设，积极纳入国家社会治理机制体系，充分发挥惩戒作用。围绕"菜篮子"生产大县，探索有效模式，带动面上县域监管能力和水平的提升。推进生产记录便捷化、电子化，加强监管数字化、智能化建设。建立健全基层网格化监管体系，打通监管"最后一公里"。

4. 强化农产品质量安全标准引领和质量认证建设

大力实施农业标准化提升行动，积极参与国际标准和规则制定，更好地发挥标准化建设在促进农业高质量发展中的引领作用。以品种为主线、以全程质量控制为核心，大力推动现代农业全产业链标准化建设。推动农产品"三品一标"高质量发展，建立以严格监管的"国律"为基础、质量认证的"他律"与承诺主体的"自律"相结合的农产品质量安全治理机制。加强绿色、有机、地标农产品认证管理和证后监管，加快建立农产品分等分级评价体系。

第 8 章

农业投入和补贴政策

改革开放以来，党中央出台了一系列强农富农惠农政策，不断创新财政支农体制机制，调整完善财政支农政策体系，丰富农业补贴种类，充分发挥财政政策导向功能和财政资金杠杆作用，有力地促进了农业稳产保供、农村稳定安宁、农民稳定增收，为加快农业农村现代化提供了坚强保障。

一、发展历程

农业是国民经济的基础，有着显著的正外部性和提供准公共品的属性，农产品的供给关系着国计民生。同时，农业容易受自然和市场双重风险影响，农业发展的许多领域很难吸引足够的社会投入。正因如此，大多数国家都对农业采取了一定程度的支持保护。对我国而言，农业承担着保障十几亿人口吃饱饭的重任，承担着工业化城镇化进程中尚未转移农村人口的就业和生计，在经济发展和社会稳定中具有"压舱石"的作用，地位更加特殊和重要。加大财政投入对农业的支持力度，建立和完善农业支持保护体系，更为必要。

（一）改革开放到党的十八大前的政策演进

新中国成立之初，在重工业优先和向城市倾斜发展战略背景下，国家财政支农力度明显不足。改革开放以后，随着经济快速发展，财政实力不断增强，国家开始重视减轻农民负担，加大对农业的支持和投入，对农业投入总量持续增加、结构和方式逐步优化，实现了国家与农民之间"取"与"予"的关系发生根本性转变。

1. 1979—1993 年，财政支农政策重要调整转折期

伴随改革开放，农村普遍实行家庭承包经营制度，极大解放和发展了农村社会生产力。在此基础上，国家逐步强化对农业的支持与保护，财政支农政策相应地进入了重要的转折期。一是提高农产品收购价格。为了缩小工农产品不合理的比价，1979 年国家大幅提高主要农副产品收购价格，之后又多次调整农产品收购价，逐步放开农产品价格。农产品购销体制改革和价格调整，极大地调动了农民生产积极性。二是设立农业发展基金。20 世纪 80 年代初，财政高度集中的统收统支管理体制改为"分灶吃饭"财政包干体制。为开辟财政支农资金新渠道，国家开征了耕地占用税，以此设立农业发展基金，并实施大规模农业综合开发，重点通过山水林田路综合治理，进行大面积中低产田改造。三是实行农业生产资料补贴政策。对化肥、农药等农业生产资料按优惠价供应，支持农业生产。四是减轻农民负担。为调动农民生产积极性，坚持采取"增产不增税"的税收政策。1979—1982 年采取起征点办法，对口粮、收入水平在起征点以下的队免征农业税。1983 年后，又实行对贫困山区照顾政策。农业税税负进一步降低，由 1978 年的 4.4% 降为 1993 年的 2.4%。[1]

尽管这个阶段"多取少予"财政支农政策格局依然没有改变，但财政支农在投入总量和结构、支持方式以及覆盖范围上都有了较大提升和改进。特别是 1993 年，全国人大常委会颁布实施《农业法》，规定国家逐年提高农业投入的总体水平，中央和县级以上地方财政每年对农业总投入的增长幅度应高于其财政经常性收入的增长幅度。据统计，1979—1993 年，国家财政预算直接安排用于农业的资金投入为 2 898.32 亿元，平均每年 192.22 亿元，比 1979 年之前 29 年的平均数 44.1 亿元增加

---

[1]　中国农村财经研究会课题组，中国财政支农政策与体系的演变历程，当代农村财经，2016 年第 3 期。

148.12 亿元，增长 2.36 倍。1993 年与 1978 年比较，农业产值增长
114%，农民收入增长 246%，是农民收入增长最快、城乡居民收入差
距最小的阶段。

2. 1994—2003 年，财政支农投入大幅度增长

1994 年，我国实施了以分税制为核心的财政管理体制改革，划分
了中央与地方的事权和收支范围，提出将三农、教育、社保等公共服务
领域作为财政支出的重点。在此背景下，财政支农政策有了重大调整，
支出规模和结构以及支农资金管理机制和方式也发生了重大变化，国家
与农民之间的"多取少予"格局进一步得到扭转。一是加大对农业基础
设施建设投资。发行特别建设国债，支持农业基础设施建设、农村生产
生活条件改善以及加大西部农村扶贫力度。在预算内增加对农业综合开
发、农林水气象等部门事业费等支出。设立水利建设基金，用于重点水
利工程设施和江河防洪体系建设。1994 年我国对于农业基础设施投资
首次超过 100 亿元，达到 107 亿元。特别是 1998 年亚洲金融危机暴发，
国家为扩大内需实施积极的财政政策，农业基本建设投资更是迅猛增至
460 亿元[1]。1998—2003 年，中央财政投入农业农村基础设施建设资金
3 500 多亿元。[2] 二是改革财政支农支出管理体制。针对预算管理重收
入、轻支出、管理粗放、支农资金浪费严重、使用效率低等问题，规范
预算编制和支出管理。1999 年开始进行部门预算改革，选择教育部、
农业部、科技部、劳动和社会保障部 4 个部门作为首批试点。通过部门
预算改革，财政支农资金使用效率不断提升。三是减轻农民负担。20 世
纪 90 年代，农民负担急剧膨胀，干群关系十分紧张。2000 年，中共中
央、国务院印发《关于进行农村税费改革试点工作的通知》，部署全面
推进农村税费改革，实行"三取消、两调整、一改革"，将乡村义务教
育、计划生育、优抚等所需资金纳入财政预算安排。2000 年在安徽省
首先进行试点，2001 年试点增加江苏省，2002 年扩大到 20 个省市。农

---

① 中国农村财经研究会课题组，中国财政支农政策与体系的演变历程，当代农村财经，2016 年。
② 邓菊秋、王祯敏、尹志飞，改革开放 40 年我国财政支农政策的成效、问题与展望，贵州财经
大学学报，2018 年第 5 期。

村税费改革使国家与农民的"取"和"予"的分配关系发生了新的变化。

尽管这一时期国家财政支农资金投入增长幅度较大,但与我国农业基础地位和发展要求相比,总量依然偏低,结构亟须优化,资金投入机制尚未健全。同时,受资源和市场双重约束的影响,农业出现增产不增收的局面,农业生产大幅波动、农民收入徘徊不前、粮食安全状况堪忧等问题再次引起中央高度重视。

3. 2003—2012 年,从"取"到"予"战略性转变

面对日益突出的城乡发展差距,党的十六大首次提出统筹城乡经济社会发展的基本方略,确立了"多予少取放活"和"工业反哺农业、城市支持农村"的基本方针。党的十六届四中全会提出了"两个趋向"的重要论断,从全局和战略高度明确了解决三农问题的指导思想,推动三农政策不断取得新突破,财政支农政策开始实现历史性转折,国家与农民之间的"取""予"关系发生根本性改变。

一是全面取消农业税。从 2003 年开始,农村税费改革试点逐步推开,改革村提留征收使用办法,取消屠宰税、劳动义务工以及农村教育集资、行政事业性收费和政府性集资,调整农业税和农业特产税政策。从 2004 年开始,取消牧业税和除烟叶以外的农业特产税,降低农业税税率,并陆续扩大试点范围。对征收农业税的地区,在农业税计税土地上生产的农业特产品,改征农业税,在非农业税计税土地上生产的农业特产品,不再改征农业税;对已免征农业税的地区,农业特产品不再改征农业税。2006 年 1 月 1 日,废止《农业税条例》,全面取消农业税;同年 2 月 17 日,全面取消农业特产税(对烟叶收入征税另行制定办法)。全面取消农业税后,全国农民每年减轻税费负担超过 1 000 亿元。

二是强化财政支农资金投入。2004 年中央 1 号文件明确提出,坚持"多予、少取、放活"方针,增加农业投入,强化对农业支持保护。此后,每年中央 1 号文件均以三农为主题,对农业投入进行重点部署,要求加大投入、优先保障。这一时期,财政支农资金投入大量增加,而且增速明显加快。财政支农资金从 2004 年的 2 337.6 亿元增长到 2012

年的 12 387.60 亿元，年均增长 23.18%，占财政总支出的比重由 2004 年的 8.2%提高到 2012 年的 9.8%，为农业农村快速发展提供了强有力支撑。

三是实施农业"四项补贴"。2004 年中央 1 号文件明确提出，从粮食风险基金中拿出一部分资金，用于对主产区种粮农民的直接补贴，扩大大豆、小麦等粮食优势产区的良种补贴范围，对农业生产者购置和更新大型农机具给予一次性补贴。为稳定农民务农种粮收益、提高农民生产积极性，我国不断创新农业补贴制度，实施了农作物良种补贴、种粮直补、农机具购置补贴和农资综合补贴，形成以"四项补贴"为主要内容的农业补贴体系，将过去以价格支持为主要形式的"暗补"逐步转向对农民收入的"明补"。政策实施以后，补贴资金规模不断扩大，"四项补贴"资金由 2004 年的 145.7 亿元增加到 2012 年的 1 688 亿元，占财政支农资金的比重由 2004 年的 6.23%提高到 2012 年的 13.47%。

这一时期财政支农政策的出台和完善，是中央在对我国三农问题进行深刻分析和对国际经验进行认真总结的基础上，形成一系列指导三农工作新理念和新认识的结果。一系列直接、有力政策的制定和实施，标志着我国支农政策体系实现了新突破，推动了农村经济社会发展步入健康持续新轨道。

（二）党的十八大以来，构建农业农村优先发展的财政支农政策体系

党的十八大以来，以习近平同志为核心的党中央高度重视三农工作，始终坚持重中之重指导思想、坚持农业农村优先发展，采取一系列重大战略举措，财政支农政策体系进一步调整完善。

1. 财政支农结构更加科学优化

财政支农在继续强调基础设施建设的同时，更加关注农业科技创新和推广体系建设、农业环境治理和生态修复、脱贫攻坚以及推进乡村振兴等重要事项。2015 年中央 1 号文件提出，要强化农业科技对现代农业的驱动作用，继续加大对农业科技的投入力度。2017 年，中共中央

办公厅、国务院办公厅印发《关于创新体制机制推进农业绿色发展的意见》，明确了推进农业绿色发展的总体要求、基本原则、目标任务和保障措施，在体制机制层面作出一系列约束与激励并重的制度性安排。2015 年，中共中央、国务院印发了《关于打赢脱贫攻坚战的决定》，全面打响脱贫攻坚战；2018 年印发了《关于打赢脱贫攻坚战三年行动的指导意见》，要求进一步加大财政、金融、对口支援等投入，为脱贫攻坚全面胜利提供了有力保障。2018 年中央 1 号文件围绕实施好乡村振兴战略，谋划了一系列重大举措，对开拓投融资渠道、强化乡村振兴投入保障作出全面部署安排。

2. 财政支农保障机制更加健全

党的十八大以来，连续发布10 个中央 1 号文件，始终强调要把农业农村作为财政优先保障领域，加大财政支农力度，健全农业投入稳定增长机制，确保财政支农总量和力度的稳定提升。政府投资继续向农业农村倾斜，加大对乡村振兴重点领域和薄弱环节支持力度。创新乡村振兴多渠道资金筹集机制，坚持土地出让收入"取之于农，主要用于农"，调整完善土地出让收入使用范围，分阶段逐步提高用于农业农村的投入比例。落实高标准农田建设等新增耕地指标和城乡建设用地增减挂钩节余指标跨省域调剂政策，加强资金收支管理，将所得收益通过支出预算全部用于支持实施乡村振兴战略和巩固拓展脱贫攻坚成果。鼓励地方政府在法定债务限额内发行一般债券用于支持乡村振兴、脱贫攻坚领域的公益性项目。落实农村金融机构定向费用补贴政策，积极发挥国家融资担保基金作用，激发金融机构服务三农的内生动力。健全农业信贷担保体系，推动农业信贷担保服务网络向市县延伸。落实涉农税费减免政策，引导金融和社会资本加大乡村振兴投入。

3. 财政支农方式进一步创新完善

加快构建财政涉农资金统筹整合长效机制，出台《国务院关于探索建立涉农资金统筹整合长效机制的意见》。适应新一轮机构改革总体部署，深入推动相关涉农资金源头整合，进一步理顺资金项目管理职责，加快实现农业投资、农业综合开发、农田整治、农田水利建设等项目资金归口管理和统筹使用。落实完善"大专项＋任务清单"管理机制，建立省级以下任务清单落实机制。加快支农支出执行进度，积极盘活财政存量资金，狠抓涉农资金执行管理，切实提高资金支出效率。创新投融资机制，构建财政优先保障、金融重点倾斜、社会积极参与的多元投入格局。因地制宜推广政府与社会资本合作、政府购买服务、贷款贴息、以奖代补等方式，撬动更多金融和社会资本投向农业农村。

这一时期财政支农政策继续贯彻落实"多予少取放活"以及"工业反哺农业、城市支持农村"方针，在农业农村基础设施建设、农村社会事业发展、农村人均环境改善等方面持续加大投入力度，逐步缩小城乡差距，促进城乡融合发展，为取得脱贫攻坚战全面胜利和全面建成小康社会做出了巨大贡献，为全面推进乡村振兴打下了坚实基础。

二、政策内容

财政支农政策内容和目标任务在不同时期具有明显的阶段特征。党的十八大以来，我国财政支农政策的内容体系逐渐由单一向全面转变，财政支农体制机制日益健全完善。为避免与本书其他章节重复过多，本章主要从健全财政支农资金稳定增长机制、探索建立涉农资金统筹整合长效机制、加快推进农业基础设施建设和创设实施各类农业补贴政策方面重点阐述。

（一）建立健全财政支农多元投入保障制度

党的十八大以来，以习近平同志为核心的党中央高度重视三农工作，各级财政不断巩固增强支农力度，财政支农投入规模和比重均明显提高，财政支农投入的良性增长机制逐步建立。

1. 完善农业投入优先保障机制

连续出台的 10 个中央 1 号文件，为构建新时代国家财政支农体系、完善农业投入保障机制提供了重要的政策和制度保障。中央强调，要在稳定完善强化行之有效政策基础上，着力构建三农投入稳定增长长效机制，确保总量持续增加、比例稳步提高。坚持把农业农村作为财政一般公共预算优先保障领域，持续增加财政农业农村支出，中央基建投资继续向农业农村倾斜。坚持将农业农村作为国家固定资产投资的重点领域，确保力度不减弱、总量有增加。加大中央和地方财政三农投入力度，中央预算内投资继续向农业农村倾斜，确保财政投入与补上全面小康三农领域突出短板相适应。建立健全实施乡村振兴战略财政投入保障制度，公共财政更大力度向三农倾斜，确保财政投入与乡村振兴目标任务相适应。在农业农村优先发展的政策导向下，一般公共预算中农林水支出由 2013 年的 13 228 亿元增长到 2021 年的 22 146 亿元，为全面推进乡村振兴、加快农业农村现代化提供了有力保障。

2. 创新多渠道资金筹集机制

2018 年中央 1 号文件提出，改进耕地占补平衡管理办法，建立城乡建设用地增减挂钩节余指标跨省域调剂机制，将所得收益全部用于巩固脱贫攻坚成果和支持实施乡村振兴战略。同年，国务院办公厅印发的《关于印发跨省域补充耕地国家统筹管理办法和城乡建设用地增减挂钩节余指标跨省域调剂管理办法的通知》明确，"三区三州"及其他深度贫困县城乡建设用地增减挂钩节余指标，由国家统筹跨省域调剂使用，调剂资金支出列入中央财政对地方财政一般性转移支付，全部用于巩固脱贫攻坚成果和支持实施乡村振兴战略。为推进工作顺利实施，财政部印发了《跨省域补充耕地资金收支管理办法》和《城乡建设用地增减挂钩节余指标跨省域调剂资金收支管理办法》，对相关资金的收取、下达、结算和使用作出了明确规定。同时，国家调整完善土地出让收入使用范围，进一步提高农业农村投入比例。2020 年，中共中央办公厅、国务院办公厅印发《关于调整完善土地出让收入使用范围优先支持乡村振兴的意见》，明确提出到"十四五"时期，以省（自治区、直辖市）为单位核算，土地出让收益用于农业农村比例达到 50% 以上的总体目标。2021 年，中央农办、财政部、农业农村部联合印发的《关于提高土地出让收入用于农业农村比例的考核办法》要求，通过年度和"十四五"期末考核相结合的方式，确保各地土地出让收入用于农业农村比例分年度稳步提高，到"十四五"期末用于农业农村比例达到土地出让收益50%以上的同时，不低于土地出让收入的8%；或达到土地出让收入的10%以上。此外，政策还明确支持发行地方债券支持乡村振兴。2018年中央1号文件提出，支持地方政府发行一般债券用于支持乡村振兴、脱贫攻坚领域的公益性项目。2019年中央1号文件指出，地方政府债券资金要安排一定比例用于支持农村人居环境整治、村庄基础设施建设等重点领域。

3. 创新财政涉农资金使用方式

充分发挥财政资金的撬动引导作用，因地制宜推行一事一议、以奖代补、先建后补、贷款贴息等，鼓励创新投融资模式，探索在农业农村领域有稳定收益的公益性项目推广PPP模式。2017年，财政部和农业部联合印发《关于深入推进农业领域政府和社会资本合作的实施意见》（财金〔2017〕50号），明确将农业绿色发展、高标准农田建设、现代农业产业园、农产品物流与交易平台、"互联网＋现代农业"等作为农业领域推广PPP的重点领域，提出要优化财政资金投入方式，探索农业领域推广PPP模式的实施路径、成熟模式和长效机制。

（二）探索建立涉农资金统筹整合长效机制

为提高财政支农资金使用效益，强化支农政策效果，近年来，中央财政按照"先易后难、以点带面、上下联动、逐步推开"的原则，通过多种形式积极稳妥推进涉农资金整合统筹。

1. 推进涉农资金统筹整合试点

2013年，财政部印发《关于黑龙江省"两大平原"现代农业综合配套改革试验区涉农资金整合的意见》，支持黑龙江省实施"两大平原"涉农资金整合试点，统筹安排中央财政下达的相关涉农资金。2015年，国务院印发《推进财政资金统筹使用方案》，提出推进项目资金统筹使用、重点科目资金统筹使用、部门资金统筹使用等10条措施，就进一步优化财政资源配置、提高财政资金使用效益、完善预算管理制度作出全面部署。2016年，为进一步优化完善财政支农政策体系，财政部、国家发展改革委等八部门联合印发《关于开展市县涉农资金整合优化试点的意见》，选择广东清远、江苏新沂、河南兰考、湖南南县于2016—2017年探索实施适当放权、大类统筹、任务清单的整合模式。同年，国务院办公厅印发《关于支持贫困县开展统筹整合使用财政涉农资金试点的意见》，将中央14个部门管理的20项涉农资金配置权完全赋予贫困县，支持其根据脱贫攻坚任务的轻重缓急统筹安排。2017年，该试点在全国832个贫困县全面实施。2021年，财政部、国家发展改革委、农业农村部等部门联合印发《关于继续支持脱贫县统筹整合使用财政涉农资金工作的通知》，明确2021—2023年支持脱贫县延续整合试点政策，2024—2025年政策实施范围调整至国家乡村振兴重点帮扶县。"十三五"期间，全国832个贫困县累计整合涉农资金超过1.5万亿元，为集中资源打赢脱贫攻坚战提供了资金支持和政策支撑。

2. 加快探索建立涉农资金统筹整合长效机制

上述各项试点实施后，省、市、县等各层级加快创新涉农资金管理体制机制，有效提升了涉农资金管理使用成效，为中央研究探索建立涉农资金统筹整合长效机制积累了丰富经验。2017年，国务院印发《关于探索建立涉农资金统筹整合长效机制的意见》，对推进涉农资金统筹整合工作作出了全面部署。文件提出建立行业内资金整合与行业间资金统筹相互衔接配合的长效机制，对行业内涉农资金，实施"大专项＋任务清单"管理模式，从中央层面在预算编制环节归并设置涉农资金大专项，从源头减少交叉重复，同时赋予地方必要的涉农资金统筹权，根据中央和地方在任务清单划定、实施等环节的调整、反馈，逐步厘清中央和地方承担各项支农事权与支出责任的边界；对行业间的涉农资金，加强性质相同、用途相近的涉农资金统筹使用，促进功能互补、用途衔接的涉农资金集中投入。2018年以来，根据党和国家机构改革职能调整情况，进一步推进行业间涉农资金实质性整合，将国家发展改革委的农业投资项目、财政部的农业综合开发项目、原国土资源部的农田整治项目、水利部的农田水利建设项目等管理职责整合到农业农村部，并持续加大源头统筹整合力度。

3. 提高农业投入绩效

把绩效管理作为深入推进项目整合、完善资金监管的有效手段，推行评价结果与资金安排挂钩，印发了《中央财政专项扶贫资金管理办法》《扶贫项目资金绩效管理办法》《林业改革发展资金管理办法》《地方政府专项债券项目资金绩效管理办法》等一系列制度文件，强化资金分配、管理、使用等方面的绩效管理和监督，逐步构建全过程绩效管理和激励约束机制，不断增强资金使用的规范性、安全性和有效性，提升财政支农资金的使用效率。

（三）加快推进农业基础设施建设

党的十八大以来，国家围绕加强农业基础设施建设、巩固提升农业综合生产能力，逐步完善财政支农政策措施，为保障国家粮食安全和推进农业高质量发展发挥了重要作用。

1. 加强农田水利建设

党的十八大以来，习近平总书记提出了"节水优先、空间均衡、系统治理、两手发力"的治水思路，开启了治水兴水的新局面，农田水利发展步入快车道。在重大工程建设方面。2014 年，国务院部署 172 项重大水利工程建设，通过加大对已有灌区的续建配套和节水改造力度、新建一批节水型灌区、发展高效节水灌溉等措施，大力推进重大的农业节水工程。"十三五"规划纲要提出，加快实施东北节水增粮、西北节水增效、华北节水压采、南方节水减排等区域规模化高效化节水灌溉工程，争取到 2020 年，新增高效节水灌溉面积 1 亿亩。在法治保障方面。2016 年，国务院颁布《农田水利条例》，提出县级以上人民政府应当多渠道筹措农田水利工程建设资金，保障农田水利建设投入，国家引导金融机构推出符合农田水利工程项目特点的金融产品和服务方式，加大对农田水利工程建设的信贷支持力度，并对支持和引导社会力量参与建设、经营农田水利工程作出要求。这是新中国关于农田水利的第一部行政法规，对加快农田水利发展、提高农业综合生产能力产生了积极深远影响。在投融资机制方面。把农田水利作为公共财政投入优先保障领域，进一步增加财政投入，强化财政投入的撬动作用，调动农民、农村集体经济组织、农民用水合作组织、新型农业经营主体等加大农田水利建设与管理的投入，引导和鼓励社会资本建设运营农田水利工程，采取投资补助、财政补贴、贴息贷款等政策措施保障投资方合理收益。在工程产权制度改革方面。加快农田水利工程清产核资、确权颁证，及时验收登记造册。社会资本参与或受益主体自主建设的，按照"谁投资、谁所有"的原则落实工程所有权和使用权，依法享有继承、转让（租）、抵押等权益。积极探索农田水利设施股权量化、农民公平受益等改革，增加农民和农村集体经济组织的资产性收益。支持农田水利工程所有权和使用权、工程建成后的供水收入等收费权作为抵质押物，吸纳金融资本投入农田水利建设。在工程运行管护方面。明确工程管护主体，落实工程管护责任，保障工程管护经费。县级以上人民政府应当建立工程管护由水费收入、经营收入和财政补助组成的合理负担机制。落实大中型灌排骨干工程公益性人员基本支出和工程维修养护经费。各级财政资金安排的农田水利设施维修养护支出要足额用于工程维修与运行管理。从政策实施效果看，2021 年末全国耕地灌溉面积 10.44 亿亩，比 2012 年增加 10 702 万亩，年均增长 1.2％，为稳定农业生产打下了良好基础。

2. 加快高标准农田及"两区"建设

一方面，完善高标准农田建设财政投入保障政策。2013 年，《全国高标准农田建设总体规划》要求，继续稳定加大投入，统筹整合高标准农田建设相关资金。用好新增建设用地土地有偿使用费，充分发挥综合效益，加强基本农田综合整治。增加农业综合开发资金投入，重点支持中低产田改造、建设高标准农田和中型灌区节水配套改造。增加现代农业生产发展资金规模，以发展粮食产业为重点，加大对高标准农田建设的支持力度。增加小型农田水利设施建设补助专项资金投入，以高标准农田建设、高效节水灌溉和"五小水利工程"为重点，加快实施小型农田水利重点县建设。用好中央财政性建设资金用于农田水利建设的投入，加快大型灌区续建配套及节水改造；用好新增千亿斤粮食生产能力规划（田间工程）投资，提高田间工程建设投资标准；用好坡耕地水土流失综合治理工程投入。增加高标准农田建设的技术集成投入，加快耕地质量动态监测体系建设，加强土壤改良和地力培肥，推广应用相关耕作技术。全面落实土地出让收益中用于农业土地开发的资金投入，足额提取土地出让收益的 10％专项用于农田水利建设，强化中央和省级统筹。2021 年，《全国高标准农田建设规划（2021—2030 年)》提出，要加强政府投入保障、完善多元化筹资机制、统筹整合资金，落实资金保障。整合土地出让收入中用于农业农村的资金，重点支持高标准农田建设。鼓励地方政府在债权限额内发行债券支持符合条件的高标准农田建设。各地地方政府专项债券用于农业农村的投入，要重点支持符合专项债券发行使用条件的高标准农田建设。加强新增耕地指标跨区域调剂统筹和收益调节分配，拓展高标准农田建设资金投入渠道。在高标准农田建设中增加的耕地作为占补平衡补充耕地指标在省域内调剂，所得收益用于高标准农田建设。另一方面，加强"两区"建设政策支持。2017年中央 1 号文件提出，科学合理划定稻谷、小麦、玉米粮食生产功能区和大豆、棉花、油菜籽、糖料蔗、天然橡胶等重要农产品生产保护区；研究制定功能区和保护区建设标准，完善激励机制和支持政策，层层落实建设管护主体责任。同年，国务院发布《关于建立粮食生产功能区和重要农产品生产保护区的指导意见》，提出力争用 3 年时间完成 10.58亿亩"两区"划定任务，力争用 5 年时间基本完成"两区"建设任务，其中粮食生产功能区 9 亿亩，6 亿亩用于稻麦生产。要求在强化综合生产能力建设、发展适度规模经营、提高农业社会化服务水平等方面，大力推进"两区"建设；在增加基础设施建设投入、完善财政支持政策、创新金融支持政策等方面，加大对"两区"的政策支持。

（四）创设和持续实施各类农业补贴政策

党的十八大以来，国家着眼于农业形势发展变化，继续加大农业补贴力度，完善农业补贴政策，基本形成适应我国国情农情的补贴体系，为增加农民收入、调动农民生产积极性、保障粮食等重要农产品有效供给发挥了巨大作用。

1. 农民收入补贴

推进农业"三项补贴"改革。面对新型农业经营主体快速兴起、农地规模经营比例日益提高、农业生产方式需要向绿色可持续转型、农业直补政策面临补贴对象争议等问题，2015 年财政部、农业部印发《关于调整完善农业三项补贴政策的指导意见》，启动农业"三项"补贴改革试点，于 2016 年全面推开。改革后，这部分补贴资金不再与农民实际种粮面积挂钩，实质转变为对农民收入的一种支持。2021 年，中央财政除了安排耕地地力保护补贴资金约 1 200 亿元，还对实际种粮农民发放一次性补贴 200 亿元。推动价补分离改革。面对国内外供求形势变化，国家建立了玉米、大豆"市场化收购＋生产者补贴"制度，实施了新疆棉花目标价格补贴政策，补贴政策由"暗补"变为"明补"。

2. 农业生产补贴

着眼保障国家粮食安全、提高农业质量效益和竞争力，加大对农业发展关键领域和环节的支持力度。持续开展农机购置补贴，加大补贴资金规模，调整优化补贴范围和标准。2004—2021 年，中央财政累计投入 2 582 亿元，扶持近 4 000 万农民和农业生产经营组织，购置各类农机具近 5 000 万台（套）。2021 年全国农作物耕种收综合机械化率超过71％，较 2003 年提高 39 个百分点，三大粮食作物耕种收综合机械化率均已超过 80％。实施农产品生产大县奖励，对产粮（油）大县和生猪（牛羊）调出大县进行奖励，进一步调动地方政府重农抓粮、稳产保供积极性。加大农业科研与技术推广补助力度，实施农业高产创建资金、测土配方补助、科技入户技术补贴、农机作业补贴等政策，加强基层农机推广体系建设，提升科技服务农业的能力和水平。

3. 资源和生态保护补贴

实施生态补偿政策。2014 年，启动了新一轮退耕还林工程，重点对坡耕地和严重沙化耕地实施还林还草。继续实施草原补奖政策，对开展草原禁牧、实施草畜平衡的牧民给予奖励补贴。2011 年在 8 个牧区省份实施，2012 年扩大至 13 个。2016 年，启动实施新一轮草原补奖政策，并再次提高奖励标准。2020 年，启动实施长江十年禁渔计划，对长江流域重点水域退捕渔民进行补助。支持结构调整。2016 年，启动实施耕地轮作休耕试点，重点在东北冷凉地区和北方农牧交错区实行轮作试点，在河北地下水漏斗区、湖南重金属污染区、西南西北生态严重退化区实施休耕试点，促进耕地休养生息和农业可持续发展。2016—2021 年，累计实施休耕轮作超过 1.5 亿亩次。加强资源环境突出问题治理。重点对农业面源污染治理和废弃物综合利用给予相应补贴政策。2014 年起，支持开展地下水超采综合治理、重金属污染耕地综合治理、耕地修复治理等。2015 年启动化肥农药使用量零增长行动，2020 年底三大粮食作物的化肥、农药利用率分别比 2015 年提高 5 个、4 个百分点。开展农作物秸秆综合利用试点和废旧地膜回收利用整县推进，启动中央财政畜禽粪污资源化利用试点，整县推进畜禽粪污资源化利用。2020 年，全国秸秆综合利用率、农膜回收率分别达到 86.7%、80%，畜禽粪污综合利用率达到 75%以上。

4. 防灾减灾补贴

农业生产救灾补助。中央财政对各地农业重大自然灾害及农业生物灾害的预防控制和灾后恢复生产工作给予适当补助。支持范围包括农业重大自然灾害预防及农业生物灾害防控所需的物资材料补助，恢复农业生产措施所需的物资材料补助，牧区抗灾保畜所需的储草棚（库）、牲畜暖棚和应急调运饲草料补助等。动物疫病防控补助。对动物疫病强制免疫工作给予补助，主要包括开展口蹄疫、高致病性禽流感、小反刍兽疫、布病、包虫病等动物强制免疫疫苗（驱虫药物）采购、储存、注射（投喂）以及免疫效果监测评价、人员防护等相关防控工作，以及实施和购买动物防疫服务等。在预防、控制和扑灭动物疫病过程中，对被强制扑杀动物的所有者给予补助。实施养殖环节病死猪无害化处理补助政策。农业保险保费补贴。中央财政对稻谷、小麦、玉米、棉花、马铃薯、油料作物、糖料作物、能繁母猪、奶牛、育肥猪、森林、青稞、牦牛、藏系羊和天然橡胶，以及稻谷、小麦、玉米制种保险给予保费补贴支持。同时，对地方优势特色农产品保险进行奖补。2022 年，实现了三大粮食作物完全成本保险和种植收入保险 13 个粮食主产省产粮大县全覆盖。

三、下一步政策取向

农业要发展，投入是关键。改革开放以来，党中央始终把农业农村作为财政支出的优先保障领域，确保农业农村投入只增不减，并不断调整优化财政支农政策，效果是显著的。但也要看到，我国财政支农资金总体规模还偏小，支出结构还需进一步优化，涉农资金管理体制机制还需进一步完善，补贴资金的针对性、精准度还需进一步提高，世界贸易组织规则约束下补贴政策亟待优化等问题依然突出，农业支持政策体系还不能完全适应社会主义市场经济条件下农业现代化和乡村全面振兴的要求。

当前和今后一个时期，完善财政支农政策体系，要坚持"增加总量、优化存量、创新方式、渐进调整、提高效能"的方向，在充分发挥市场在资源配置中的决定性作用基础上，更好发挥政府作用，进一步强化财政支农资金的杠杆和引领作用，为农业农村现代化和全面推进乡村振兴提供重要资金保障。

（一）进一步完善农业农村财政投入保障机制

始终坚持农业农村优先发展，将农业农村作为财政支出的优先保障领域，持续加大财政投入力度，确保财政投入与全面实施乡村振兴战略、加快农业农村现代化相适应。创新乡村振兴多元化投入机制，提高土地出让收入用于农业农村投入比例，落实好土地指标跨省域调剂使用政策，支持地方政府发行一般债券和专项债券用于现代农业设施建设和乡村建设行动。发挥财政投入引领作用，支持以市场化方式设立乡村振兴基金，撬动金融资本、社会力量参与，推动形成财政优先保障、金融重点倾斜、社会积极参与的多元投入格局。

（二）进一步健全涉农资金统筹整合长效机制

创新和完善资金管理使用机制，深入推进财政支农专项转移支付资金统筹整合，全面实行"大专项＋任务清单"管理方式，按照"放管结合、效益优先"的原则，强化地方人民政府特别是县级人民政府统筹使用涉农资金的责任，确保中央宏观调控与地方自主统筹平衡兼顾，提高财政支农资金使用效率。

（三）进一步构建财政支持乡村振兴政策体系

按照形势任务要求，坚持目标导向和问题导向相结合，强化以工补农、以城带乡，聚焦粮食安全、巩固拓展脱贫攻坚成果同乡村振兴有效衔接、农业高质量发展、农业农村绿色发展、城乡基本公共服务均等化、乡村建设等重点任务和薄弱环节，完善财政支持实施乡村振兴战略政策体系，将有限资金重点用在农民迫切需要、农业农村亟需改善的方面，着力支持提高农业发展质量效益和竞争力，加快推进乡村全面振兴。

（四）进一步改革适应国际规则的农业补贴制度

以新发展理念为引领，统筹兼顾保障国内产业发展和农民合理收益，适应国际规则，完善农业补贴政策体系，着力提高农业补贴政策的精准性、指向性和实效性。坚持以保障国家粮食安全为核心目标，稳定加大对农民的直接补贴，健全农民种粮收益保障机制，完善主产区利益补偿机制，持续调动地方重农抓粮和农民种粮积极性。坚持发挥市场在资源配置中的决定性作用，更好发挥补贴政策对农业结构调整的导向作用，完善粮食收储制度，优化生产者补贴政策框架和补贴水平，加强品种间的补贴统筹。坚持以绿色生态为导向，健全农业绿色发展补贴政策。逐步扩大"绿箱"和"蓝箱"支持政策实施规模和范围，调整改进"黄箱"支持政策。

第 9 章

农产品价格支持政策

改革开放前，我国农产品在很长一个时期实行的是政府定价、统购统销的政策，农业剩余通过工农产品价格"剪刀差"转移，支撑了国家工业化发展。农村改革以来，国家逐步放开农产品市场，建立与社会主义市场经济相适应的农产品流通体系，并探索建立对粮食等主要农产品的价格支持政策，以稳定粮食等重要农产品供给。

一、发展历程

保供稳价是农业发展的重要目标，农产品价格支持政策是实现这一目标的有效手段。从新中国成立初期到改革开放之初，在农产品流通和价格方面，政府定价、统购统销是主要的政策，通过政府机构专营来达到稳定粮价的目的，并为国家工业发展积累资金。这种以农业支持工业的政策选择，在特定的历史阶段为国家建设发挥了巨大作用，但农业生产激励不足的问题也很突出。改革开放以后，随着家庭联产承包责任制的快速推行，农村社会生产力得到极大解放，我国粮食产量大幅提升，长期缺粮的局面极大缓解，国家开始逐步调整农产品价格政策。先行放开统购之外的粮食，由市场定价，统购数量也逐年缩小，后来逐步放开农产品市场，形成了购销双轨制，并发展成为粮食收购保护价制度。2000 年起，我国开始适当缩小按保护价敞开收购范围。2004 年以后，开始取消粮食保护价收购，实行最低收购价政策，并逐步把对粮食购销企业的补贴转向对种粮农民的直接补贴，这标志着我国农业支持保护政策从以价格支持为主、主要补贴流通环节，开始向直接补贴过渡。

（一）改革开放到党的十八大前

改革开放以来，我国农业生产能力显著提升，农产品供需形势频繁转换，价格政策也经历了多次重大调整。到党的十八大之前，我国农产品价格政策演变主要分为三个阶段：

1. 调整农产品收购价或定购价

1979年起，国家连续提高粮食统购价格，并实行超购加价50%的激励政策，农民生产积极性得到充分调动，粮食连年丰收。1983—1984年，首次出现了全国性的卖粮难现象。面对粮食过剩的局面，1985年中央1号文件提出：取消粮食统购，改为合同定购和市场收购；定购粮按"倒三七"比例计价（三成按原统购价，七成按原超购价）；定购以外的粮食可以自由上市，如市场粮价低于原统购价，国家仍按原统购价敞开收购。可以看出，政府将原统购价当作市场粮价下跌的底线，并承诺按此价敞开收购，已经具备了价格支持政策的基本内涵。但总体上看，这一时期的价格支持政策仍在计划经济主导下实施，价格支持水平整体较低，配套的收储制度也不完善。

2. 实行粮食保护价收购政策

为了缩小合同定购价与市场价之间的差距，确保完成粮食定购任务，国家从1986年开始分地区、分品种小幅度调高粮食合同定购价格，1989年粮食合同定购价格平均提高18%，推动粮食产量进入了新一轮增长。1990年夏粮上市价格疲软，国家连续出台文件，要求各地在以县为单位完成定购任务后，按照国家规定的保护价格敞开收购议价粮；建立国家专项粮食储备制度，对粮食部门收购的议价粮，按分配的计划指标和结算价格转作国家专项储备。1993年又进行调整完善，明确了中央政府实行保护价收购的范围，要求地方政府制定国家定购和专储以外的粮食保护价，并在省一级建立地方粮食储备制度。从1993年开始，用3年时间逐步取消中央和地方粮食财政补贴，把这部分资金用于建立粮食风险调节基金，为保护价收购提供资金保证。1995年以后，随着粮食供过于求的矛盾更加突出，国家出台了"三项政策、一项改革"，即"敞开收购、顺价销售、资金封闭运行"，以及推进粮食购销企业改革。2000 年，南方早籼稻、红小麦和北方春小麦退出保护价收购范围。2001 年，进一步实行区域性粮食购销市场化。

3. 实行最低收购价和临时收储政策

在粮食保护价收购政策框架下，国有粮食购销企业补贴增加与农民种粮收益下降形成巨大反差，改补流通环节为补生产环节的呼声日渐高涨。2004 年中央 1 号文件明确提出，要深化粮食流通体制改革，建立对农民的直接补贴制度。同年 5 月，国务院印发《关于进一步深化粮食流通体制改革的意见》（国发〔2004〕17 号），明确放开粮食购销市场，直接补贴粮农，国家在充分发挥市场机制作用的基础上实行宏观调控，必要时可对短缺的重点粮食品种在主产区实行最低收购价格。2004 年开始在水稻主产省实施稻谷最低收购价，2006 年小麦也开始实行最低收购价。2007 年以来，先后对主产区玉米、大豆、油菜籽、棉花、食糖等实行临时收储政策。实行最低收购价和临时收储政策的意义在于，当主产区市场价格低于最低收购价格或临时收储价格时，由国家指定企业直接入市收购，引导市场价格回升。由于最低收购价格和临时收储价格的定价原则是既要保收入、又要促生产，导致价格水平以"小步快跑"的趋势快速提高。2007—2013 年，小麦、玉米提价幅度为 60%，晚籼稻提价 88%，粳稻价格提高一倍。最低收购价和临时收储政策执行后，国内粮食价格稳步上升，玉米、棉花、油料、食糖价格总体高位运行，有效调动了农民种植积极性，保持了主要农产品生产基本稳定，粮食产量实现"十连增"，农民收入实现平稳较快增长，为保障国民经济持续健康发展起到了重要的支撑作用。

（二）党的十八大以来

2013 年我国粮食总产量突破 12 000 亿斤，国内外农产品市场形势发生较大变化，以最低收购价和临时收储政策为主要内容的农产品价格支持政策积累的矛盾和问题集中显现。由于定价以保收入为目标，国家对农民的补贴包含在价格之中，直接价格支持政策实质上是"价补合一"的。由于托市价格水平提高较快，影响了市场价格机制作用的正常发挥：一是托市价格高于市场价格，带动了市场价格逐年上升，导致农产品加工流通企业自主经营空间缩小；二是政府直接收储数量越来越大，造成巨大的库存和财政支出压力，反过来也影响了主产区的生产积极性；三是由于国际市场农产品价格大幅走低，国内价格由以往低于国际市场转为高于进口成本，导致小麦、玉米、棉花等大宗农产品进口激增，出现了"产量、库存量、进口量"三量齐增的现象。为此，亟须推进农产品价格形成机制和市场调控体系改革。

2013年，党的十八届三中全会通过的《中共中央关于全面深化改革若干重大问题的决定》提出，要完善农产品价格形成机制，注重发挥市场形成价格作用。其基本思路是以目标价格为切入点，在保障农民利益的前提下，充分发挥市场在资源配置中的决定性作用，由市场决定价格，推动最低收购价和临时收储政策向"价补分离"方向转变，促进产业上下游协调发展。

2017年，国家发展改革委印发《关于深入推进农业供给侧结构性改革的实施意见》，提出要深化粮食等重要农产品价格形成机制和收储制度改革，主要包括：一是坚持并完善稻谷、小麦最低收购价政策，合理调整最低收购价水平；二是坚定推进玉米市场改革，健全生产者补贴制度，鼓励多元市场主体入市收购，防止出现卖粮难；三是调整完善新疆棉花目标价格政策，改进补贴方式；四是调整东北大豆目标价格政策，统筹玉米、大豆补贴机制。

1. 启动棉花和大豆目标价格改革试点

2014年取消新疆棉花、东北地区大豆临时收储政策，启动目标价格补贴试点，探索实行"市场化收购＋目标价格补贴"。棉花和大豆价格逐步回归市场，当市场价格低于预先确定的目标价格水平时，由中央财政向生产者提供差价补贴。

2. 陆续取消重要农产品的临时收储政策

对食糖，从2014年起采取中央财政贴息、制糖企业承储、地方政府落实、企业自负盈亏的市场化方式，避免了政府对食糖市场价格的直接干预；对油菜籽，2015 年起国家不再实行临时收储，改由地方政府负责组织企业收购，中央财政给予部分主产区适当支持；对玉米，国家在 2015 年下调东北地区玉米临时收储价格，2016 年全面取消玉米临时收储，调整为"市场化收购＋生产者补贴"的新机制。

3. 稳妥推进稻谷小麦最低收购价及收储制度改革

总体思路是坚持最低收购价政策框架，进一步增强政策的灵活性和弹性。从 2016 年开始，下调稻谷最低收购价；从 2018 年开始，下调小麦最低收购价；从 2020 年开始，部分品种最低收购价开始回调。从 2018 年起，对稻谷主产省份给予适当补贴支持，以保持优势产区稻谷种植收益稳定。

二、政策内容

党的十八大以来，按照"市场定价、价补分离"的原则，我国农产品价格支持政策进入全面改革期。

（一）稻谷、小麦最低收购价政策

最低收购价的政策内容主要包括三个方面：一是明确政策的启动和退出机制，减少对市场的过度干预。国家根据市场供求、生产成本等因素，合理确定粮食最低收购价格，当市场价格在最低收购价格水平之上时，政府不对市场价格进行干预；当市场价格水平低于最低收购价时，政府委托部分国有粮食购销企业入市收购，促进价格回升到合理区间。二是限定收购主体，明确规定中储粮集团公司作为最低收购价政策执行主体，中央财政对最低收购价粮食的收购费用、保管费用和贷款利息等提供补贴，粮权属国务院。具体从事收储业务的各类企业对最低收购价粮食的数量和质量等负全部责任。三是限定品种和执行区域，控制政策执行成本。只在 6 个小麦主产区、5 个早籼稻主产区和 11 个中晚籼稻和粳稻主产区实行。

最低收购价格水平自 2004 年以来经历了多次调整，可以分为四个阶段：第一阶段，2004—2007 年。国家对最低收购价格水平的制定还处在摸索阶段，最低收购价一经确定就未作调整。早籼稻、中晚籼稻、粳稻、白小麦和红小麦的最低收购价格分别为每斤 0.7 元、0.72 元、0.75 元、0.72 元、0.69 元。第二阶段，2008—2014 年。在国际粮价剧烈波动和粮食生产成本刚性上涨的背景下，农户种粮收益急剧下降，稻谷和小麦最低收购价格开始逐年提高。早籼稻、中晚籼稻、粳稻的最低收购价格分别从 2008 年的每斤 0.77 元、0.79 元、0.82 元上涨到 2015 年的 1.35 元、1.38 元、1.55 元，涨幅分别为 75.3%、74.7%、89.0%；白小麦、红小麦、混合麦的最低收购价格分别从 2008 年的每斤 0.77 元、0.72 元、0.72 元上涨到 2015 年的 1.18 元，涨幅分别为 53.2%、63.9%、63.9%。自 2012 年起，白小麦、红小麦开始使用统一的最低收购价格，不再分品种差别定价。第三阶段，2015—2019 年。最低收购价"只升不降"的坚冰被打破，2016 年首次下调早籼稻最低收购价，每斤下调 0.02 元；2017 年所有稻谷品种最低收购价均有所下调；2018 年稻谷、小麦最低收购价全面下调，早籼稻、中晚籼稻、粳稻价格、小麦每斤分别较上年下降 0.1 元、0.1 元、0.2 元、0.03 元；2019 年小麦最低收购价再次下调 0.03 元。第四阶段，2020 年至今。从 2020 年开始，综合考虑粮食生产成本、市场供求、国内外市场价格和产业发展等因素，最低收购价格开始逐步回调。稻谷方面，2020 年和 2021 年早籼稻和中晚籼稻最低收购价连续调增 0.01 元，粳稻价格不变；2022 年早籼稻最低收购价调增 0.02 元，中晚籼稻和粳稻调增 0.01 元。小麦方面，2021 年小麦（三等）最低收购价调增 0.01 元，2022 年继续调增 0.02 元。

最低收购价收购数量由放开转向限定最大收购量。2010 年以前，国家托市收购小麦的数量较大，占总产量的比例在 20%～40%。2010 年之后，托市收购量有所下滑，2011 年没有启动，此后年份小麦托市收购量呈波动下降，稳定在 3 000 万吨以内。2012 年以前，稻谷托市收购量占总产量的比重一直处于 8% 以下。2012 年以后，稻谷国内外价差持续扩大，价差驱动型进口不断增加，出现"洋货入市、国货入库"，造成稻谷托市收购量陡增。2020 年，国家对稻谷、小麦最低收购价收购数量进行了限定。其中，限定稻谷收购总量为 5 000 万吨，小麦收购总量为 3 700 万吨。

（二）玉米收储政策

2004 年以来，国家对完善粮食收储制度进行了一系列探索，2008 年在东北三省及内蒙古自治区东四盟实施的玉米临时收储政策就是其中的重要举措。在政策实施早期，玉米临储政策保障了农民种植玉米的收益，极大地调动农民种粮积极性，玉米增产显著。但是，这种"托市价格"无疑脱离了市场的供求关系。在居高不下的临时收储价格推动下，国内外玉米价格倒挂，国产玉米竞争力丧失，大量转化为库存，国家财政负担沉重，以玉米为原料的下游产业利润下滑。玉米临时收储政策造成了"保一伤二"的严重后果，改革迫在眉睫。

2015 年国家首次下调玉米临时收储价格，内蒙古、辽宁、吉林、黑龙江玉米挂牌收购价调至每斤 1 元，分别比 2014 年降低 0.13 元、0.13 元、0.12 元、0.11 元。2016 年中央 1 号文件明确提出，遵循"市场定价、价补分离"的原则，积极稳妥推进玉米收储制度改革，在使玉米价格反映市场供求关系的同时，建立玉米生产者补贴制度。2016 年 5 月和 11 月，财政部发布《关于建立玉米生产者补贴制度的实施意见》，决定在东北三省及内蒙古自治区的东四盟取消玉米临时收储政策，改为"市场化收购＋生产者补贴"的新机制，以修正临储价格对市场价格造成的扭曲。至此，实施八年之久的玉米临时收储政策正式退出历史舞台，以生产者补贴政策为核心的新一轮玉米收储政策改革正式启动。

在生产者补贴政策框架下，市场上的玉米收购价格完全由供求关系决定，生产者根据市场随行就市出售玉米，各类市场主体自主收购玉米。玉米定价权回归市场后，很多正向效果得以释放，整个玉米产业得以激活。一是国内玉米价格回落，国内外价差缩小。农业农村部监测数据显示，国内产区玉米价格由 2015 年的 1.08 元/斤（年均价，下同）

降至 2017 年的 0.82 元/斤，降幅达 24.1%；国内外价差由 2015 年最高点的 0.51 元/斤降至 2017 年的 0.1 元/斤以内。国内玉米价格形成机制逐渐理顺，与国际玉米价格逐渐拉近、走势趋同，玉米及高粱、大麦、DDGS（酒糟蛋白饲料）等替代品进口量有所减少。二是以玉米为原料的下游企业经营效益明显改善。2016 年 11 月东北酒精企业开工率达到 87%，2017 年 3 月进一步提升至 96%，高出全国平均水平 30.8 个百分点，已接近饱和状态。同时，在玉米生产者补贴政策的推动下，畜牧业养殖成本明显下降。根据《全国农产品成本收益资料汇编》数据计算，2017 年东北地区饲养一头 120 千克商品猪的玉米成本为 245.10 元，较 2015 年下降 20.91%。但玉米价格下降导致农民种粮收益受到较大影响，2015—2019 年，玉米生产净利润连续四年为负值，播种面积和产量连续三年减少，临储库存大幅下降，市场形势逐渐由供大于求转变为供不应求。

（三）新疆棉花目标价格政策

我国于 2001 年全面放开了棉花市场，2003 年成立了中国储备棉管理总公司（简称中储棉公司），将国家储备棉与棉花经营彻底脱离，以减少国家储备棉对市场的干预。但 2010—2011 年，国内棉花价格随国际市场剧烈波动，在短期内快速上涨又大幅下跌。为稳定棉花生产、经营者和用棉企业市场预期，保护棉农利益，国家于 2011 年 9 月开始实施棉花临时收储政策。该政策的实施平抑了市场价格波动，但由于收储价格过高、收购储量过大，导致进口与库存大幅增长，棉纺企业生存困难，财政负担沉重。

为促进棉花产业健康发展，2014 年 9 月国家颁布《关于发布 2014 年棉花目标价格的通知》，决定取消临时收储政策，在新疆试行棉花目标价格补贴政策。政府按照公布的棉花目标价格与采价期（9—11 月）棉花市场平均收购价之间的差额确定补贴标准，按照籽棉交售量确定补贴总额。目标价格水平按照"成本＋基本收益"的方法确定，2014 年为 19 800 元/吨，2015 为 19 100 元/吨，2016 年之后为 18 600 元/吨。在补贴方式上，2014 年新疆地区（不含生产建设兵团）统一采取混合方式补贴：将补贴总额的 60％兑付面积补贴，40％兑付交售量补贴。从 2015 年开始，新疆其他地区执行单一的以交售量为准则发放目标价格补贴，而南疆四地州（阿克苏、喀什、克州、和田）仍采用混合补贴：补贴总额的 90％用于兑付全区实际种植者交售量部分补贴，10％用于向南疆四地州基本农户兑付面积部分补贴。

2017 年国家发展改革委、财政部印发《关于深化棉花目标价格改革的通知》，决定在新疆继续深化棉花目标价格政策，且棉花（皮棉）目标价格由试点期间的"一年一定"改为"三年一定"（2017—2019 年为 18 600 元/吨）。同时，补贴方法也有所优化，对新疆享受目标价格补贴的棉花数量进行上限管理，超出上限的不予补贴。2020 年，国家发展改革委、财政部印发《关于完善棉花目标价格政策的通知》，决定在新疆完善棉花目标价格政策，确定从 2020 年起目标价格水平为 18 600 元/吨，同步建立定期评估机制，每三年评估一次，根据评估结果视情况调整目标价格水平。同时，鼓励进一步探索完善农业支持保护新方式，积极稳妥推进棉花保险试点，因地制宜开展价格保险、收入保险等多种模式试点，完善机制设计，充分利用期货、再保险等工具分散风险，探索可持续、可推广的经验做法，健全操作方式，确保及时足额理赔。

棉花目标价格补贴政策实行后，市场在棉花价格形成中的决定性作用得到充分发挥，市场主体意识明显增强，农民利益得到保护，产业发展逐渐走上良性轨道。一是市场形成价格机制逐步建立。实行目标价格补贴政策以来，国内棉花价格快速下跌，国内外棉价差快速回归至合理区间，价格联动性提升，市场主体适应市场能力明显增强。二是新疆棉花生产快速发展。2014—2020 年，新疆棉花种植面积从 3 256 万亩增加到 3 753 万亩，增长 15.3％，占全国的比重由 52％增至 79％；棉花产量从 415 万吨增加到 516 万吨，增长 24.3％，占全国的比重由 66％提高到 87％。三是棉花产业竞争力明显提高。新疆机采棉快速推广，北疆地区机采棉已经达到 90％以上，南疆也已经达到 30％左右，棉花生产成本明显下降。新疆棉花的纤维长度、断裂比强度、长度整齐度等指标都有明显改善或比较稳定。用棉成本的降低和自治区一系列扶持纺织服装业发展的政策，使国内纺织服装企业向新疆转移速度加快，行业开工率和盈利水平明显提高，极大地带动了新疆剩余劳动力就业。

（四）东北大豆目标价格政策

我国在 2008 年推出了大豆临时收储政策，设置大豆最低收购价格，在保护大豆种植户收入、稳定市场价格的同时，减缓了国际价格对大豆产业造成的冲击。大豆临时收储政策在实施前期取得了较好的效果，2008 年三等大豆收购价格为 3 700 元/吨，农户收入得到有效保护，国际价格对大豆产业造成的冲击有所缓解。然而，2010 年大豆种植面积及产量开始减少，造成国产大豆价格上涨，远超进口大豆，刺激了大豆进口量猛增。如 2013 年，我国大豆临时收储价格为 4 600 元/吨，而进口完税成本约为 4 060 元/吨，比国内临时收储价格还低 540 元。大豆价格飙升也提高了加工企业的生产成本，这一现象又加剧了对国际大豆的依赖，导致国产大豆被挤出市场。

为了应对国产大豆面临的严峻局面，同时适应 WTO 规则，根据党中央、国务院决策部署，国家于 2014 年取消大豆临时收储政策，启动了为期三年的东北三省和内蒙古自治区大豆目标价格改革试点。按照试点方案规定，中央财政根据国家统计局统计的试点省份大豆产量，以及国家发展改革委监测的分省市场价格与目标价格的价差，测算分配补贴资金。大豆的目标价格水平综合考虑粮食供求平衡、农民种植基本收益、中央财政承受能力、产业链协调发展等因素，每年确定一次，2014—2016 年都确定为 4 800 元/吨。总体看，大豆目标价格改革取得了一定成效，实现了大豆价格由市场供求形成，较好地保护了农民利益，遏制了大豆生产快速下滑势头，减轻了财政负担，但同时也面临监测价格与市场价格不一致、大豆非主产区面积核实难度大、操作成本高等问题。

2017 年中央 1 号文件提出，调整大豆目标价格政策。经国务院批准，自 2017 年起实行"价补分离"，将大豆目标价格政策调整为市场化收购，同时建立大豆生产者补贴政策，与玉米生产者补贴统筹安排。中央财政按照基期面积（玉米为 2014 年面积 22 258 万亩、大豆为 2019 年面积 8 847 万亩）和年度补贴标准将资金测算到省，由各省根据地方实际确定具体补贴范围、补贴依据和补贴标准，并要求大豆补贴标准高于玉米补贴标准。在补贴金额上，2021 年中央财政共安排玉米大豆生产者补贴资金 408.2 亿元，测算标准为玉米亩均补贴 90 元、大豆亩均补贴 235 元。2022 年中央财政安排玉米大豆生产者补贴资金 408.2 亿元，引导地方合理拉开玉米大豆补贴差，支持农民扩种大豆。同时，允许地方调剂不超过 10% 的资金用于种植结构调整，可重点用于促进大豆和油料扩面增产。

2017 年执行市场化收购加补贴制度以来，大豆生产总体得到提升，农民种植收益逐渐好转。2017—2020 年，我国大豆播种面积由 1.24 亿亩增至 1.48 亿亩，累计增长 19.4%；产量由 1 528 万吨增至 1 960 万吨，增长 28.3%；平均出售价格由 1.88 元/斤波动上涨至 2.43 元/斤，上涨 29.3%；每亩现金收益由 237 元增至 320 元，增长 35%。

三、下一步政策取向

我国农产品价格支持政策经过多次调整，逐步由"价补合一"走向"价补分离"，市场在配置农业资源中越来越发挥决定性作用，政策执行效率不断提高，稳产稳价效应不断显现。但也要看到，目前我国农产品价格支持政策在市场调控方面还存在一定滞后，政策体系缺乏系统性，与其他政策的协调性也有待加强，有必要从以下几方面进行完善：

（一）稳定完善最低收购价政策

从确保国家粮食安全特别是口粮安全的角度出发，坚持稻谷、小麦最低收购价政策框架不动摇，着力增强政策灵活性和弹性，合理调整最低收购价水平，守住粮食安全底线，筑牢保供稳价基础。一方面，要继续发挥其引导生产者预期、促进粮食生产持续稳定发展和托底市场价格、防止谷贱伤农的基本功能；另一方面也要坚持市场化改革取向和维护正常市场秩序。具体来说，一是将最低收购价政策明确定位为政府引导生产与调节市场供求的调控手段，目的是稳定稻谷与小麦生产发展，防止生产大起大落，只有当市场价格明显偏低或者出现大幅下跌时才启动。二是最低收购价的定价原则应当是"托市"而不是"包市"。这就意味着在通常情况下最低收购价要低于市场价格，最低收购价应在播种前公布，及早发出调控信号，引导生产者的种植行为调整。三是最低收购价政策的具体内容要恪守"五限定"原则，即限定品种、限定价格、限定主体、限定时间、限定区域，避免政策造成市场扭曲，维护正常的市场流通秩序和市场形成价格的机制。

（二）完善棉花目标价格政策

棉花产业政策对棉花生产发展、棉农收入支持及棉区建设保护非常重要。当前我国棉花产业发展政策环境已发生变化，需要在政策设计和操作上有所创新，集中解决突出问题。一是约束补贴主体，限定补贴上限。目前补贴方案中对基本农户和经营单位没有区别对待。相比基本农户，经营单位在资金实力、抗风险能力、获利能力等方面都要强很多，完全等同于基本农户平等享受国家补贴政策的做法有失公平。应取消经营单位的补贴资格，对基本农户设定享受补贴的最大规模产量和面积，超过部分不再享受补贴。二是完善补贴模式，激励棉农种植优良品种。兼顾产量和质量，研究"交售量＋质量"的补贴模式，合理确定质量标准及相应的补贴比例，推广质量系数补贴试点办法，提高棉农质量意识。同时，随着机械化程度不断提高，应加强培育产量、质量等综合指标较高的机采棉优良品种并将其纳入目标价格补贴，在确保产量的同时，从源头提高棉花质量，实现优质优价。三是创建棉花产区绿色发展支持制度。进一步完善新疆棉花优势种植区域划定以及生态脆弱区的规定。在生态环境脆弱区，提高水资源使用费标准，通过加大休耕力度、构建缓冲带、造林、轮作等多种方式，加强生态环境保护和土地有序利用。按照 WTO 农业补贴规则的"绿箱"措施标准，强化棉区生态系统补贴政策，设计棉花产区绿色发展支持项目，由财政按项目进行奖励补助。

（三）健全价格监测预测预警体系

运用现代信息技术，健全农产品价格监测预警系统，完善价格监测分析制度和风险预警框架。加强对玉米、大豆、食用油等大宗农产品国内外市场动态和价格形势的跟踪分析，一体监测重点产品生产、运输、销售、成本、价格动态，加强综合研判和趋势分析，强化风险评估和预测预警。完善粮食等重要农产品价格调控机制，坚持"调高"与"调低"并重，注重预调微调，完善突发应急调控机制，提升调控能力，有效保障粮油肉蛋菜果奶等供应，防止价格大起大落。建立价格区间调控制度，健全以储备调控、进出口调节为主的调控手段，加强重要民生商品逆周期调节。强化价格与补贴、储备、保险、金融等政策的协同联动。

第 10 章

农业对外开放政策

改革开放前，在计划经济体制下，我国农业对外开放水平低，农业领域外资利用极少，也缺乏"走出去"的实力。改革开放特别是2001 年加入世界贸易组织（WTO）以来，我国农业对外开放进入了稳定、透明、可预见的发展阶段。随着自由贸易区、农业利用外资和农业"走出去"步伐加快，中国农业对外开放水平不断提升。

一、发展历程

新中国成立之初，百废待兴，经济基础弱、底子薄，如何筹集建设资金是一大难题。在工业和服务业极度落后的条件下，只能通过农产品出口创汇，采取农产品"重出轻进"与非农产品"以进养出"的贸易政策。一是以农产品出口创汇支持国家经济发展。尽管这个时期国内农产品总量供给短缺，但以农产品及其加工品为主导的出口贸易比重一度高达80%，直至改革开放前的 1978 年仍然达到 62.6%，总额在 60 亿美元左右。这个时期的农产品出口，有力地支持了国家的工业建设。二是以农业合作作为外交重要内容。新中国成立后，先后与苏联等 17 个国家建交，农业对外合作随即展开，成立了一些友好农业组织以增进社会主义国家之间的农业合作（如黄骅中捷友谊农场）。三是以农业民间合作增进相互了解。农业、渔业等低敏感领域成为民间合作的重要内容。20 世纪 50 年代，中国同日本签订了有关渔业协定；20 世纪 70 年代，中国还通过民间合作，与意大利、联邦德国等未建交西方国家开展了农业科技交流。四是以农业援外提升国际影响。对第三世界国家展开了一系列援助活动，尤其是恢复联合国合法席位后，中国接替中国台湾在非洲国家农耕队的工作，先后接办和新建农场 23 个，高峰年派出农业专家达到 1 800 多人次。

（一）改革开放到党的十八大以前

改革开放后，农业农村经济进入全面改革和发展的新阶段。2001 年 12 月 11 日，中国正式加入世界贸易组织，成为第 143 个成员，开启了农业对外开放的新篇章，中国农业逐步融入世界农业贸易自由化进程中。一是改革高度集中的外贸管理体制。在农业贸易领域率先放开"两水"（水果、水产品），进出口定价机制逐渐市场化；下放对外贸易管理权，不少企业走上了农工贸相结合的对外贸易发展道路；削减关税和非关税壁垒，建立涉外动植物检验检疫制度；进一步深化外汇管理体制改革，放宽外贸经营主体权限。二是履行入世承诺。农业关税大幅削减、国内支持措施不断规范、出口补贴取消，如期开放农业领域外资准入。这一阶段，农产品关税由 1992 年的 51％下调至 2001 年的 21.3％，入世后进一步下降为 15.2％，仅为世界平均水平的四分之一。与此同时，农产品出口逐步实现以外汇贡献为主向就业贡献为主的转变，劳动密集型产品出口稳步增长，占农产品出口比重从 2003 年的 62.6％升至 2011 年的 71.2％，有效缓解了国内就业压力。三是引进先进的农业技术、管理经验和资金。20 世纪 80 年代初，中国先后加入世界粮食计划署（WFP）、农发基金会（IFAD）、世界粮食理事会等组织，农业对外合作积极争取国际资金物资援助。以 1994 年 8 月启动的引进国际先进农业科学技术计划（948 计划）为例，先后从 40 多个国家和地区，引进先进农业技术 1 500 多项、种质资源 8 万多份和仪器设备 1 300 余套，为国内相关产业发展提供了技术支撑。我国加入 WTO 后，农业迎来了外商投资的黄金时期，2001—2012 年实际利用外资达 156 亿美元，占新中国成立以来累计数的一半以上。与此同时，加强对农业利用外资的规范和引导。2008 年，中共中央在《关于推进农村改革发展若干重大问题的决定》中提出："要引导外商投资发展现代农业。健全符合世界贸易组织规则的外商经营农产品和农业生产资料准入制度，建立外资并购境内涉农企业安全审查机制。"2012 年，国务院办公厅在《关于印发全国现代农作物种业发展规划（2012—2020 年）的通知》中提出："制定和完善外资进入农作物种业开展资源研究及种子研发、生产、经营等领域相关管理办法，规范国内种子企业、科研机构与国外种子企业技术合作，做好外资并购我国种子企业的安全审查工作。"四是加快农业"走出去"步伐。1983 年，国务院作出"突破外海和远洋渔业的决定"；1985年，我国第一支远洋渔业船队进入大西洋西非海域渔场，实现中国远洋渔业"零"的突破，有效缓解了近海资源衰竭困境。2007 年中央 1 号文件首次提出加快实施农业"走出去"战略，境外农业投资规模迅速扩大、地域日益广泛、领域不断拓展、主体趋于多元化。2011 年农林牧渔对外投资存量 34.2 亿美元，有 760 家企业在境外开展涉农投资。

（二）党的十八大以来

农业进入全方位对外开放新阶段，农业国际贸易和投资持续快速发展，多双边农业合作进一步加深。一是农业贸易保持高速增长。农产品国际贸易额由 2012 年的 1 758 亿美元增至 2021 年突破 3 000 亿美元大关，已连续多年位居全球第二大农产品贸易国、第一大进口国、第五大出口国。二是农业"走出去"取得积极成效。2014 年底，经国务院批准，成立了由农业部门牵头的农业对外合作部际联席会议制度。2016 年出台《国务院办公厅关于促进农业对外合作的若干意见》，首次在国家层面对农业对外合作进行了系统部署。截至 2020 年底，农业对外投资存量逾 300 亿美元。三是多双边农业合作持续深化。多边方面，与联合国粮农组织（FAO）、WFP 等组织建立了长期稳定的合作关系，形成了"南南合作"、东盟与中日韩农业合作、中国—中东欧国家农业经贸合作论坛等机制。双边方面，与 140 多个国家开展农业合作，与80 多个共建"一带一路"国家签署合作协议；在中美、中俄、中德等双边机制中，农业合作始终是重要内容。

二、政策内容

农业对外开放政策主要包括农产品贸易政策、农业吸引外资政策和农业"走出去"政策。加入世界贸易组织和加快实施自由贸易区战略以来，中国农产品市场已成为全球最为开放的市场之一。随着农业吸引外资和农业"走出去"步伐加快，我国农业对外开放水平大幅提升，农业利用两个市场两种资源的能力不断增强。

（一）入世相关承诺

1. 市场准入

（1）大幅削减农产品关税。从 2002 年 1 月 1 日起逐年进行关税削减，经过 3 年的过渡期后，农产品约束关税税率由 2001 年的 23.2% 削减到 15.2%，不到世界农产品平均关税水平 62% 的 1/4，成为全球农产品关税水平最低的国家之一。在实施过程中，中国对一些农产品实行了低于约束税率的实施税率，使得总体关税水平进一步下降。根据世界贸易组织最新数据，2021 年中国农产品平均实施关税税率仅为 13.8%（表 1、图 1）。

表 1　中国农产品关税水平

产品	约束税率（%）			实施税率（%）		
	简单平均	零关税	最高关税	简单平均	零关税	最高关税
动物及肉类	14.9	10.4	25	13.2	13.8	25
乳品	12.2	0	20	12.3	0	20
水产品	11	6.1	23	7.2	4.4	15
果蔬和植物	14.8	4.9	30	12.2	4.9	30
咖啡和茶	14.9	0	32	12.3	0	30
谷物和谷物制品	23.7	3.3	65	19.5	8.8	65
油籽油料	11.1	6.7	30	10.9	9.1	30
糖及糖料	27.4	0	50	28.7	0	50

（续）

产品	约束税率（%）			实施税率（%）		
	简单平均	零关税	最高关税	简单平均	零关税	最高关税
饮料和烟草	23.2	2.1	65	18.2	2	65
棉花	22	0	40	22	0	40
其他	12.1	9.3	38	11.8	8.5	38

资料来源：WTO，WORLD TARIFF PROFILES 2022。

注：零关税指实施零关税的产品税目占该类产品税目的比例。

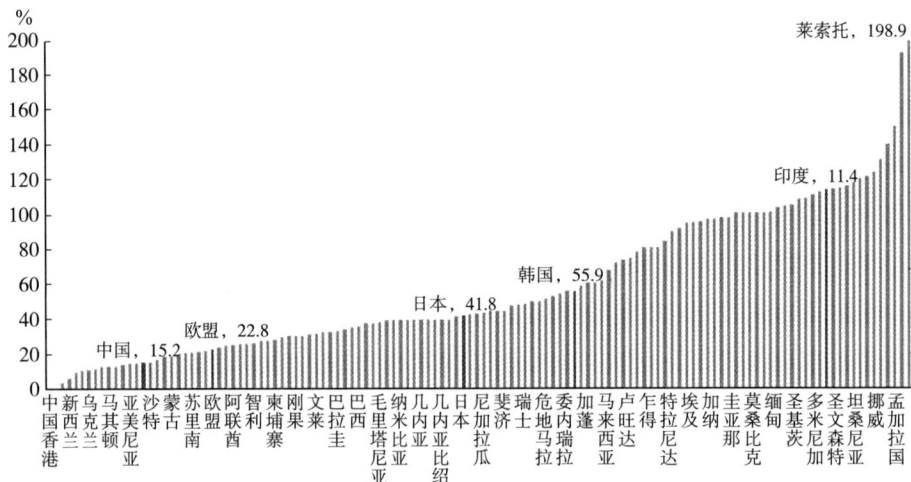

图1　世界贸易组织部分成员农产品平均关税比较

资料来源：根据世界贸易组织关税数据整理计算。

（2）对重要农产品实行关税配额管理。对粮棉油糖等一些重要农产品实行关税配额管理政策，配额内低关税，配额外高关税，并且配额量在过渡期内不断增加，在过渡期结束时达到最终配额量，此后维持这一水平（表2）。但豆油、棕榈油和菜籽油的关税配额管理从2006年起取消，转而实行单一关税政策，也就是进一步降低市场准入的门槛。我国在关税配额管理方法上也作出了承诺。世界贸易组织有关法律文件对农产品关税配额的分配等管理方法并没有统一的规定。在入世谈判中，我国对农产品进口配额发放等管理方法作出了一系列承诺。其中最主要的内容是：规定垄断性国营贸易在进口配额中的份额，将一定的配额份额分配给非国营贸易；规定配额获得者在 9 月 15 日前没有使用配额签订进口合同的，要将未使用配额交回，重新分配；对于没有使用完配额和没有交回配额的实体，对其以后申请配额规定了限制措施。

表 2　中国实行关税配额管理的农产品

农产品	8 位税目（个）	MFN（%）	配额内（%）	配额量（万吨）	国有比例（%）
小麦	7	65	1～10	963.6	90
玉米	5	65	1～10	720	60
大米	14	65	1～9	532	50
棉花	2	40	1	89.4	33
食糖	7	50	15	194.5	70
羊毛	6	38	1～3	28.7	0

数据来源：《中华人民共和国进出口税则（2022）》。

（3）采取贸易救济措施防止进口冲击。我国没有使用农产品特殊保障措施（SSG）的权利，不能在进口增加可能造成市场波动时，使用《农业协定》第 5 条所规定的特殊保障条款。这意味着，当遇到农产品进口激增的情况时，我国只能根据世界贸易组织协议的一般保障条款来对本国市场提供保护，或启动反补贴、反倾销措施。但是，我国承诺允许世界贸易组织成员防范从我国进口产品激增的特殊保障措施，即在入世后的 12 年内（现已失效），允许其他成员在面临从中国进口产品激增，从而实际或可能造成对其本国市场的冲击时，采取限制性措施。这一限制措施的条件和办法相当于一般保障措施，但有两点更加特殊：其一，如果限制措施实施不超过 3 年，则不需要像一般保障措施要求的那样对中国进行补偿；其二，可以专门针对中国，而不是像一般保障措施那样不分产品的来源地。

（4）取消多项非关税限制措施。我国加入 WTO 后立即取消甘蔗原糖、甜菜原糖、砂糖、绵白糖、烟草、烤烟、羊毛、棉花等产品的进口许可证；取消小麦、玉米、大米、豆油、花生油、棕榈油、葵花油、棉籽油、菜籽油、玉米油、芝麻油及味美思酒等酒类的单一许可证。

2. 国内支持

世界贸易组织《农业协定》详细说明了国内支持的几种措施，"绿箱""发展箱""蓝箱"政策不受削减承诺限制，"黄箱"政策受削减承诺限制。"绿箱"（The Green Box）政策对贸易和生产没有或者只有微小的扭曲作用，且不应具有为生产者提供价格支持的作用。"绿箱"政策主要包括一般服务（研究、病虫害防治、培训、推广、检验、营销及促进服务、基础设施服务）、食物安全储备、国内粮食援助、对生产者的直接支付（不挂钩的收入补贴、收入保险和净收入保障计划、自然灾害救济、生产者退休计划及资源轮休计划、投资援助、环保计划、区域援助计划）。"发展箱"（Developmental measures）是对发展中国家的特殊和区别待遇。《农业协定》6.2条规定发展中国家鼓励农业和农村发展的直接和间接援助措施，包括农业投资补贴、对低收入生产者和资源缺乏生产者的农业投入补贴、发展中国家为鼓励放弃种植非法麻醉品作物而给予生产者的国内支持。"蓝箱"（Blue Box）政策为限制生产计划下的直接支付，这种支付基于固定面积和产量，或这种支付基于基期生产水平的85%或更低，或牲畜基于固定的头数。"黄箱"（Amber Box）政策为受削减承诺限制的政策措施，主要包括微量允许（De minimis exemptions）和综合支持量（AMS）。微量允许是指对特定产品国内支持和非特定产品国内支持，发达成员均不超过农业生产总值的5%，发展中成员不超过10%；超出部分为AMS。大多数发展中成员报告的基期AMS为0，所以"黄箱"支持水平不能超出微量允许的限制。目前，仅有32个成员拥有AMS使用空间（表3）。

表3　享有AMS的世界贸易组织成员

阿根廷	约旦	南非
澳大利亚	韩国	瑞士—列支敦士登
巴西	墨西哥	中国台湾
加拿大	摩尔多瓦	塔吉克斯坦
哥伦比亚	黑山	泰国

（续）

哥斯达黎加	摩洛哥	突尼斯
欧盟	新西兰	乌克兰
北马其顿	挪威	美国
冰岛	巴布亚新几内亚	委内瑞拉
以色列	俄罗斯	越南
日本	沙特阿拉伯	

数据来源：世界贸易组织。

根据入世承诺，中国农业支持补贴政策全面执行世界贸易组织《农业协定》，国内支持政策空间十分有限：一是不能享受许多发达成员及部分发展中成员（共 32 个成员）可以享受的综合支持量（AMS）；二是放弃发展中成员可以享受的发展箱政策，即《农业协定》6.2 条下的支持；三是"微量允许"空间特定产品和非特定产品国内支持仅为农业生产总值的 8.5%。

3. 出口竞争

农业出口竞争政策主要表现为与数量相关的出口补贴措施，包括农产品国营贸易、出口信贷和粮食援助等。中国承诺完全取消出口价格补贴、实物补贴、出口产品加工仓储运输补贴。中国通过出口信贷制度（包括出口信贷、出口信贷担保及出口信用保险）扶持农产品出口企业、生产基地和农民。2005 年起，中国成为粮食捐赠国，粮食援助主要集中在亚洲和非洲，目的是减少饥饿，改善全球粮食安全状况。

（二）自由贸易区相关政策

中国自 2001 年加入 WTO 以来，大力推动对外商签定自由贸易协定，持续提升自贸区（FTA）建设水平。党的十八大对加快实施自由贸易区战略作出部署，十九届四中全会提出推动构建面向全球的高标准自由贸易区网络。《国民经济和社会发展第十四个五年规划和 2035 年远景目标纲要》进一步明确，实施自由贸易区提升战略，构建面向全球的高标准自由贸易区网络。截至 2022 年 6 月底，我国已签署自贸协定 19 个，涉及 26 个国家和地区，并正与 15 个国家开展 10 个自贸协定谈判。

2021 年，中国对自贸伙伴的农产品出口额 631.1 亿美元，占我国农产品出口总额的 50.3%；从自贸伙伴农产品进口额 424.7 亿美元，占农产品进口总额的 28.7%；农产品贸易额 1 055.9 亿美元，占总贸易额的 34.7%。

1. 自由化水平进一步提升

自贸区是指在世界贸易组织最惠国待遇基础上进一步相互开放市场。按照中国海关税则，在货物贸易产品（工业品和农产品）分类中，工业品税目比重大约占 82 %，有 8 100 个多税目；农产品税目比重大约占 18 %，约 1 400 多个税目。其中，世界贸易组织规则下我国零关税的农产品税目约占全部农产品税目的 8%，有进口税的农产品税目占比约 92%。在绝大部分自贸协定中，中国农产品最终零关税税目占农产品税目比例——通常称作税目自由化水平——基本都在 90% 以上，这表明中国与大部分自贸伙伴间的绝大部分农产品关税都实施了减让甚至取消，市场开放水平得到明显提升。

中国—东盟自贸区下中方农产品税目自由化水平为 93%，大米等三大主粮配额外关税税率由 65% 降到 50%，水果蔬菜全部零关税；中国—新西兰自贸区下中方农产品税目自由化超过 96%，对新西兰重要出口利益产品乳制品、牛羊肉、羊毛、水产品、猕猴桃和葡萄酒等全部开放；中国—智利自贸区下中方农产品税目自由化水平为 95%，对智利樱桃和葡萄等优势出口产品取消关税；中国—秘鲁自贸区下中方农产品税目自由化水平为 92%，对秘鲁优势出口产品鱼粉、水果和葡萄酒等实行零关税；中国—澳大利亚自贸区下中方农产品税目自由化水平为 93%，中方水产品、园艺产品关税最终全部降为零，牛肉和奶粉设置数量触发的特保措施；中国—哥斯达黎加自贸区下中方农产品税目自由化水平为 94.3%，对哥方优势出口产品咖啡豆为零关税，香蕉 2025 年降为零，未浸除咖啡因的咖啡 2020 年降为零。区域全面经济伙伴关系协定（RCEP）项下，我国对其他成员的农产品税目自由化水平在 90% 左右。

区域全面经济伙伴关系协定于 2022 年 1 月 1 日生效，涉及东盟 10 国和中国、日本、韩国、澳大利亚和新西兰共 15 个亚太国家，是全球最大的自贸协定。在区域全面经济伙伴关系协定成员中，中国与东盟、澳大利亚、新西兰和韩国均签署了双边自贸协定，且农产品已经作出较高水平的开放承诺，因此在区域全面经济伙伴关系协定中对东盟、澳大利亚和新西兰仍然保持了较高的农产品市场开放度，农产品税目自由化水平分别为 92.8%、91.5% 和 92%，特别是对东盟还新开放了未磨胡椒、椰子汁等个别没有在中国—东盟自贸协定中取消关税的产品。由于中国、日本、韩国同时还在商谈中日韩自贸区，日本与韩国也暂未签署双边自贸协定，因此三方在区域全面经济伙伴关系协定中暂且承诺了较低的农产品税目自由化水平，以便给中日韩自贸区谈判留出空间。中国对日本和韩国的农产品税目自由化水平分别是 86.6% 和 88.2%。

2. 降税模式灵活多样

降税模式指不同产品关税削减的方式，通常包括降税类别、过渡期和降税形式。降税类别包括降到零关税、部分降税和例外处理（即不降税）三种；降税过渡期就是经过多长时间降到零或者指定关税水平，通常包括 5 年、10 年、15 年和 20 年等，取决于各方谈判结果；降税形式包括线性降税、非线性降税等。以中国在区域全面经济伙伴关系协定中农产品的降税为例加以说明。需要注意的是，中国在区域全面经济伙伴关系协定中对不同国家的开放水平不同，所以各种过渡期中对不同国家降税的产品数量不一样。

维持零或立即降零：中国对 1 470 个农产品中的约 16%～65%（对日本为 240 个，对韩国为 339 个，对东盟、澳大利亚、新西兰为 930～960 个）维持零关税或在协定生效时立即取消关税。

10 年降零（对日本为 11 年）：对东盟为 208 个，占全部农产品税目的 14.2%；对新西兰为 207 个，占全部农产品税目的 14.1%；对澳大利亚为 230 个，占全部农产品税目的 15.7%；对日本为 749 个，占全部农产品税目的 51%；对韩国为 821 个，占全部农产品税目的 55.9%。主要包括鲜冷牛肉（对澳大利亚和日本排除降税）、其他冻鱼肉、动物毛、甘蔗、可可豆、菠萝和椰子等。

15 年降零（对日本为 16 年）：对东盟为 52 个，占全部农产品税目

的 3.5％；对韩国为 47 个，占全部农产品税目的 3.2％；对日本为
212 个，占全部农产品税目的 14.4％；对澳大利亚、新西兰没有这一类
别。对日本采取这一降税方式的产品主要是鲜冷猪肉、鲜冷冻鸡肉及其
他禽肉、盐渍鲱鱼、乳清粉、鸡蛋、其他谷物团粒、甜菜、梨罐头、樱
桃罐头、葡萄汁和苹果汁等，这些产品对其他成员均采取 10 年降零的
方式。

20 年降零（对日本为 21 年）：对东盟为 144 个，占全部农产品税
目的 9.8％；对澳大利亚为 183 个，占全部农产品税目的 12.5％；对新
西兰为 190 个，占全部农产品税目的 12.9％；对韩国为 89 个，占全部
农产品税目的 6.1％；对日本为 72 个，占全部农产品税目的 4.9％。主
要包括冻鸭杂碎、盐腌猪肉、盐腌或熏制的牛肉、柑橘水果、牛油果、
莓类水果、果酱、未磨胡椒和椰子汁等。

部分降税：对东盟为 17 个，占全部农产品税目的 1.2％；对澳大
利亚和新西兰为 28 个，占全部农产品税目的 1.9％；对韩国为 13 个，
占全部农产品税目的 0.9％；对日本没有这一降税类别。主要包括干红
枣（仅对韩国部分降税，对其他成员经 20～21 年过渡期取消关税）、植
物油脂及其分离品（对东盟、澳大利亚、新西兰部分降税，对韩国和日
本排除降税）、大麦加工品（对澳大利亚、新西兰、韩国部分降税，对
东盟和日本经 20～21 年过渡期取消关税）。

例外处理：对东盟和新西兰为 89 个，占全部农产品税目的 6.1％；
对澳大利亚为 97 个，占全部农产品税目的 6.6％；对韩国 161 个，占
全部农产品税目的 11％；对日本为 197 个，占全部农产品税目的
13.4％。对所有成员均排除降税的农产品主要是已焙炒未浸除咖啡因的
咖啡、已磨胡椒、小麦、玉米、大米等粮食及其制粉、大豆、食用植物
油、食糖和烟草等。仅对韩国和日本排除降税的产品主要是鲜奶、奶粉
等乳制品、糖浆和咖啡代用品。仅对日本排除降税的产品主要是章鱼、
干杏和谷物加工食品等。

3. 特殊保障措施维护产业安全

为了顺应自由贸易需要，同时给国内产业提供必要缓冲，在中国—

新西兰自由贸易协定和中国—澳大利亚自由贸易协定中，分别设立了乳品和牛肉特殊保障措施。

中国—新西兰自贸协定规定，中国可对四类乳制品即鲜奶、奶粉、黄油和奶酪共 11 个税号的产品启动数量触发的特殊保障措施，明确了可以享受自贸协定优惠关税的进口上限，超出部分视同一般进口，不能适用协议里的低关税或零关税，而是按降税前的最惠国进口税率征税。这一措施实施最长 15 年时间，兼顾了新方商业利益和中方产业安全，是行之有效的开放"安全阀"。

在中国—澳大利亚自贸协定谈判中，中方参照中新自贸协定做法，对牛肉和全脂奶粉设置了特保措施，并在该措施的实施上争取到更大的主动权。中澳双方约定，在相关产品特保措施实施结束前，双方货物贸易委员会将进行审议，如果审议结论是适用特保的产品自澳进口对中国国内产业没有造成严重损害，则农产品特保措施不再实施；如果确定产生了严重损害，则 6 年后再次进行审议，此后如果需要，每 6 年再次进行审议。由此可见，如中方认为自澳进口损害了国内产业，则可以延长特保实施期。

4. 农业投资和服务开放领域更加广泛

自贸协定中通常没有专门针对农业投资和服务的条款，但在投资服务章节中部分条款会涉及农业。如在区域全面经济伙伴关系协定中，投资领域，越南取消对外资从事水产品加工、植物油加工和乳品加工需使用本国原材料的限制；泰国取消禁止外资进入水稻种植、牲畜饲养和蔗糖加工等领域的规定，允许乳制品制造、淀粉产品制造、通心粉制造等行业外商独资；印尼将椰子肉加工和腌鱼熏鱼等水产品加工从禁止外商进入清单移除，改为允许外商合资。服务领域，菲律宾在批发、零售和包装，越南在食品包装，马来西亚在兽医等领域进一步开放。

（三）农业利用外资政策

改革开放以来，农业一直是外商投资的重点领域之一。农业利用外资渠道大体分为三类：一是国际机构提供的贷款或赠款；二是双边政府之间的经济技术合作；三是以合资、合作、独资企业为主要形式所吸收的资金。农业利用外资从无到有、从小到大、从点到面地逐步发展，已经成为我国筹措农业资金的一个重要来源。

随着中国加入 WTO，对以涉外税收减免政策为主的优惠政策进行了调整，调整的总方向是逐步减少优惠，对外商投资实行国民待遇。中国利用外资政策从税收激励机制为主的优惠政策转向以公平竞争机制为主的规则政策。同时，中国也减少了对外国投资者的市场准入限制（除特定行业外）和非国民待遇，改善综合投资环境，促进市场公平竞争。农业利用外资的重点从引进资金转向引进先进技术、现代化管理和专门人才，政府对利用外资的管理从行政审批为主转向依法规范、引导、监督。

目前，主要通过《鼓励外商投资产业目录》和《外商投资准入管理目录》来引导外商投资。根据 2022 年 10 月 28 日公开发布、自 2023 年 1 月 1 日起施行的《鼓励外商投资产业目录》（2022 版），农林牧渔业中鼓励外商投资的有 23 项，主要包括木本食用油料、调料和工业原料的种植、开发、生产；绿色、有机蔬菜（含食用菌、西甜瓜）、干鲜果品、茶叶栽培技术开发、种植及产品生产；酿酒葡萄育种、种植、生产等。根据《外商投资准入管理目录》（2021 年版），农林牧渔业限制类的仅有一项，即投资农作物新品种选育和种子生产（中方控股）。禁止类的包括 3 项：一是投资我国稀有和特有的珍贵优良品种的研发、养殖、种植以及相关繁殖材料的生产（包括种植业、畜牧业、水产业的优良基因）；二是投资农作物、种畜禽、水产苗种转基因品种选育及其转基因种子（苗）生产；三是投资我国管辖海域及内陆水域水产品捕捞。

总体看，农业利用外资助力了农业现代化。通过实施一批重大联合项目，加强在绿色农业、有机农业和食品营养等方面的合作，引进了大量的农业种质资源、技术、农机装备、管理经验和智力资源，缩小了我国农业科技与国际先进水平的差距，提高了农业生产效益，促进了农业绿色发展，为推动产业升级奠定了基础。经测算，国际合作使我国农业科技研发时间平均缩短 10~15 年，节约研发经费 30%~50%，引进的国际先进技术几乎囊括了农业产前、产中和产后加工的所有环节。

（四）农业"走出去"相关政策

农业"走出去"包括农业对外合作和农业对外投资。中国农业"走出去"既面临机遇也面临挑战。挑战主要体现在：国家间战略沟通有待深化，政策支持有待完善，产业协同有待加强，涉农企业国际竞争力有待提升。农业"走出去"政策在农产品关税配额、双重征税、跨境金融服务、农业涉外保险、仓储物流设施服务等贸易畅通、资金融通、设施联通方面还存在制约因素。自 2007 年中央 1 号文件第一次提出农业"走出去"以来，特别是习近平总书记 2013 年提出"一带一路"倡议以来，农业"走出去"的步伐明显加快。

1. 初步完成了顶层设计

2016 年出台《国务院办公厅关于促进农业对外合作的若干意见》，首次在国家层面对农业对外合作进行了系统部署；2016 年 11 月出台《农业对外合作"两区"建设方案》，为企业走出去搭建境外、境内两类平台，以外带内、以内促外，形成推动农业对外合作的双轮驱动和高水平双向开放格局。为进一步加强"一带一路"农业合作的顶层设计，2017 年 5 月四部委发布《共同推进"一带一路"建设农业合作的愿景与行动》。

2. 建立了有力的推动机制

2014 年，国务院批准建立以农业部部长为总召集人、由 21 个部级单位共同组成的农业对外合作部际联席会议制度，为农业对外合作奠定坚强组织保障，合力推动农业对外合作。该机制推动出台了 40 余项政策支持企业"走出去"，初步形成农业对外合作支持体系。

3. 推动地方出台了多项政策

各省陆续建立了农业对外合作省际联席会议机制，全国统筹、纵横联动、点面结合的"上下一条线，全国一盘棋"农业对外合作体系初步成形。湖北、江苏、陕西、吉林等多个省份出台了推进农业对外合作的文件。

总体看，农业对外投资快速增长，投资区域逐步向"一带一路"沿线国家聚集，初步形成了行业类别齐全、重点区域突出、投资主体多元的格局，且逐步向全产业链延伸。截至 2020 年底，中国企业在全球 108 个国家（地区）进行农业投资，投资存量 302.2 亿美元，共在境外设立农业企业 1 010 个，具有独资、合资、合作、国营、民营等多种投资模式和经营主体，覆盖种植、养殖、捕捞、加工、农机、农资、种业和物流等各产业链，包括粮食、畜禽、水产、经济作物和饲草饲料等各类产品。

三、下一步政策取向

近年来贸易保护主义抬头，经贸摩擦加剧，经济全球化遭遇挑战。新冠肺炎疫情和乌克兰危机加剧了一些国家的"自顾"倾向。外部环境复杂性提高，救济体系尚需完善，农业对外合作面临的冲击与不确定性增加。一是供应链不稳。疫情、极端天气和地区冲突等导致许多国家在危机时出台农产品贸易限制措施，大宗农产品海运运力不足，运输不畅，全球农产品供应链受到严重影响。二是出口竞争力弱。随着国内农业生产成本上涨以及国际农产品市场竞争更加激烈，未来中国农产品国际竞争力可能进一步下降，出口对乡村振兴的促进作用可能受到抑制。三是外资对民族资本产生挤出效应。大型跨国粮商不断向农业领域渗透，向全产业链延伸，对产业安全带来挑战，也挤压了民族资本发展空间。四是农业走出去受阻。部分国家进一步收紧涉农投资审查，对外商投资食品行业、农业资源等领域限制增多，农业走出去难度加大。五是参与规则制定的能力有待提升。在国际贸易投资规则重构进程中，国际粮农治理话语权还较弱，引领和促进规则更加公平的能力和水平还有待提升。

当前和今后一个时期，要全面贯彻习近平新时代中国特色社会主义思想，贯彻落实新发展理念，以助力形成农业双循环新发展格局为重要任务，以助推乡村振兴和农业农村现代化为重要目标，创新农业交往交流、贸易投资、科技合作、对外援助和参与全球粮农治理方式，实现更大范围、更宽领域、更深层次的农业对外开放。

（一）推进农业国际贸易高质量发展

一是拓展和优化进口渠道。推动完善农产品进口调控政策体系，完善关税配额管理措施，促进国内市场调控与进口的有序衔接。二是促进优势特色农产品出口。开展农业国际贸易高质量发展基地认定和建设，支持农产品出口企业推广应用国际标准，鼓励出口企业加强海外营销渠道建设。完善出口促进公共服务，鼓励农产品出口企业在境外布局建设"海外仓""中转仓"，拓宽农产品出口渠道。三是做好农业领域多双边贸易谈判。扎实做好世界贸易组织农业谈判技术支撑工作，以自贸区谈判推动农业领域更高水平开放，推进我国与有关国家自贸协定涉农领域的联合可行性研究。

（二）提升农业支持水平和质量

深化国别研究，对美国、巴西、东盟和日韩等重点地区开展深入分析，总结成熟经验和做法，推进国内农业补贴政策改革。提升国内农业支持政策合规水平，结合遵守世贸组织规则和适应农业农村发展需要，加强国内支持政策措施合规评估，提升规则意识和合规能力。

（三）积极维护农业产业安全

加强农业产业损害工作机制建设，进一步完善部际协同、部省联动、政企合力工作机制，跟踪研判国内外形势和市场变化，形成对重点产品全产业链供应链前置监测，提升农业贸易监测预警能力水平。用好"两反一保"手段，将"反倾销"和"反补贴"作为反击不公平贸易的有力工具，维护农业产业利益，服务外交、外经、外贸大局。合理合法利用保障措施，有效应对重要农产品进口激增对我国相关产业造成的损害。完善 SPS 应对工作机制和常态化服务企业沟通机制，建立中央到地方技术性贸易壁垒信息双向反馈通道。在自贸区农业谈判中，统筹兼顾自贸区农业开放与维护国家粮食安全和产业安全，坚持对敏感农产品的关税保护。

（四）加快推动农业"走出去"

一是系统谋划合作布局。以"一带一路"共建国家为重点，聚焦粮食等重要农产品，深入分析双方合作潜力。二是推动出台支持政策。发挥农业对外合作部际联席会议制度优势，推动出台培育大型跨国农业企业的政策。引导地方结合实际出台相关政策，支持企业走出去。三是开展机制和平台建设。推动境外农业合作示范区和农业对外开放合作试验区协同发展。支持企业融入全球供应链，围绕大豆、玉米等组建重点国别重点产品投资合作联盟。四是大力发展农业服务贸易。加强对农业服务贸易模式研究，探索建设农业特色服务出口基地，谋划推出支持农业服务走出去的政策措施。探讨组建农业服务贸易联盟。五是优化公共服务。加强农业对外合作公共信息服务平台和信息系统建设，发挥行业协会对"走出去"企业的规范协调作用。

第 11 章

农村金融政策

金融是经济的血脉，农村金融在促进农村经济发展中发挥着关键作用。党中央、国务院历来高度重视农村金融工作，改革开放以来，农村金融取得长足发展，为农业农村发展提供了有力支撑。当前，三农工作重心已经历史性转向全面推进乡村振兴，迫切需要农村金融加快创新产品和服务，健全组织体系，完善基础服务，引导更多资源投入乡村振兴实践中，助力实现农业高质高效、乡村宜居宜业、农民富裕富足。

一、发展历程

新中国成立以后的很长一段时期，我国实行赶超式经济发展战略和计划经济体制，国家实施统一的计划资金配置。金融体系也高度集中，建立起了单一的合作金融制度，但融资难、融资贵始终是制约农业农村发展的突出短板。为破解农村金融难题，改革开放以后，国家积极出台支持政策，推动农村金融体制改革。截至 2021 年 12 月末，全国涉农贷款余额 43.21 万亿元，其中，农林牧渔业贷款 4.57 万亿元，农用物资和农副产品流通贷款 2.71 万亿元，农产品加工贷款 1.2 万亿元。普惠型涉农贷款余额 8.88 万亿元，超过各项贷款平均增速。农村金融体系在助力脱贫攻坚、推动乡村振兴中发挥了十分重要的作用。

（一）改革开放到党的十八大前

农村改革极大激发了农民的生产积极性和主动性，农村发展对资金的需求量不断增加。为适应农村经济社会发展的需要，国家推动深化农村金融体制改革，农村金融机构得到重建或新建，1996 年发布的《国务院关于农村金融体制改革的决定》要求，建立和完善以合作金融为基础，商业性金融、政策性金融分工协作的农村金融体系，多层次、广覆盖、可持续的农村金融体系初步形成。

1. 恢复商业性银行

1979 年，中国农业银行重建，由中国人民银行进行监管。1993 年 12 月，国务院印发《关于金融体制改革的决定》，加快了中国农业银行商业化改革的步伐。根据 2007 年全国金融工作会议明确的"面向'三农'、整体改制、商业运作、择机上市"的改革方针，中国农业银行逐步探索服务三农的职能定位并启动了股份制改革。2008 年，中国农业银行改革的总体方案经国务院审定后开始实施。

2. 成立政策性银行

20 世纪 90 年代初期，收购农产品时给农民"打白条"、挤占挪用粮棉油收购资金的问题时有发生。为有效筹集农业政策性信贷资金，1994 年中国农业发展银行成立，承担农业政策性金融业务，代理财政支农资金拨付。为了更好地发挥农业政策性银行服务农村经济发展的作用，1998 年 3 月，国务院对中国农业发展银行的职能作出重大调整，加强粮棉油收购资金封闭性运用与管理。

3. 改革农村信用社

1979 年，农村信用社交由恢复重建的中国农业银行管理。1980 年 8 月，党中央对农村信用社改革作出明确指示，要求把信用社办成真正的集体金融组织。1984 年，国务院批转中国农业银行《关于改革信用社管理体制的报告》提出，恢复和加强农村信用社"组织上的群众性、管理上的民主性、经营上的灵活性"。1996 年，国务院决定农村信用合作社与中国农业银行脱离行政隶属关系并逐步推进改革。自 2000 年开始，中国人民银行在江苏省开展农村信用社改革试点。在此基础上，2003 年国务院发布《关于印发深化农村信用社改革试点方案的通知》，提出按照"明晰产权关系、强化约束机制、增强服务功能、国家适当支持、地方政府负责"的总体要求，把农村信用社逐步办成由农民、农村工商户和各类经济组织入股，为农民、农业和农村经济发展服务的社区性地方金融机构。

4. 开展村镇银行、农村资金互助组织、贷款公司等试点

为解决农村金融机构数量少、服务不足、竞争不充分等问题，在吸取农村合作基金会的教训基础上，国家启动了放宽农村地区金融机构准入试点工作。2006 年，中国银监会印发了《关于调整放宽农村地区银行业金融机构准入政策　更好支持社会主义新农村建设的若干意见》，提出在农村引入村镇银行、贷款公司和农村资金互助社三类金融机构，正式启动以增量为突破口的新一轮农村金融改革。

5. 改革邮政储蓄

根据邮政在农村网点多面广的特点，2006 年经国务院同意，原邮政储蓄机构改革成为中国邮政储蓄银行，吸引邮储资金回流农村，减少农村资金外流，扩大农村金融机构信贷资金来源。2011 年，国务院批准中国邮政储蓄银行股份制改革方案，引导其向现代商业银行转制。

6. 开展农业政策性保险试点

为了适应世界贸易组织规则，加快建立农业支持保护体系，2004 年中央 1 号文件要求加快建立政策性农业保险制度，选择部分产品和部分地区率先试点。我国先后成立安信农业保险公司等多家专业性保险机构，经营农业保险业务。2006 年，国务院出台《关于保险业改革发展的若干意见》，对推进政策性农业保险作出具体部署。2007 年中央财政在 6 个省份开展农业保险保费补贴试点，并带动了部分省（市）财政支持农业保险试点工作。

（二）党的十八大以来

为了更好地推进农村金融服务实体经济，在每年中央 1 号文件提出政策要求的基础上，国务院和相关部门先后出台了指导意见和支持措施。农村金融体制改革不断向机构、制度、产品、服务等全方位拓展，改善金融资源配置、防范农村金融风险，在便利农民生产生活、调整农村产业结构等方面发挥了重要作用。

为切实推动贯彻落实金融服务三农发展的各项要求，全面提升金融支农能力和水平，2014年，国务院办公厅印发《关于金融服务"三农"发展的若干意见》（国办发〔2014〕17号），明确了新时期我国农村金融体制改革、普惠金融、涉农资金投放、农村金融产品和服务方式创新、重点领域金融支持、拓展农业保险广度和深度、培育发展农村资本市场、完善农村金融基础设施、加大对三农金融服务的政策支持等9个方面金融助力三农发展的总体框架。同年，农业部发布了《关于推动金融支持和服务现代农业发展的通知》（农财发〔2014〕93号），要求聚焦新型农业经营主体日益增长的金融服务需求，努力加大对流动资金和基础设施投入的金融支持；聚焦农业生产规模化、集约化、产业化发展的金融服务需求，积极争取加大对高标准农田建设、农产品加工、农机装备制造、设施农业、现代农业示范区等的金融支持；聚焦农业生产流通服务的金融服务需求，积极争取加大对农业生产性服务业、市场信息、仓储物流、农产品收购等的金融支持。

为创新财政和金融协同支农机制，2015年，财政部、农业部、银监会联合印发《关于财政支持建立农业信贷担保体系的指导意见》（财农〔2015〕121号），提出建立健全具有中国特色、覆盖全国的农业信贷担保体系框架，并从农业信贷担保机构资本金注入、农业信贷担保经营风险补助机制等方面提出支持政策措施。

为更好地盘活农村土地资源资产，拓展农民增加财产性收入渠道，2005年，国务院印发了《关于开展农村承包土地的经营权和农民住房财产权抵押贷款试点的指导意见》（国发〔2015〕45号）。在这个意见的指导下，中国人民银行、银监会、保监会、财政部、国土资源部、住房和城乡建设部共同印发《农民住房财产权抵押贷款试点暂行办法》（银发〔2016〕78号）提出，在不改变宅基地所有权性质的前提下，以农民住房所有权及所占宅基地使用权作为抵押，由银行业金融机构向符合条件的农民住房所有人发放在约定期限内还本付息的贷款；试点地区政府要加快推进行政辖区内房屋所有权及宅基地使用权确权登记颁证工作，组织做好集体建设用地基准地价制定、价值评估、抵押物处置机制等配套工作。中国人民银行、银监会、保监会、财政部、农业部共同印发《农村承包土地的经营权抵押贷款试点暂行办法》（银发〔2016〕79 号）提出，坚持依法有序、自主自愿、稳妥推进、风险可控的原则，按照所有权、承包权、经营权三权分置和经营权流转有关要求，以落实农村土地的用益物权、赋予农民更多财产权利为出发点，深化农村金融改革创新，增加农业生产中长期和规模化经营的资金投入，促进农民增收致富和农业现代化。

为加快农业保险高质量发展，2019 年，财政部、农业农村部、银保监会、国家林草局联合发布《关于加快农业保险高质量发展的指导意见》，要求进一步完善农业保险支持政策，提高农业保险服务能力，优化农业保险运行机制，更好地满足三农领域日益增长的风险保障需求。近年来，我国农业保险保费增速保持在 20％左右。2021 年，全国农业保险实现保费收入 976 亿元，位居全球第一。

为了切实提升金融服务乡村振兴的效率和水平，2019 年，人民银行、银保监会、证监会、财政部、农业农村部联合发布《关于金融服务乡村振兴的指导意见》，提出建立完善金融服务乡村振兴的市场体系、组织体系、产品体系，促进农村金融资源回流。2021 年，人民银行、中央农办、农业农村部、财政部、银保监会和证监会联合发布了《关于金融支持新型农业经营主体发展的意见》（银发〔2021〕133 号），鼓励创新专属金融产品，进一步提升金融服务的可得性、覆盖面、便利度。2022 年，人民银行印发了《关于做好 2022 年金融支持全面推进乡村振兴重点工作的意见》，指导金融系统优化资源配置，精准发力、靠前发力，切实加大三农领域金融支持，接续全面推进乡村振兴，为稳定宏观经济大盘提供有力支撑。银保监会办公厅发布了《关于 2022 年银行业保险业服务全面推进乡村振兴重点工作的通知》（银保监办发〔2022〕35 号），要求金融保险机构坚持稳中求进工作总基调，聚焦农业农村重点领域，稳步加大信贷资金投入，提升保险保障水平，不断提高金融服务质效。2022 年，农业农村部办公厅、国家乡村振兴局综合司、国家开发银行办公室、中国农业发展银行办公室联合发布了《关于推进政策性开发性金融支持农业农村基础设施建设的通知》，要求聚焦支持耕地保护和质量提升、农业科技创新、农业产业融合、现代设施农业、农业农村绿色发展、农业防灾减灾、乡村建设等方面，充分发挥政策性、开发性金融工具的重要作用。

二、政策内容

农村金融政策的目标是建立健全金融支持体系和运行机制，充分发挥市场在资源配置中的决定性作用，更好发挥政府作用，指导金融机构在三农领域精准发力，最大限度满足乡村振兴资金需求，保证农村金融的安全性、流动性和营利性，为稳定宏观经济提供有力支撑。目前，农村金融政策主要体现在以下几个方面：

（一）采取积极货币政策支农支小

充分发挥货币政策工具引导金融机构信贷投向的功能，通过提供再贷款或资金激励等方式，精准滴灌、杠杆撬动，支持金融机构降低企业融资成本，加大对农村领域和农业的信贷投放力度。对机构法人、业务都在县域且资金主要用于乡村振兴的地方法人金融机构，如农村商业银行、农村合作银行、农村信用社和村镇银行等，实施更加优惠的存款准备金政策，加大支农支小再贷款、再贴现支持力度，引导其扩大涉农信贷投放。自 2014 年起向地方法人金融机构，包括城市商业银行、农村商业银行、农村合作银行、村镇银行和民营银行等发放支小再贷款，引导其扩大小微、民营企业贷款投放。对符合要求的涉农贷款，按贷款本金的 100％予以资金支持。对全国性商业银行、地方法人银行和外资银行等具有贴现资格的银行业金融机构，提供再贴现支持扩大涉农、小微和民营企业融资。支持各类金融机构探索农业农村基础设施中长期信贷模式，推动农村金融机构回归本源。

农村金融政策扶持体系不断完善。在货币政策方面，实施三农领域定向降准、县域金融机构最优惠存款准备金政策。适度下调支农、支小再贷款、再贴现利率水平。对三大政策性银行涉农贷款发放抵押补充贷款（PSL）。截至 2022 年 9 月末，全国支农再贷款余额 5 587 亿元，支小再贷款余额 13 863 亿元，扶贫再贷款余额 1 576 亿元，再贴现余额 5 449 亿元、抵押补充贷款余额为 26 481 亿元。在财税政策方面，综合运用税收优惠、贴息、奖补、保费补贴等手段，支持农村金融健康发展。安排 2021 年农业信贷担保体系奖补资金 48 亿元、中央财政农业保险保费补贴 333 亿元，2016—2020 年安排普惠金融发展专项资金 467.39 亿元，支持创业担保贷款贴息及奖补、农村金融机构定向费用补贴等。在监管政策方面，对金融机构服务乡村振兴情况开展考核评估，明确资本管理、不良贷款容忍度等差异化监管要求，提高三农和扶贫不良贷款容忍度，明确不高于各项贷款不良率 3 个百分点不作为监管评级扣分因素。要求银行单列信贷计划，指导建立续贷、尽职免责等内部管理机制，建立"正向激励＋尽职免责"机制。

（二）深化农村信用社新一轮改革

农村信用社 2003 年改革以来，发展步伐明显加速。统计显示，截至 2021 年末，包括农村商业银行、农村合作银行，全国共有农村信用社 2 200 家左右，资产总额 43.5 万亿元，2021 年全年实现净利润 2 319 亿元。在 2003 年农村信用社改革的基础上，2022 年开始推进新一轮改革。政策重点是推动农村信用社省联社改革，完善省（自治区）农村信用社联合社治理机制，提升基层行社的治理效能，增强内在动力，逐步淡出行政管理，强化服务职能，持续提高农村信用社的适应性和竞争力，为乡村振兴和共同富裕提供更加有力的金融支撑。稳妥推进农村信用社改革化险。坚持县域法人地位，保持数量总体稳定，提高治理水平和服务能力。在模式上允许"一省一策"，由各省根据自身发展需要和农信社情况确定改革方案。在保持和强化县域法人定位和民营特色不变的前提下，建立健全"统分结合、管理科学、服务高效、稳健安全"的农信体系。

（三）鼓励金融机构积极推进乡村振兴

为了把更多金融资源配置到农村经济社会发展的重点领域和薄弱环节，更好满足乡村振兴多样化金融需求，国家鼓励金融机构建立服务乡村振兴内设机构，推动建立县域银行业金融机构服务三农的激励约束机制，县域新增贷款主要用于支持乡村振兴。深化农业银行三农金融事业部改革，对达标县域机构执行优惠的存款准备金率；加快完善邮储银行三农金融事业部运作机制，研究给予相关优惠政策；加大中国农业银行、中国邮政储蓄银行三农金融事业部对乡村振兴的支持力度。明确国家开发银行、中国农业发展银行在乡村振兴中的职责定位，强化金融服务方式创新，加大对乡村振兴的中长期信贷支持；支持国家开发银行创新信贷投放方式；完善农业发展银行风险补偿机制和资本金补充制度，加大对多元市场主体入市收购粮食的信贷支持力度。支持金融机构增加县域网点，适当下放县域分支机构业务审批权限。对涉农业务较多的金融机构，进一步完善差别化考核办法。落实涉农贷款增量奖励政策。完善村镇银行准入条件，支持农村商业银行、农村合作银行、村镇银行等农村中小金融机构立足县域，加大服务三农力度。完善乡村振兴金融服务统计制度，开展金融机构服务乡村振兴的考核评估，突出农户贷款、新型农业经营主体贷款等，并以此为依据，合理提升资金外流严重省的存贷比。

（四）加强农村金融风险监管

改进农村金融差异化监管体系，强化地方政府金融风险防范处置责任。完善涉农金融机构治理结构和内控机制，强化金融监管部门的监管责任，稳妥规范开展农民合作社内部信用合作试点。强化金融服务方式创新，提高金融服务乡村振兴能力和水平。加大农村金融风险防控力度，完善农村金融风险防范处置机制。及时纠正农村地区银行网点或服务点重复建设、信贷产品过度同质化竞争以及授信过程中的不合规行为，引导构建有差异的农村信贷供给体系。加强基层保险监管，加大农业保险领域监督检查力度，建立常态化检查机制，督促保险机构足额及时理赔。培养农民金融风险防范意识、责任意识和诚信意识，促进农民金融素养不断提升，形成良好的农村金融生态。严厉打击违法违规金融活动，坚决遏制非法集资向农村地区蔓延。

（五）支持新型农业经营主体和农村新产业新业态

《关于金融支持新型农业经营主体发展的意见》强调，要从加强信息共享、增强金融承载力、健全金融服务组织体系、推动发展信用贷款、拓宽抵押质押物范围、创新专属金融产品和服务、完善信贷风险监测分担补偿机制、拓宽多元化融资渠道、提升农业保险服务能力、强化政策激励等方面，做好新型农业经营主体金融服务。鼓励开展专属金融产品支持新型农业经营主体和农村新产业新业态，增加首贷、信用贷。鼓励商业银行发行三农、小微企业等专项金融债券。符合条件的家庭农场等新型农业经营主体，可按规定享受现行小微企业相关贷款税收减免政策。支持符合条件的涉农企业发行上市、新三板挂牌和融资、并购重组，加大债券市场服务三农力度。督促上市农业企业改善治理结构，引导暂不具备上市条件的高成长性、创新型农业企业到全国中小企业股份转让系统进行股权公开挂牌与转让，推动证券期货经营机构开发适合三农的个性化产品。开展农业经营主体信贷直通车常态化服务，形成"主体直报需求、农担公司提供担保、银行信贷支持"的融资模式，支持农业经营主体通过扫描二维码获得信贷服务。截至 2022 年 11 月 27 日，信贷直通车累计服务 56.3 万农业经营主体，授信26.03 万笔、880.02亿元。

（六）深入开展农村信用体系建设

2012 年中央 1 号文件提出要"大力推进农村信用体系建设，完善农户信用评价机制"，随后几年的中央 1 号文件也都提出了明确要求。主要内容包括：探索开办涉农金融领域的贷款保证保险和信用保险等业务。加强涉农信贷与保险协作配合，创新符合农村特点的抵（质）押担保方式和融资工具，建立多层次、多形式的农业信用担保体系。在信用评定基础上对示范社开展联合授信，有条件的地方予以贷款贴息，规范合作社开展信用合作。积极探索农业保险保单质押贷款和农户信用保证保险。全面推进农村信用体系建设，推进信用户、信用村、信用乡镇创建，建立农产品生产经营主体信用档案。稳妥扩大农村普惠金融改革试点，鼓励地方政府开展县域农户、中小企业信用等级评价，加快构建线上线下相结合、"银保担"风险共担的普惠金融服务体系，推出更多免抵押、免担保、低利率、可持续的普惠金融产品。支持市县构建域内共享的涉农信用信息数据库，建成比较完善的新型农业经营主体信用体系。

（七）发挥农业信贷抵押担保的积极作用

农业信贷担保是解决农业适度规模经营主体融资难题、激发其内生活力的重要手段，是财政撬动金融资本、引导社会资本投向农业的重要工具。2016 年以来，农业信贷担保体系的决策部署连续七年写入中央1 号文件。政策重点强调：发挥农业信贷担保作用，加强对农业信贷担保放大倍数的量化考核，提高农业信贷担保规模，做大面向新型农业经营主体的担保业务。健全农业信贷担保费率补助和以奖代补机制，强化涉农信贷风险市场化分担和补偿，推动农业信贷担保体系降低服务门槛、下沉服务重心，扩大担保业务。深入推进承包土地的经营权和农民住房财产权抵押贷款试点，推动温室大棚、养殖圈舍、大型农机、土地经营权依法合规抵押融资，积极发展林权抵押贷款。鼓励省级再担保机构主动对接国家融资担保基金，扩大再担保业务覆盖面，推进一二三产业融合发展。

（八）推动农业保险高质量发展

2013 年《农业保险条例》正式实施以来，我国农业保险发展步入法制化轨道，农业保险政策体系逐步完善，农业保险扩面、增品、提标加速推进，农业再保险体系初步建立，地方优势特色农产品保险以奖代补做法逐步扩大到全国。中央财政农业保险保费补贴品种不断增加，在最初确定的粮棉油糖作物和生猪、奶牛、森林之外，增加了牦牛、藏系羊、土豆、天然橡胶，2018 年又将三大粮食作物制种纳入中央财政补贴范围，将中央财政保费补贴目录扩展至 16 个大宗农产品。中央和地方农业保险财政补贴从 2007 年的 40.6 亿元，增长至 2021 年的 746.44 亿元。2019 年起试点实施地方优势特色农产品保险奖补政策，于 2020 年进一步扩面增品，将试点地区扩大至 20 个省份，更多品种纳入补贴范围，形成"大宗农产品＋地方优势特色品种"的完整农业保险保费补贴品种体系，满足不同种植农户的风险保障需求。"保险＋期货"连续七年写入中央 1 号文件，推动了期货市场功能发挥和农业风险管理有效相融合，带动了涉农企业、农民专业合作社及农民通过金融工具来规避价格风险、保障收益，助力产业稳定发展。为了建立完整的农业保险体系，财政部、农业农村部、银保监会共同筹备，由财政部和 8 家金融机构发起设立了中国农业再保险股份有限公司，2020 年 12 月正式成立。在国家政策的支持下，农业保险沿着高质量发展的轨道顺利推进。

三、下一步政策取向

总体来看，我国农村金融改革取得了积极进展，服务体系不断健全，业务规模不断扩大，产品服务不断创新，金融造血输血功能明显增强，为全面打赢脱贫攻坚战、推进乡村振兴提供了有力支撑。但由于风险与收益不对等、供给与需求不匹配等原因，农村金融复制城市金融模式难以有效适应农村经济发展要求，有效市场竞争的格局尚未形成，涉农金融机构难以有效兼容盈利性和支农性，农村资金外流现象依然存在，监管方式存在改进空间，扶持政策和考核机制尚需完善，金融生态有待改善。为此，农村金融要切实发挥金融服务实体经济的基础性作用，找准市场有效之手和政府有为之手的结合点，构建既适应金融市场规律、又符合农业农村需要的服务体系，开创金融服务乡村全面振兴新局面。

（一）加大金融机构服务全面推进乡村振兴力度

引导涉农金融机构回归支农本源，聚焦"三农"主责主业，找准乡村振兴与农村金融的结合点突破口，全面提高金融服务"三农"能力。推进农村信用体系建设，完善各级涉农信用信息系统，加快建设新型农业经营主体信用体系，以信用建设促进信用贷款投放。创新投融资模式，坚持市场主导与政府扶持相结合，引导涉农贷款成本下行，整合各方资源共同营造良好发展环境。加快推动农村各类资源资产确权颁证、价值评估、交易流转、处置变现等配套机制建设，促进农村土地资产和金融资源的有机衔接。

（二）构建和完善现代农村金融体系

完善现代农村金融机构体系，充分发挥农商行等县域法人机构支农支小的主力军作用。鼓励农村金融组织和机制创新，促进公益性和互助性金融机构协调发展。坚持农村中小金融机构为基本盘，以大型银行服务下沉为新活力源。加快推进农信社改革化险，坚持县域法人地位、坚持支农支小定位、坚持完善内部治理机制、坚持市场化改革方向，通过改革化险强化信贷服务，探索农村信用合作有效模式。充实大中型银行县域金融服务力量，激活农村金融市场。探索与服务农村经济发展相适应的资本补充渠道、合理回报机制和风险资本管理模式，增强涉农业务风险防控能力，完善市场化风险处置机制，提高金融服务农村经济的可持续性。

（三）加大农村金融产品服务创新力度

鼓励金融机构开展适合农户创业、消费、理财的微型金融产品和服务。探索满足规模化农业经营主体的融资、风险管理、资本化经营等多种需求的产品和服务，定制专业化的服务模式。提升专业信贷技术，在商业可持续的基础上，合理设定小微授信审批条件，提高审批效率，有效满足农村经营主体资金需求。合理确定贷款的额度、利率和期限，鼓励开展与农业生产经营周期相匹配的流动资金贷款和中长期贷款等业务。支持农村产业融合，依托真实可控的交易信息，为上下游农户、供应商、经销商提供全链条、便捷化信贷支持。加大对农业规模经营、绿色农业、农村电商、乡村民宿、休闲农业等新产业新业态的信贷支持力度。

（四）加快金融科技在农村地区的应用

深入实施金融科技赋能乡村振兴示范工程，发展农村数字普惠金融。鼓励金融机构运用大数据、云计算、第五代移动通信（5G）技术等，优化风险定价和管控模型，有效整合涉农主体信用信息，积极发展信用贷款。加强以客户需求为导向的互联网金融业务创新，实现精细化管理，满足三农和小微客户全方位的金融需求。鼓励开发完全基于数据驱动的纯线上金融产品。全面推广网上银行、手机银行、短信银行，积极布局智能 POS 机、ATM 机、助农 POS 机等，创新二维码等移动互联网支付产品，提高农村金融服务的便利性。

（五）完善农村金融监管体系和法制体系

针对城乡金融不同特点，建立差异化的农村金融监管体系，既要加强对金融机构经营行为的有效监管，也要对没有牌照而从事金融业务的非正规金融组织进行合理监管。发挥好中央和地方双层金融监管体系的作用，对下放给地方监管机构的监管权予以指导和支持。地方政府要强化属地风险处置责任，建立风险补偿基金，有效控制金融风险。通过立法规范金融机构支农责任，将成熟的政策和做法上升为法律规范，完善与农村金融服务有效衔接的财政、货币和税收等扶持政策，完善金融支农长效机制。规范非正规农村金融经营行为，减少非法集资和金融诈骗等乱象。

（六）优化农村金融扶持政策和考评机制

加强涉农金融机构的支农绩效考核，建立科学全面评价农村金融机构支农支小金融服务的监测指标体系。进一步完善定向降准、宏观审慎评估考核倾斜、支农支小再贷款、中期借贷便利等政策，引导金融机构扩大涉农、小微企业信贷投放。优化涉农贷款利息免增值税、金融企业绩效评价、呆账核销等财税政策制度，对普惠金融相关业务或机构给予适度支持。

（七）构建农村金融良性发展的生态环境

优化整合信用信息服务体系，推动各部门信息资源对接，推动地方政府加快建设区域性的农户、小微企业信用信息综合服务平台，提高信用信息的覆盖面和真实性。扩充金融信用信息基础数据库接入机构，降低普惠金融服务对象征信成本。加强农村金融知识宣传教育和金融消费权益保护。加强农村融资担保体系建设，降低农村信贷担保服务门槛，健全农业信贷担保费率补助和"以奖代补"机制。加强国家融资担保基金对小微企业、农户融资的再担保支持力度，提高合作担保公司的专业技术能力和履约能力，进一步规范担保市场。完善农业保险政策，扩大农业大灾保险试点和"保险＋期货"试点，不断健全农业再保险政策体系。保持县域内农业保险经营主体相对稳定，支持保险机构与金融机构、各类农业服务组织和农民合作社加强合作。

第 12 章

农村劳动力转移就业政策

农村劳动力是中国"经济奇迹"的关键要素支撑。改革开放以来，经济体制改革激活了农村要素市场，产生了人类历史上和平时期最大规模的人口流动现象，农村转移劳动力成为城镇劳动力市场的重要构成。特别是党的十八大以来，就业优先政策深入实施，城乡融合发展加快推进，农业转移人口市民化和基本公共服务均等化深入发展，形成了更加完善的城乡一体化就业政策，为经济高质量发展奠定了良好基础。

一、发展历程

在计划经济时代，人民公社体制、农产品统购统销政策和户籍制度共同作用，把城镇与农村的劳动力割裂开来进行配置，为特殊形势下的工业化赶超提供了支撑，但人口迁移和劳动力流动受到限制，导致劳动积极性和劳动生产率偏低，阻碍了国民经济健康发展。[①] 1958 年，全国人民代表大会通过了《中华人民共和国户口登记条例》，全面的户籍管理体系正式建立，要求人口按照出生地登记，跨地域迁移特别是跨城乡迁移受到极其严格的控制，户籍制度也成为农村劳动力配置的重要政策工具。如何突破体制机制束缚，释放广大农村劳动力的积极性与创造

---

① 蔡昉："劳动力转移与就业体制改革"，载《中国改革开放：实践历程与理论探索》，谢伏瞻主编，中国社会科学出版社，2021 年，第 128 页。

性，既是人民群众物质文化生活增长的内在要求，也是推动改革开放的重要动力。

（一）改革开放到党的十八大前

经济体制改革率先从农村起步，农户被赋予自主配置生产要素的权利，调动了劳动和生产的积极性，农产品产量和农民收入显著增加，劳动力要素市场加快发育，城镇和非农部门发展得到来自农村的劳动力供给保障，农村劳动力转移就业政策在渐进式改革中不断演变。

1. 家庭联产承包制度释放农业剩余劳动力，激活农村内部劳动力市场

家庭联产承包责任制从根本上改变了农村收益分配方式，农民以家庭为单位，向集体经济组织承包土地等生产资料，突破了人民公社制度下的"统一经营、统一核算、统一分配"体制，使农民获得了生产和经营自主权，劳动力要素得到有效配置，劳动生产率显著提高。制度创新改进生产效率，在要素供给总量没有明显变化情况下实现产出大幅增长，单位土地面积上投入的劳动力显著减少，过去隐蔽存在的剩余劳动力被暴露出来，农村劳动力转移就业成为一种经济必然性，而改革也赋予了农民走出去的权利。

2. 从"离土不离乡"到鼓励农民向小城镇转移，农村劳动力就业呈现多元化

改革从来不是一蹴而就的，渐进式改革是中国体制转轨的典型特征。20世纪80年代初期，农村劳动力转移受到户籍制度的较大制约，政府起初提倡一种"离土不离乡"模式，即期望剩余劳动力从农业生产中转移出来，就地在社队企业就业。1984年3月，中共中央、国务院批转了农业部《关于开创社队企业新局面的报告》，提出了发展乡镇企业的若干政策，并将社队企业名称改为乡镇企业。1985年乡镇企业就业人数猛增到6 979万人，较1978年增长近1.5倍。邓小平同志在1987年高度赞扬了乡镇企业的异军突起，表示这个结果是他"个人没

有预料到的"。但是，相对于当时近 4 亿农村就业人口，乡镇企业吸纳就业仍然是有限的，直到 20 世纪 90 年代，乡镇企业就业人数占农村劳动力比重也没有超过 30%。[①] 数以亿计农村剩余劳动力有强烈的动力寻找就业出路，改革也顺应这一呼声，国家把"离土不离乡"政策扩展为鼓励农民向小城镇转移。

3. 从放宽人口流动限制到人口有序迁徙，"民工潮"助推中国经济起飞

农村剩余劳动力转移的压力与城市经济发展对劳动力的旺盛需求，共同推动了一系列体制性障碍的逐步破除，农村劳动力随着改革的深入进一步扩大转移就业的范围，从小城镇走向大城市势不可挡。但是，改革与发展的过程并不平坦，政策也出现过反复，大致上经历了从限制流动、允许流动、控制盲目流动再到引导有序流动的演变过程。20 世纪 80 年代中期，国家准许农民自筹资金、自理口粮，进入城镇务工经商，短期内农村劳动力转移就业规模大幅增长，给一些地方的交通运输、社会治安等方面带来了压力。在 80 年代末期，政府短暂出台了控制盲目流动的限制性政策，采取了临时务工许可证、就业登记制度、清退农村计划外用工等措施。到 90 年代，特别是邓小平同志南方谈话以后，沿海地区外向型经济发展对劳动力产生巨大需求，中央和地方政府顺应时代潮流，纷纷放宽对农村人口流动的政策限制，"盲流"概念退出历史舞台，户籍制度也开始松动，出现了介于正式户口与暂住户口之间的"蓝印户口"，小城镇户籍管理放宽。1994 年 11 月，劳动部颁布《农村劳动力跨省流动就业暂行规定》，这是我国第一个关于农村劳动力跨地区流动就业的规范性文件，提出"实施以就业证卡管理为中心的农村劳动力跨地区流动就业制度"。尽管当时城市劳动力市场对外来人口还存在一些制度性歧视，但农村劳动力基本实现了自由迁徙。到新世纪之交，进城农民工规模达到近亿人，"民工潮"汇入中国改革开放浪潮中，

---

　　① 都阳："劳动力市场制度改革"，载《中国就业和社会保障体制改革 40 年》，蔡昉主编，经济管理出版社，2019 年，第 8 页。

成为中国经济起飞的重要动能。

4. 促进农村劳动力转移的政策体系形成，"民工荒"加速劳动力市场转变

进入 21 世纪，中国加入世界贸易组织，经济快速融入全球化，在世界分工体系中扮演重要角色，迅速发展成为全球"制造工厂"，城镇劳动力市场需求强劲，农村剩余劳动力被非农部门快速吸收。经济增长速度与劳动力市场变化之快，超出了多数人的预期。沿海局部地区出现了"民工荒"现象，随后这一用工紧张形势持续扩散并成为常态，尽管 2008 年受全球金融危机冲击约 2000 万农民工临时返乡，但随着危机退潮、经济恢复，农民工陆续返回城镇。2010 年全国农民工总量达到 2.5 亿人，超过全国就业总人口的 30%（图 1），其中离开本乡镇的外出农民工突破 1.5 亿人，成为城镇劳动力市场的中坚力量。2004 年中央 1 号文件强调进城就业的农民已成为我国产业工人的重要组成部分，明确了农民工的工人阶级属性和重要地位。"民工荒"现象标志着中国劳动力市场供求关系出现了深刻变化，农村剩余劳动力从近似于无限供给转变为相对短缺。要素供求关系决定了收益分配格局，也决定了市场谈判

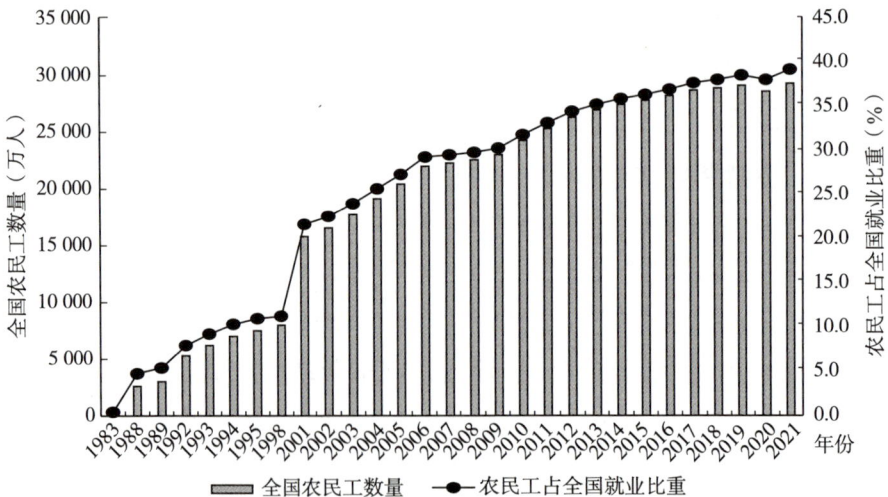

图 1 全国农民工数量及其占就业比重

数据来源：2000 年之前数据根据农业部、国务院发展研究中心发布的相关资料整理得到，2000 年之后数据根据国家统计局历年《全国农民工监测调查报告》、《中国统计年鉴》相关数据整理得到。

地位，2009 年黄冬艳等七位在深圳打工的农民工入选美国《时代》周刊年度人物，农民工对中国乃至全球经济的贡献得到世界认可，地方政府对于农民工的态度也发生了重要转变，鼓励、支持甚至主动"争抢"农村转移劳动力的举措相继出现。

面对新形势新变化，中央提出了统筹城乡发展的新战略，实施更加积极的就业政策，陆续出台了一系列改革举措。2006 年 3 月，国务院颁布《关于解决农民工问题的若干意见》，全面清理和消除对农村劳动力转移就业的歧视性规定和不合理限制，内容涉及工资、就业、技能培训、劳动保护、社会保障、公共管理和服务、户籍改革、土地承包权益等方面的政策举措，这是中央政府关于农民工的第一份全面系统的政策文件。这一时期政策和工作重点在于着力解决拖欠农民工工资问题、有序组织劳务输出、开展技能培训和就业援助、加强劳动保障权益维护，治理方式从管理为主转向服务为主，更多运用市场化、法治化手段促进人口有序流动，初步形成了促进农村劳动力转移的政策体系，逐步实现了城乡劳动力市场一体化，农民工工资和农民收入水平持续大幅增长。

（二）党的十八大以来

"就业是最大的民生工程、民心工程、根基工程，要坚持就业优先战略和积极就业政策，实现更高质量和更充分就业。"[1] 党的十八大以来，以习近平同志为核心的党中央坚持以人民为中心，把增进民生福祉作为发展的根本目的，将就业工作摆在经济社会发展的突出重要位置。党中央、国务院在农业转移人口市民化、基本公共服务均等化、户籍制度改革、新型城镇化与城乡融合发展等方面作出了一系列重大部署，历年中央 1 号文件都对加快农村劳动力转移就业提出了明确要求，城乡一体化的劳动力市场逐步完善，农村劳动力转移就业政策体系更加成熟。

---

① 中共中央宣传部：《习近平新时代中国特色社会主义思想三十讲》，学习出版社，2018 年第 1 版，第 226 页。

1. 就业优先战略的内涵更加丰富，农村劳动力转移就业进入新阶段

党的十八大提出实施就业优先战略和更加积极的就业政策，推动实现更高质量的就业，明确了劳动者自主就业、市场调节就业、政府促进就业和鼓励创业的方针。2013 年 11 月，党的十八届三中全会通过的《中共中央关于全面深化改革若干重大问题的决定》，强调要推进城乡要素平等交换和公共资源均衡配置，维护农民生产要素权益，保障农民工同工同酬，推进农业转移人口市民化，逐步把符合条件的农业转移人口转为城镇居民，健全促进就业创业体制机制，进一步促进农村转移劳动力就业。党的十九大再次强调坚持就业优先战略和积极就业政策，实现更高质量和更充分就业的新时代就业目标。当前，我国社会主要矛盾已经转化为人民日益增长的美好生活需要和不平衡不充分的发展之间的矛盾，在就业领域的主要表现就是人民对就业的需要和就业不平衡不充分之间的矛盾。着力解决结构性就业矛盾，打破城乡、地区、行业分割和身份、性别歧视，维护劳动者平等就业权利，提高农村劳动力就业质量，是新时期就业工作的重要任务。农村劳动力转移就业从根本上改变了农村居民家庭收入结构，成为改善农民生活的关键动能。2015 年是一个转折点，工资性收入占比（40.3%）首次超过家庭经营收入，成为农民家庭收入最主要来源，对于缩小城乡收入差距发挥了关键作用。

2. 深化户籍制度改革和加快基本公共服务均等化，共同推动农业转移人口市民化

党的十八大以来，户籍制度改革进入全面实施阶段。2013 年召开的中央城镇化工作会议提出了"三个一亿人"目标，要求到 2020 年实现约 1 亿农业转移人口落户城镇目标，户籍人口城镇化率提高到 45%。2014 年 7 月 30 日，国务院印发了《关于进一步推进户籍制度改革的意见》，提出调整户口迁移政策，统一城乡户口登记制度，取消农业户口与非农业户口性质区分，全面实施居住证制度，全面放开建制镇和小城市的落户限制，稳步推进城镇基本公共服务覆盖全部常住人口，保证农业转移人口及其常住人口随迁子女平等享有受教育权利，逐步推行随迁子女在当地参加中考和高考。此后，户籍制度改革持续推进，居住证制度很快全面实施。[1] 到 2021 年末，全国户籍人口城镇化率提高到 46.7%，较 2013 年提高近 11 个百分点。全国农民工总量趋于稳定，"十三五"时期保持在 2.8 亿人左右规模，占全国就业人口比重接近 40%。基本公共服务均等化是发展成果更多更公平惠及全体人民的具体体现，也是推动农业转移人口市民化的另一个支柱。党的十九大报告强调，要坚持在发展中保障和改善民生，全面推动基本公共服务补短板、非基本公共服务强弱项，提高公共服务质量，农业转移人口就业、社保、子女教育等权益得到更充分保障。同时，进一步破除阻碍劳动力流动的体制机制，2019 年 12 月，中共中央办公厅、国务院办公厅印发了《关于促进劳动力和人才社会性流动体制机制改革的意见》，旨在全面破除妨碍劳动力、人才社会性流动的体制机制弊端，使人人都有通过辛勤劳动实现自身发展的机会，实施就业优先政策创造流动机会，推动区域协调发展促进流动均衡，推进创新创业创造激发流动动力，以户籍制度和公共服务牵引区域流动，全面取消城区常住人口 300 万以下的城市落户限制，全面放宽城区常住人口 300 万~500 万的大城市落户条件。

3. 顺应新技术革命和发展方式转变，健全农村劳动力技能培训体系

第四次科技革命全面渗透经济社会各领域，新技术、新产品、新业态、新模式迅猛发展，推动了经济发展方式从要素驱动型向全要素生产率驱动型的转变，创造了更多新就业岗位，但同时也给劳动力市场带来前所未有的挑战，农村转移劳动力首当其冲遭受不利影响。"十三五"时期，机器人和人工智能发展导致制造业农民工就业人数减少 800 万~1 000 万人，农民工在制造业就业比重明显下降。[2] 农民工难以满足新技术新经济发展的技能需求，面临结构性失业风险。2017 年 11 月

---

[1]　都阳、程杰："社会建设和民生事业"，载《中国改革开放：实践历程与理论探索》，谢伏瞻主编，中国社会科学出版社，2021 年，第 404 页。

[2]　张车伟：《中国人口与劳动绿皮书（No.20）——面向更高质量的就业："十四五"时期中国就业形势分析与展望》，社会科学文献出版社，2019 年。

11 日，习近平总书记在亚太经合组织第二十五次领导人非正式会议上指出，要把提升包容性置于更突出位置，处理好公平和效率、资本和劳动、技术和就业的关系，重视人工智能等新技术对就业的影响，让更多人共享发展成果。为探索更具有包容性的社会保护政策，相关部门陆续出台了加强现代产业工人培训、保护新业态从业人员权益等举措。2021 年 7 月，人力资源和社会保障部等八部门联合发布《关于维护新就业形态劳动者劳动保障权益的指导意见》，要求规范平台从业人员用工，明确劳动者权益保障责任，落实公平就业制度，推动将不完全符合确立劳动关系情形的新就业形态劳动者纳入最低工资制度保障范围，放开灵活就业人员在就业地参加基本养老、基本医疗保险的户籍限制，组织开展平台灵活就业人员职业伤害保障试点，建立适合新就业形态劳动者的职业技能培训模式和就业服务

4. 以就业扶贫作为决胜脱贫攻坚的关键举措，支持农民工返乡创业和就近转移就业

2015 年 6 月，国务院办公厅印发了《关于支持农民工等人员返乡创业的意见》，围绕全面激发农民工等人员返乡创业热情，创造更多就地就近就业机会，提出了促进就业转移、推动输出地产业升级、输出地资源嫁接输入地市场、引导一二三产业融合发展、支持新型农业经营主体发展等主要任务，从创业服务、信贷融资、财税、用地等方面提出了配套支持政策，放宽经营范围，鼓励投资农村基础设施和在农村兴办各类事业，向社会资本全面开放能够商业化运营的农村服务业，落实定向减税和普遍性降费政策，完善返乡创业园支持政策。就业扶贫从根本上解决贫困家庭无固定收入的难题，有利于提高贫困人员的人力资本水平和就业能力，激发就业积极性和主动脱贫能动性。2020 年 3 月 6 日，习近平总书记在决战决胜脱贫攻坚座谈会上指出，建档立卡贫困人口中，90％以上得到了产业扶贫和就业扶贫支持，三分之二以上主要靠外出务工和产业脱贫，自主脱贫能力稳步提高。"十三五"时期以来，政府大力推动"大众创业、万众创新"，引导城市资金、技术、人才等各类要素向农村流动，鼓励农民工返乡创业，拓宽农村就业渠道，

支持农村劳动力就近转移就业，推动乡村振兴和城乡融合发展。

5. 将就业政策纳入宏观政策层面，把就业稳定作为防范风险的底线

2018 年 10 月 31 日，习近平总书记在中共中央政治局会议上强调，面对经济运行存在的突出矛盾和问题，要坚持稳中求进工作总基调，做好稳就业、稳金融、稳外贸、稳外资、稳投资、稳预期工作，将"稳就业"作为六稳之首。2019 年政府工作报告首次将就业优先政策置于宏观政策层面，旨在强化各方面重视就业、支持就业的导向。2020 年初，突如其来的新冠肺炎疫情对我国经济运行带来较大冲击，稳就业压力加大，任务更加艰巨。中央将稳保就业放在"六稳""六保"首要位置，一方面坚持底线原则，保障民生福祉，另一方面旨在缓解经济运行系统性风险及周期性失业所带来的诸多不利局面，为宏观调控政策创造良好的空间。2020 年 3 月，国务院办公厅印发《关于应对新冠肺炎疫情影响强化稳就业举措的实施意见》，提出了一系列针对性举措，推进农民工"点对点、一站式"返岗复工服务，引导农民工有序求职就业，支持农民工就地就近就业，在县城和中心镇建设一批城镇基础设施和公共服务设施，企业复工复产、重大项目开工、物流体系建设等要优先组织和使用贫困劳动力，对不符合领取失业保险金条件的参保失业人员发放 6 个月失业补助金，实施农民工专项培训。后来，随着新冠肺炎疫情影响持续深化，党中央、国务院又出台了一系列及时有效的应对举措，根据就业形势变化调整政策力度，采取减负、稳岗、扩就业并举的思路，实施社保费阶段性减免、失业保险稳岗返还、就业补贴等政策举措，针对部分企业缺工严重、稳岗压力大和重点群体就业困难等突出矛盾，因地因企因人分类帮扶。

二、政策内容

农村劳动力转移就业政策的内涵和范畴已经超出劳动力市场政策，成为三农政策和新型城镇化战略中不可或缺的组成部分。尤其是党的十八大以来，新时代新阶段的农村劳动力转移就业被赋予更高的要求，肩负着推动乡村振兴和城乡融合发展的责任，被寄希望于成为城乡双向流动要素市场的纽带。国家始终将农民工作为就业工作重点群体，不断深化体制机制改革，根据经济形势变化出台应对举措，农村劳动力转移就业政策体系更加成熟定型，以就业创业、技能培训、社会保障、劳动权益等为主要内容的完整政策框架基本形成。

（一）扩大就业机会，提高就业质量

千方百计稳定和扩大就业是我国就业工作一贯坚持的方针。数亿农村转移劳动力实现稳定就业是充分就业的应有之义，推动农村劳动力向城镇转移就业一直以来是我国就业工作的重要举措。历年中央1号文件和国务院促进就业工作文件都一再强调，要多措并举努力扩大就业机会，鼓励和支持农村劳动力转移就业，广泛开展区域间劳务协作，健全劳务输入集中区域与劳务输出省份对接协调机制，加强劳动力跨区域精准对接，有序组织输出地农村劳动力外出务工，充分发挥农村劳动力自主性、能动性和灵活性较强的优势。

企业是就业需求的主体和就业岗位的主要创造者，对企业的支持就是对就业的支持。特别是民营企业和中小微企业创造了大量就业机会，为就业形势持续稳定做出了重要贡献。第四次全国经济普查报告显示，我国个体工商户数量超过8 000万户，私营企业数量超过1 560万家，而私营企业和个体就业人员人数达到3.74亿人以上，这其中很大部分就是农村转移劳动力。民营经济已经成为我国发展不可或缺的力量，成为创业就业的主要领域。党中央、国务院为支持民营企业发展，鼓励创造更多更高质量就业岗位，制定了一系列切实举措，如减轻企业税费负担，解决民营企业融资难融资贵问题，营造公平竞争环境，构建亲清新型政商关系，保护企业家人身和财产安全等。援企稳岗成为新时期稳定经济和就业的一项重要举措，特别在经济面临冲击情况下，采取降税减负、稳岗补贴等方式有助于企业扩大就业以及稳定岗位，使农村转移劳动力免遭重大失业风险冲击。2022年10月1日，《促进个体工商户发展条例》公布实施，以充分发挥个体工商户稳定和扩大城乡就业的作用，国务院建立促进个体工商户发展部际联席会议制度，统筹协调促进个体工商户发展工作中的重大事项，制定税费支持、创业扶持、职业技能培训、社会保障、金融服务、登记注册、权益保护等方面政策措施，允许个体工商户自愿变更经营者或者转型为企业，支持个体工商户加快数字化发展、实现线上线下一体化经营。

加快农业转移人口市民化成为新时期促进劳动力转移的重要举措。习近平总书记强调，要健全城乡发展一体化体制机制，让广大农民共享改革发展成果，加快推进户籍制度改革，完善城乡劳动者平等就业制度，逐步让农业转移人口在城镇进得来、住得下、融得进、能就业、可创业，维护好农民工合法权益，保障城乡劳动者平等就业权利。党的十八大报告提出，要推进经济结构战略性调整，加快改革户籍制度，有序推进农业转移人口市民化，实现城镇基本公共服务常住人口全覆盖，推动城乡一体化发展。近年来，随着劳动年龄人口转为负增长，外出农民工数量增速放缓，必须在户籍制度改革方面有更大力度举措，才能保持劳动力转移和以人为核心的新型城镇化推进的势头。[①] 推动农村劳动力转移工作要城乡协同推进，不断提升农民工就业能力，让农村转移劳动力加快融入城镇。

（二）强化技能培训，增强就业能力

我国经济发展方式加快转变，就业主要矛盾正在从总量矛盾为主转变为结构性矛盾为主，农村转移劳动力面临的就业矛盾更为复杂。科技进步创造了很多新业态，但技能水平较低的劳动力难以适应，会逐步积累大量结构性失业。政府历来重视农民工培训，不断加大培训投入，鼓励各类社会组织参与培训活动。针对培训效果不佳、培训内容与市场需求脱节等问题，不断完善农民工培训体系，优化激励机制和监督体系。

针对劳动者技能素质与经济转型升级不匹配的矛盾，全生命周期视

---

① 《党的十九大报告辅导读本》，人民出版社，2017 年第 1 版，第 334 页。

角的人才培养体系和技能培训制度逐步建立。2021年8月，国务院颁布了《"十四五"就业促进规划》，提出建设一支符合高质量发展要求、适应现代化经济体系、具备较高职业技能和道德素质、结构比较合理的劳动者队伍，大规模多层次开展职业技能培训，重点加强农村转移就业劳动者、个体工商户等技能培训，支持企业开展职工在岗培训，积极发展养老、托育、家政等生活服务业从业人员技能培训，实施灵活就业人员和新就业形态劳动者支持保障计划，实施农民工素质提升工程，推进新生代农民工职业技能提升计划。培训主体更加多元化，逐步构建以公共实训基地、职业院校（含技工院校）、职业技能培训机构和行业企业为主的多元培训载体。实施国家乡村振兴重点帮扶地区职业技能提升工程，着力提升落后地区农村转移劳动力的技能水平。实施劳务品牌促进就业计划，创建一批农村劳动力转移就业示范县，在农业农村基础设施建设领域积极推广以工代赈方式，促进农村劳动力转移就业。协调新技术应用与就业之间的关系，一方面，积极推动简单重复的工作环节和"危繁脏重"的工作岗位尽快实现自动化智能化，加快重大安全风险领域"机器换人"；另一方面，为避免农民工集中的行业、区域遭受新技术应用冲击，大规模开展人工智能应用适应性、储备性培训，避免人工智能就业替代效应短期内集中释放。同时，党中央、国务院高度重视乡村人力资本开发。2021年2月，中共中央办公厅、国务院办公厅印发了《关于加快推进乡村人才振兴的意见》，要求坚持把乡村人力资本开发放在首要位置，加快培育农村创业创新带头人，鼓励农民工创办领办家庭农场、农民合作社，打造农民工劳务输出品牌，提高劳务输出的组织化、专业化、标准化水平。实施农村实用人才培养计划，鼓励家庭农场经营者、农民合作社带头人参加职称评审、技能等级认定，培育农村电商人才和乡村工匠，实施"一村一名大学生"培育计划，加快培养乡村治理人才。

（三）鼓励返乡创业，助推城乡融合发展

"大众创业、万众创新"是党中央、国务院作出的一项重要部署，

支持农民工等人员返乡入乡创业是重要举措。2015 年 6 月，国务院印发了《关于大力推进大众创业万众创新若干政策措施的意见》，支持有梦想、有意愿、有能力的农民工等各类市场创业主体通过创业增加收入，让更多的人富起来，要求加大简政放权力度，放宽政策、放开市场、放活主体，形成有利于创业创新的良好氛围，构建有利于大众创业、万众创新蓬勃发展的政策环境、制度环境和公共服务体系，支持返乡创业聚集发展，打造具有区域特点的创业集群和优势产业集群，实施农村青年创业富民行动，完善跨区域创业转移接续制度，支持电子商务向基层延伸，鼓励龙头企业建立电子商务交易服务平台、商品集散平台和物流中心。据农业农村部监测，截至 2021 年底，全国返乡入乡创业创新人员累计达到 1 120 万人，其中返乡农民工超过 790 万人，占 70.5%，成为助推乡村振兴的生力军，成为当地经济社会发展的重要驱动力。为推动解决返乡入乡创业在融资、用地、人才、服务等方面面临的障碍和瓶颈，2020 年 1 月，国家发展改革委等 19 个部门和单位联合印发《关于推动返乡入乡创业高质量发展的意见》，提出要进一步完善体制机制，提升创业带动就业能力，推动返乡入乡创业高质量发展，打造一批具有较强影响力、一二三产业融合发展的返乡入乡创业产业园、示范区（县）。

　　返乡入乡创业政策内容涵盖多个方面，形成了全方位的制度保障。主要包括六个方面：深化"放管服"改革，优化返乡入乡创业营商环境，培育中介服务市场，鼓励县级以上地区设立返乡入乡创业"一站式"综合服务平台；加大财税政策支持，降低返乡入乡创业生产经营成本，创新财政资金支持方式，实施税费减免；创新金融服务，缓解返乡入乡创业融资难题，加大贷款支持，引导直接融资，创新担保方式，扩大抵押物范围；健全用地支持政策，保障返乡入乡创业生产经营空间，优先保障返乡入乡创业用地，盘活存量土地资源，鼓励长期外出务工的农民家庭将相对闲置的承包地集中流转给返乡入乡创业企业；优化人力资源配置，增强返乡入乡创业发展动力，加快职业技能培训平台共建共享；完善配套设施和服务，强化返乡入乡创业基础支撑，搭建创业平台，优化基本公共服务。同时，依托县域经济、乡村产业发展，为农村劳动力创造更多就地就近就业岗位，重大投资项目、各类基础设施建设积极吸纳更多当地农村劳动力参与，在农业农村基础设施建设领域积极推广以工代赈方式。破解城乡融合发展的关键瓶颈在于实现城乡各类资源要素的双向流动、平等交换和有效配置，返乡入乡创业是加快要素双向流动的重要"枢纽"，能够发挥推动城乡高质量融合发展的牵引作用。根据《"十四五"农业农村人才队伍建设发展规划》提出的目标，到2025 年，各类返乡入乡创业人员将达到 1 500 万人以上，预计将带动就业 6 000 万人左右。

（四）统筹城乡社保制度，提高劳动力配置效率

城乡分割的社会保障体系是阻碍劳动力市场一体化的重要因素。特别是社会保险账户不能与劳动力流动同步转移是一个突出矛盾，既影响保险权益，也阻碍劳动力流动。为此，2009 年相关部门制定出台了城镇企业职工基本养老保险关系转移接续办法，包括农民工在内所有参加城镇企业职工基本养老保险的人员，其基本养老保险关系可在跨省就业时随同转移。2011 年，《社会保险法》正式实施，这是中国第一部社会保险综合性法律，是社会保障法制建设的一个里程碑。根据规定，进城务工的农村居民依法参加社会保险，城镇社会保险体系破除了户籍制度限制。

党的十八大以来，社会保障制度一体化进程加快，实现了城乡之间、区域之间、部门之间的制度统一和有效衔接。2014 年国务院决定将"新农保"和"城居保"两项制度合并实施，建立统一的城乡居民基本养老保险，2016 年新型农村合作医疗保险与城镇居民医疗保险两项制度也合并实施，社会保障体系从城乡分割走向了城乡一体化。不仅农民工可以在常住地参加城镇职工社会保险，而且一些地方还积极探索城镇居民社会保险逐步向符合条件的流动人口开放。2018 年 7 月，国务院决定实施建立基本养老金中央调剂制度。2022 年 1 月起，全国养老保险统筹方案正式实施，养老保险制度全国统筹迈出关键一步，这将有

利于促进劳动力更加充分自由流动，进一步提高劳动力配置效率。

农村转移劳动力被逐步纳入城镇社会保障体系，在遭受风险冲击时可以在常住地及时得到救助。针对新冠肺炎疫情对就业形成较大冲击，国家及时调整失业保险政策，不断强化援企稳岗政策，延长享受失业保障待遇的期限，扩大保障范围，阶段性实施失业补助金政策和提高价格临时补助，向失业农民工发放一次性或临时生活补助。根据人力资源和社会保障部公布数据，2020 年 1—3 月疫情严重期间，全国向 230 万名失业人员发放失业保险金 93 亿元，向 6.7 万名失业农民合同制工人发放一次性生活补助 4.1 亿元，有效发挥了社会安全网的兜底作用。

（五）加强劳动权益保护，促进就业公平

我国基本分配制度始终强调维护普通劳动者权益，党的十八大提出了"两个同步""两个提高"的目标，即努力实现居民收入增长和经济发展同步、劳动报酬增长和劳动生产率提高同步，提高居民收入在国民收入分配中的比重，提高劳动报酬在初次分配中的比重。工资福利是农民工最核心的劳动权益，政府陆续出台《劳动合同法》和《就业促进法》等相关法律法规，合理提高最低工资标准，加强用工规范管理和监督。国务院公布的《保障农民工工资支付条例》于 2020 年 5 月起正式实施，更好地保障了农民工权益，要求工程建设领域施工总承包单位按照规定开设农民工工资专用账户，用于支付农民工工资，解决农民工工资拖欠问题。

完善城乡公共就业服务体系是人人享有公平就业权利的重要保障。党的十九大报告提出，要提供全方位公共就业服务，促进农民工等群体多渠道就业创业，破除妨碍劳动力、人才社会性流动的体制机制弊端，使人人都有通过辛勤劳动实现自身发展的机会。构建和谐劳动关系，强化劳务派遣用工监管，健全劳动合同制度，鼓励企业与劳动者签订长期或无固定期限劳动合同，尤其加强对劳动密集型企业、中小微企业劳动用工指导，切实保护农民工劳动权益。在特殊困难时期，为保障农民工就业权利采取了定向服务举措，为应对新冠肺炎疫情影响，相关部门联

合开展农民工返岗复工保障工作。2020 年疫情期间，通过组织专车、专列、包机运输服务，全国累计运送 606.8 万农民工返岗复工，其中贫困劳动力 152 万人，有力助推复工复产和经济社会平稳运行。

三、下一步政策取向

中国正在从中等收入阶段向高收入阶段迈进。从经济发展的一般规律来看，未来农业劳动生产率将继续提高，相应地农业部门就业总量和就业比重将逐步下降。但同时也应该看到，我国农村劳动力就业质量仍然不高，就业稳定性较差，非正规、非标准就业比例较高，农村劳动力人力资本水平较低，农业劳动力转移就业面临新技术革命下经济和产业结构转型的严峻挑战。党的二十大报告提出，强化就业优先政策，健全就业促进机制，促进高质量充分就业；统筹城乡就业政策体系，破除妨碍劳动力、人才流动的体制和政策弊端，消除影响平等就业的不合理限制和就业歧视，使人人都有通过勤奋劳动实现自身发展的机会。当前和今后一个时期，农村劳动力转移就业政策将致力于强化以下几方面重点目标任务：

（一）推动农村劳动力高质量转移就业

瞄准关键群体，采取针对性举措，以城乡融合发展为主要推动力，加快相关领域制度改革，完善人口转移政策，实现更高质量的农业人口转移，推动更高质量的城镇化发展。立足新发展阶段、贯彻新发展理念、构建新发展格局，以城乡融合发展为推动力，以特色小城镇建设为抓手，挖掘劳动潜力、对接供需两端，提高就业匹配效率和就业质量。支持特色小城镇、美丽乡村、田园综合体等重要载体的发展，加大资金、场地、人才、税费等政策支持力度，重点支持生态、绿色和大健康相关产业的创业活动，吸纳本地转移就业，破解乡村和小城镇就业需求不足难题。鼓励农民合作社、农业协会等发挥信息、技术、组织等优势，解决农忙季节的用工问题，提高农村劳动力匹配效率。

（二）支持农民工返乡创业带动就业

推进创新创业创造向纵深发展，以返乡入乡创业为"枢纽"引导城乡各类资源要素双向流动，推动农民工返乡创业和城镇各类人才入乡创业，带动资本、知识、技术、管理、数据等各类资源下乡。允许返乡入乡就业创业人员在原籍地或就业创业地落户并享受相关权益。完善农民工群体的就业支持体系，建立促进创业带动就业、多渠道灵活就业机制。完善农村用地保障机制，保障设施农业和乡村产业发展合理用地需求。健全农村金融服务体系，完善金融支农激励机制，扩大农村资产抵押担保融资范围。建立创业人员的支持体系，建立风险保障基金和风险补偿机制。鼓励地方建设返乡入乡创业园和孵化实训基地。

（三）建立城乡一体化的就业支持体系

统筹城乡就业政策，积极引导农村劳动力就业。持续做好有组织劳务输出工作，统筹用好公益岗位，对符合条件的就业困难人员进行就业援助。在农业农村基础设施建设领域推广以工代赈方式，吸纳更多脱贫人口和低收入人口就地就近就业。扎实做好易地搬迁后续帮扶工作，持续加大就业和产业扶持力度。将农村转移劳动力吸纳到城镇教育和技能培训体系中，鼓励企业和市场培训机构定向开展技能培训。鼓励城镇生活服务业发展继续吸纳低端劳动力就业，规范和支持平台经济发展，发挥就业带动作用。引导农村闲置或不充分就业劳动力向城镇转移，以农村留守妇女、大龄返乡农民工、农村无业青年等群体为对象，挖掘农村劳动力潜力，缓解城镇服务业普通劳动力短缺。健全统筹城乡的就业政策和服务体系，推动公共就业服务机构向乡村延伸。

（四）提高农村劳动力技能水平

提高农村教育质量，多渠道增加农村普惠性学前教育资源供给，继续改善乡镇寄宿制学校办学条件，在县城和中心镇新建改扩建一批高中和中等职业学校。面向农民就业创业需求，发展职业技术教育与技能培训，建设一批产教融合基地。加大物质资本和现代技术投入，走劳动节约型的农业发展路径，发展农业适度规模经营，持续提高农业劳动生产率，释放潜在劳动供给。加强高素质农民培育，深入实施新生代农民工职业技能提升计划，增强现代农业机械、装备、技术等投入力度。整合公共资源，面向农村转移人口开展短期和中长期技能培训，强化农村劳动力人力资本积累。

（五）加强农村转移劳动力权益保障

完善农业转移人口市民化的成本分摊机制，基础性公共服务如义务教育、中等职业教育等经费主要由中央财政负担，就业服务、医疗卫生、养老保障、住房保障等统筹层次逐步提高，加大中央财政转移支付力度，完善财政转移支付和城镇新增建设用地规模与农业转移人口市民化挂钩政策。加强户籍制度与其他相关制度之间的协调衔接，继续推进土地制度改革，切实维护好、实现好农民的土地财产权益。加快城乡一体化的劳动力市场体系和社会保障制度建设，鼓励农民工和流动人口在常住地以灵活就业人员身份参加城镇职工社会保险，失业农民工在常住地享受失业津贴和就业援助，城乡居民社会保险向非本地户籍的常住人口开放，扩大流动人口在常住地享受保障性租赁住房覆盖范围，逐步取消社会救助制度中的户籍限制，面向常住人口一视同仁。推动居住证持有人享有与当地户籍人口同等的权利，探索实行城市群内居住证互认制度。

第 13 章

乡村产业发展政策

改革开放后，农村土地承包到户，农民重新获得劳动力自主配置权，为乡村产业发展创造了条件。乡镇企业异军突起、农业产业化蓬勃发展以及农村一二三产业融合等相继引领乡村产业发展，成为农村经济繁荣的重要支撑。国家高度重视乡村产业发展，尤其是党的十八大以来，出台了一系列加快乡村产业体系构建的重要举措，支持乡村产业发展的政策体系逐步健全，为农业农村经济发展创造了良好环境。

一、发展历程

"乡村产业"作为正式术语是在党的十九大提出乡村振兴战略后纳入政策文件的。从历史上看，尽管在 2018 年之前没有"乡村产业"的说法，但为了促进农村经济发展，国家在大力支持农业及相关产业发展的同时，一直积极鼓励和引导乡村工业、休闲农业及乡村旅游等产业的发展。从改革开放之初的社队工业、20 世纪 80 年代中后期的乡镇企业、90 年代中期的农业产业化，到 2015 年的农村一二三产业融合发展，实质都是发展壮大乡村经济，与乡村产业发展思路是一脉相承的。因此，本章把支持乡镇企业、农业产业化与农村一二三产融合发展的政策，视为乡村产业政策的前身。

（一）改革开放到党的十八大前

党的十一届三中全会开启了波澜壮阔的农村改革进程。确立以家庭承包经营为基础、统分结合的双层经营体制，一方面，通过将土地承包经营权赋予农民，极大激发了农民的生产积极性，促进了农业生产力的持续快速增长；另一方面，通过确立农户的微观经济主体地位，赋予农民自由配置劳动力资源的权利，为农户分工分业创造了条件，由此促进了农村二三产业的发展。乡镇企业、农业产业化、乡土特色产业等正是在这种背景下发展起来的。

1. 促进乡镇企业发展

人民公社时期，部分地区为了充分利用劳动力资源，创办社队企业，发展社队工业，增加集体经营收入，但受政策的限制，规模十分有限。1979年《中共中央关于加快农业发展若干问题的决定》从政策层面认可了农村社队企业的发展，对社队企业发展提出了系统性支持政策，为改革开放后乡镇企业的发展奠定了基础。随着农村改革的深化，各地人民公社逐步撤销，原有的社队企业大多数转变成为村办企业或者乡办企业。1983年和1984年中央1号文件都对乡村办企业给予了明确支持。1985年中央1号文件正式认可了"乡镇企业"这一提法，提出对乡镇企业实行信贷、税收优惠，并提出了调整农村产业结构、积极发展多种经营的方针。1986年中央1号文件对乡镇企业的功能作用、支持政策进一步进行了明确。至此，乡镇企业发展政策体系基本建立，推动乡镇企业突破所有制形式和经营行业的限制，形成了多种产业同时并举的格局，进入了全面发展的新阶段。1987年，中共中央《关于把农村改革引向深入》再次强调了乡镇企业的重要作用，并明确了支持政策。在改革开放的大环境下，凭着灵活的机制和对市场的适应能力，乡镇企业迅猛发展。1987年乡镇企业产值比重首次超过农业，成为国民经济的重要组成部分，对吸收农村剩余劳动力、增加农民收入，促进农村工业化、城镇化做出了巨大贡献。20世纪90年代，随着我国社会主义市场经济体制的完善，乡镇企业再次迎来发展的机遇期。1992年3月，《国务院批转农业部〈关于促进乡镇企业持续健康发展的报告〉的通知》，1993年2月《国务院关于加快发展中西部地区乡镇企业的决定》，为乡镇企业的改革与发展创造了空前良好的外部环境，乡镇企业再次进入一个快速发展时期。1997 年《中华人民共和国乡镇企业法》正式实施，这标志着乡镇企业的规范和管理逐步进入法制化轨道。

1998 年后，乡镇企业进入改革调整时期。受亚洲金融危机的影响，尤其是中国经济格局从卖方市场过渡到买方市场，乡镇企业发展速度放缓。鉴于外部激烈的竞争环境，乡镇企业加大了产权制度改革力度，促使乡镇企业逐步成长为自主经营、自负盈亏、自我约束、自我发展的企业法人主体和市场竞争主体，为建立现代企业制度奠定了基础。

2. 发展农业产业化

改革初期，农产品市场逐渐放开。但受传统的计划经济体制影响，农产品的生产、收购、加工以及进出口等环节衔接不畅，导致农产品"买难卖难"时有发生。为了解决这一矛盾，从 20 世纪 80 年代开始，国家积极推动农业产后加工流通，促进生产、加工和贸易相结合。1985 年中央 1 号文件提出，国家将以一定的财力物力支持粮棉集中产区发展农产品加工业，调整产业结构；珠江三角洲、长江三角洲、山东半岛、辽东半岛和其他沿海地区要逐步形成"贸工农"型生产结构，即按出口贸易的需要来发展农产品加工，按加工需要发展农业生产，引进先进技术，提高产品质量。1986 年中央 1 号文件明确提出，以农产品为原料的加工厂，要从多方面为原料产地提供服务，帮助农民按工厂要求提供产品，逐步做到以加工指导生产、带动生产；农民和工厂签订合同，双方互惠，利益共享。这实际上提出了农业产业化经营的基本思路。在政策鼓励下，山东等东部沿海地区探索出了贸工农一体化、产加销一条龙的经营方式。1993 年，山东省首次提出"农业产业化"这一概念。1997 年党的十五大报告提出，积极发展农业产业化经营，形成生产、加工、销售有机结合和相互促进的机制，推进农业向商品化、专业化、现代化转变。1998 年党的十五届三中全会通过的《关于农业和农村工作若干重大问题的决定》进一步明确，要积极探索实现农业现代化的具体途径，大力发展产业化经营。2000 年，农业部、国家发展计划委员会等部委发布了《关于扶持农业产业化经营重点龙头企业的意见》，开始认定农业产业化国家重点龙头企业。各地把支持龙头企业、发展农产品加工和流通作为发展农业产业化的关键。农业产业化不仅推动了农产品生产、加工、销售的有机结合，而且推动了农村经济的快速发展。

进入 21 世纪后，我国加入世界贸易组织，为农业参与国际分工创造了条件，也为发展农产品加工和流通、延长农业产业链带来了巨大机遇，农业产业化进入快速发展时期。此后，一系列促进农业产业化经营发展、支持龙头企业的文件陆续出台。2006 年农业部等部门发布了《关于加快发展农业产业化经营的意见》，2012 年国务院印发了《关于支持农业产业化龙头企业发展的意见》（国发〔2012〕10 号），各地也纷纷出台支持龙头企业发展的意见和举措，认定国家级、省级和市县级龙头企业，各类涉农支持项目优先支持龙头企业，形成了包括财政、税收、信贷、科技、人才以及上市融资等一列支持农业产业化和龙头企业发展的政策体系。这些政策的出台，促进了龙头企业的壮大，推动了农产品加工流通的发展和产业链条的延伸，加快了地方主导产业的形成和培育，成为各地县域经济发展的重要增长极。

3. 促进乡村旅游业发展

我国乡村旅游起始于 20 世纪 80 年代末期，5 天工作制的实行更是促进了乡村休闲旅游业的发展。以 1998 年"华夏城乡游"旅游主题的确定为标志，国家旅游局开始提倡"吃农家饭、住农家院、看农家景、享农家乐"等；接着又将 1999 年的旅游主题定为"中国生态游"，推动了休闲旅游的发展。2001 年和 2002 年，农业部相继制定了《农业旅游发展指导规范》和《全国农业旅游示范点检查标准》。但整体来说，这一时期乡村旅游仍处于探索阶段。2006 年，国家旅游局将旅游主题定为"中国乡村游"，并发布了《关于促进农村旅游发展的指导意见》，乡村旅游被写入"十一五"规划。2007 年，国家旅游局和农业部联合成立了全国乡村旅游工作领导小组，联合发布了《关于大力推进我国乡村旅游发展的通知》，改变了以往多头管理、责任不清的情况，为乡村旅游的发展创造了更为有利的条件。

（二）党的十八大以来

党的十八大以来，随着农业供给侧结构性改革的推进，国家将推动农村一二三产业融合发展作为重点举措，延伸产业链、提升价值链，提高乡村产业发展质量、效益和竞争力。尤其是党的十九大提出实施乡村振兴战略，把构建乡村产业体系、促进乡村产业振兴作为首要任务，推动了乡村产业政策体系的完善。

1. 促进农村一二三产业融合发展

2015 年中央 1 号文件首次提出推动农村一二三产业融合发展，要求立足资源优势，大力发展特色种养业、农产品加工业、农村服务业，扶持发展一村一品、一乡（县）一业，壮大县域经济，带动农民就业致富。同时，要求把乡村旅游、休闲农业作为重点，积极开发农业多种功能，挖掘乡村生态休闲、旅游观光、文化教育价值，打造形式多样、特色鲜明的乡村旅游休闲产品。此后，支持农村一二三产业融合发展的各种政策措施陆续出台。

2015 年底国务院办公厅印发的《关于推进农村一二三产业融合发展的指导意见》，以及 2016 年农业部发布的《全国农产品加工业与农村一二三产业融合发展规划（2016—2020 年）》，明确了农村一二三产业融合发展的目标、路径和模式，并提出了财政、税收、金融、土地、人才等方面的一系列政策举措。为解决农村产业融合发展融资难、融资贵等问题，国家发展改革委联合农业农村部、中国农业银行、中国农业发展银行发布《关于金融支持农村一二三产业融合发展试点示范项目的通知》《关于政策性金融支持农村一二三产业融合发展的通知》，对农村产业融合发展试点示范项目和主体加大金融支持。2017 年，农业部和国家发展改革委先后出台了《关于支持创建农村一二三产业融合发展先导区的意见》和《国家农村产业融合发展示范园创建工作方案》，在全国范围内积极推进农村产业融合园区化发展。为保障农村产业融合发展用地，2017 年，国土资源部、国家发展改革委联合发布了《关于深入推进农业供给侧结构性改革做好农村产业融合发展用地保障的通知》。目前，已经形成包括财政、信贷、用地、科技、人才等一系列支持农村一二三产业融合发展的政策体系，推动了农产品加工流通、乡村旅游、休闲农业的发展，加速了乡村资源要素的集群集聚，促进了县域的产城融合。

2. 促进乡村产业发展

2017 年底，习近平总书记在中央农村工作会议上，对重新审视乡村价值、促进农村一二三产业融合发展、实现乡村经济多元化进行了深入阐述，提出了明确要求。2018 年 9 月，中共中央、国务院印发《乡村振兴战略规划（2018—2022 年）》，提出发展壮大乡村产业，推动农村产业深度融合，完善利益联结机制，激发农村创新创业活力。2019年 6 月，国务院印发《关于乡村产业振兴的指导意见》，对乡村产业概念作了界定，并对乡村产业体系重点内容进行了阐述，对乡村产业的发展重点、发展方向作了系统部署，成为推动乡村产业发展的系统性指导文件。农业农村部 2020 年印发了《全国乡村产业发展规划（2020—2025 年）》，2021 年发布了《关于拓展农业多种功能促进乡村产业高质量发展的指导意见》，对中央的决策部署进行了细化和落实，乡村产业发展政策不断健全。2021 年中央 1 号文件将"构建现代乡村产业体系"作为重要内容，并提出了"十四五"时期的发展目标。2022 年 2 月，国务院发布《"十四五"推进农业农村现代化规划》，将优化现代乡村产业体系作为"十四五"时期落实构建新发展格局要求、推进农业农村现代化的重要战略安排，明确提出要以农民增收为导向，优化乡村产业布局，促进园区化融合化发展，发展新产业新业态，推进创新创业，提升产业链供应链现代化水平。

二、政策内容

党的十八大以来，国家出台了支持乡村产业发展的一系列政策，形成了包括目标任务、规划布局、路径方向、支持政策、社会资本投资指引等在内的政策体系，为推动乡村产业振兴提供了重要保障。

（一）健全财政税收政策

财税政策是乡村产业发展的重要导向性政策。产业振兴是乡村振兴战略的首要任务，乡村产业是国家强农惠农政策支持的重要对象。乡村产业的财税支持政策主要包括三方面：

1. 拓展资金来源

《关于促进乡村产业振兴的指导意见》明确要求，加强一般公共预算投入保障，提高土地出让收入用于农业农村的比例，支持乡村产业振兴。新增耕地指标和城乡建设用地增减挂钩节余指标跨省域调剂收益，全部用于巩固脱贫攻坚成果和支持乡村振兴。同时，鼓励有条件的地方按市场化方式设立乡村产业发展基金，重点用于乡村产业技术创新。

2. 完善支持方式

《全国乡村产业发展规划（2020—2025 年）》提出：完善财政扶持政策，采取"以奖代补、先建后补"等方式，支持现代农业产业园、农业产业强镇、优势特色产业集群及农产品仓储保鲜冷链设施建设。2021年中央财政把部分专项资金纳入产业融合发展专项，支持现代农业产业园区、产业强镇、产业集群等融合发展载体。同时，支持在全国范围内推进农产品产地冷藏保鲜设施建设，并择优选择 100 个县开展农产品产地冷藏保鲜整县推进试点。《关于拓展农业多种功能促进乡村产业高质量发展的指导意见》提出，支持将烘干机配套设施、果菜茶初加工成套设备、蜜蜂养殖及蜂产品初加工成套设施装备等纳入农机新产品购置补贴试点范围；鼓励各地通过购买服务、定点采购等方式，支持乡村民宿、农家乐特色村（点）发展。

3. 实行税收优惠

目前，乡村产业的税收优惠政策主要有三类：第一类是农业生产领域的免税政策，包括农业生产者销售自产农产品免征增值税，饲料行业免征增值税，农产品增值税进项税额核定扣除，农、林、牧、渔业项目减免企业所得税，农业服务免征增值税，农民专业合作社免税政策，蔬菜流通环节免征增值税，部分鲜活肉蛋产品流通环节免征增值税；第二类是小微企业税收优惠和失业人员、残疾人等重点群体或特殊群体就业创业的税收优惠；第三类是农产品初加工所得税减免政策。《关于拓展农业多种功能促进乡村产业高质量发展的指导意见》提出，执行好中小微企业税费优惠政策，落细农产品初加工企业所得税优惠政策，鼓励有条件的地方按规定对吸纳贫困家庭劳动力、农村残疾人就业的农业企业给予相关补贴，落实相关税收优惠政策。

（二）创新乡村金融服务

金融要素是乡村产业发展的重要支撑。党的十八大以来，历年中央1号文件都对强化金融服务乡村发展提出要求、作出部署，初步形成了支持乡村产业发展的金融政策体系。

1. 强化金融服务

《关于乡村产业振兴的指导意见》明确提出，引导县域金融机构将吸收的存款主要用于当地，重点支持乡村产业。推动差异化制度安排和绩效考核机制，增强金融机构支持乡村产业的积极性。鼓励金融机构开展产品创新和服务创新，为乡村产业发展提供更全面的金融支持。支持国家开发银行、中国农业发展银行等开发性金融机构创新服务模式，加大对乡村企业的支持。发展小额贷款公司、村镇银行，探索农村合作金融，强化对家庭农场、农民专业合作社的支持。

2. 完善信用担保体系

发挥全国农业信贷担保体系的作用，鼓励地方通过实施担保费用补助、业务奖补等方式支持乡村产业贷款担保，拓宽担保物范围，强化担保融资增信功能，推动落实创业担保贷款贴息政策。完善"银税互动""银信互动""银单互动"贷款机制，开发"专项贷、订单贷、链条贷"等金融产品。探索农村承包土地经营权、农业设施、农机具等依法抵押贷款，加大乡村产业项目融资担保力度。

3. 鼓励地方发行专项债券用于乡村产业

鼓励地方设立乡村就业创业引导基金，加强创新创业孵化平台建设，支持创建一批返乡创业园，支持发展小微企业。鼓励地方政府发行项目融资和收益自平衡的专项债券，支持符合条件、有一定收益的乡村公益性项目建设。支持符合条件的农业企业上市融资。

（三）完善用地政策

用地难是乡村企业面临的瓶颈制约，强化用地保障是乡村产业发展的重要内容。耕地占补平衡以县域自行平衡为主，在安排土地利用年度计划时，加大对乡村产业发展用地的倾斜支持力度。完善乡村产业发展用地政策体系，明确用地类型和供地方式，实行分类管理。推动各地制定乡村产业发展用地实施细则，保障农村一二三产业融合发展合理用地需求。推动制修订相关法律法规，完善配套制度，开展农村集体经营性建设用地入市流转试点，增加乡村产业用地供给。有序开展县域乡村闲置集体建设用地、闲置宅基地、村庄空闲地、厂矿废弃地、道路改线废弃地、农业生产与村庄建设复合用地及"四荒地"（荒山、荒沟、荒丘、荒滩）等土地综合整治，盘活建设用地重点用于乡村新产业新业态和返乡入乡创新创业。完善设施农业用地管理办法。

（四）健全人才保障机制

人才是乡村产业发展的关键因素。我国高度重视乡村人才队伍建设，特别是对高素质农民的培养。《关于促进乡村产业振兴的指导意见》明确提出，各类创业扶持政策向农业农村领域延伸覆盖，引导各类人才到乡村兴办产业。加大农民技能培训力度，支持职业学校扩大农村招生。支持科技人员以科技成果入股农业企业，建立健全科研人员校企、院企共建双聘机制，实行股权分红等激励措施。《全国乡村产业发展规划（2020—2025 年）》提出，依托普通高校、职业院校、优质培训机构、公共职业技能培训平台等开展创业能力提升培训，让有意愿的农村创新创业人员均能受到免费创业培训。推行"创业＋技能""创业＋产业"的培训模式，开展互动教学、案例教学和现场观摩教学。2021 年，中共中央办公厅、国务院办公厅印发了《关于加快推进乡村人才振兴的意见》，提出了培养农村二三产业发展人才的任务，以及健全乡村人才培养、人才评价机制的要求，为乡村产业发展提供了人才政策保障。

（五）强化科技支撑

科技创新是乡村产业高质量发展的根本动力。《全国乡村产业发展规划（2020—2025年）》提出，要加快技术创新，提升装备水平，促进农产品加工业提档升级。一方面，推进加工技术创新。以农产品加工关键环节和瓶颈制约为重点，建设农产品加工与贮藏国家重点实验室、保鲜物流技术研究中心及优势农产品品质评价研究中心。组织科研院所、大专院校与企业联合开展技术攻关，研发一批集自动测量、精准控制、智能操作于一体的绿色储藏、动态保鲜、快速预冷、节能干燥等新型实用技术，以及实现品质调控、营养均衡、清洁生产等功能的先进加工技术。另一方面，推进加工装备创制。扶持一批农产品加工装备研发机构和生产创制企业，开展信息化、智能化、工程化加工装备研发，提高关键装备国产化水平。运用智能制造、生物合成、3D打印等新技术，集成组装一批科技含量高、适用性广的加工工艺及配套装备，提升农产品加工层次水平。同时，完善技术创新机制。建立以企业为主体、市场为导向、产学研相结合的技术创新体系，加强创新成果产业化，提升产业核心竞争力。引导大专院校、科研院所与乡村企业合作，开展联合技术攻关，研发一批具有先进性、专属性的技术和工艺，创制一批适用性广、经济性好的设施装备。指导县（市）成立乡村产业专家顾问团，为乡村产业发展提供智力支持。

（六）完善服务体系

完善的服务体系是乡村产业发展的重要保障。《全国乡村产业发展规划（2020—2025年）》提出，强化创业指导。一是建立创业指导队伍。从大专院校、科研院所等单位遴选一批理论造诣深厚、实践经验丰富的科研人才、政策专家、会计师、设计师、律师等，为农村创业人员提供创业项目、技术要点等指导服务。从农业产业化龙头企业、新型农业经营主体中遴选一批有经营理念、市场眼光的乡村企业家，为农村创业人员提供政策运用、市场拓展等指导服务。从农村创新创业带头人中遴选一批经历丰富、成效显著的创业成功人士，为农村创业人员提供经验分享等指导服务。二是健全指导服务机制。建立指导服务平台，依托农村创新创业园区、孵化实训基地和网络平台等，开展集中授课、案例教学、现场指导等。开展点对点指导服务，结合实际开展"一带一""师带徒""一带多"等精准服务。三是创新指导服务方式。通过网络、视频等载体，为农村创业人员提供政策咨询、技术指导、市场营销、品牌培育等服务。四是强化创业服务。支持地方依托县乡政府政务大厅设立农村创新创业服务窗口，发挥乡村产业服务指导机构和行业协会商会的作用，培育市场化中介服务机构。探索"互联网＋"创新创业服务模式，为农村创新创业主体提供灵活便捷的在线服务。

(七) 引导社会资本参与

社会资本是全面推进乡村振兴、加快农业农村现代化的重要支撑力量。《关于促进乡村产业振兴的指导意见》明确提出，引导工商资本到乡村投资兴办农民参与度高、受益面广的乡村产业，支持发展适合规模化集约化经营的种养业。支持企业到贫困地区和其他经济欠发达地区吸纳农民就业、开展职业培训和就业服务等。2018 年中央 1 号文件提出："加快制定鼓励引导工商资本参与乡村振兴的指导意见，落实和完善融资贷款、配套设施建设补助、税费减免、用地等扶持政策，明确政策边界，保护好农民利益。"农业农村部、国家乡村振兴局相继发布了《社会资本投资农业农村指引》（2020 年、2021 年和 2022 年版），要求社会资本投资农业农村要遵循尊重农民主体地位、遵循市场规律、坚持开拓创新三项原则，提出了鼓励社会资本投资的 13 个重点产业和领域，并结合农业农村实际推荐了全产业链开发模式、区域整体开发模式、政府和社会资本合作模式、设立乡村振兴投资基金、建立紧密合作的利益共赢机制等五种发展模式，为社会资本投入乡村发展和建设提供了指南。

三、下一步政策取向

当前，我国乡村产业基础仍不牢固，农村基础设施"欠账"还比较多，财政投入总量不足、结构仍需优化，农村融资难融资贵问题依然存在，乡村产业发展还面临诸多体制机制制约。下一步，要按照党的二十大报告提出的"发展乡村特色产业，拓展农民增收致富渠道"要求，进一步明确乡村产业发展的重点和方向，从优化产业发展布局、推动高质量发展入手，不断完善乡村产业政策支持体系。

（一）聚焦重点产业和重点方向

做强现代种养业，推动种养业向规模化、标准化、品牌化和绿色化方向发展。做精乡土特色产业，构建全产业链，推动集聚发展。提升农产品加工业，统筹发展农产品初加工、精深加工和综合利用加工，推进农产品多元化开发、多层次利用、多层次增值。优化乡村休闲旅游业，突出特色化、差异化、多样化，打造精品工程，提升服务水平。发展乡村新型服务业，提升生产性服务业水平，拓展生活服务业，加速农村电子商务应用。推进农村创新创业，激发乡村发展新动能。

（二）优化产业发展布局

一是强化县域统筹优化布局。推动各地在县域范围科学合理规划乡村产业布局，形成县城、中心镇（乡）、中心村层级分工、功能衔接的发展格局。完善县城综合服务功能，推动镇域产业集中和集聚，发挥镇（乡）上连县、下连村的纽带作用。引导农业企业与农民合作社、农户联合建设原料基地、加工车间等，实现加工在镇、基地在村、增收在户。二是推动县域全产业链建设。推进农产品加工向产地下沉，向优势区域聚集，在粮食生产功能区、重要农产品保护区、特色农产品优势区和水产品主产区，建设加工专用原料基地，促进农产品就地增值，带动农民就近就业。依托"一村一品"示范村等发展小众类农产品初加工，促进产村融合。三是推动园区化发展。推动农业现代产业园发展，强化"生产＋加工＋科技"的协同配套，推动政策集成、要素集聚、企业集中、功能集合，建设产加销贯通、贸工农一体、一二三产业融合发展的现代产业园区、产业强镇、三产融合发展示范区，培育乡村产业"增长极"。支持集聚资源，集中力量，建设特色产业集聚区，打造"一县一业""多县一带"，在更大范围、更高层次上培育产业集群，构建乡村产业"圈"状发展格局。

（三）推动高质量发展

一是推动融合发展。培育多元融合主体，支持发展产业关联度高、辐射带动力强、多种主体参与的融合发展模式；发展多类型融合业态，跨界配置农业和现代产业要素，推动农林牧渔融合、农业与加工流通业融合，农业与文化、旅游、教育、康养结合，形成"农业＋"多业态发展态势，打造融合载体，完善联农带农机制。二是推动绿色转型。推广节水、节肥、节药、节膜等绿色生产技术，推行清洁生产、低碳生产，发展循环经济，推进秸秆、畜禽粪污和各类副产物综合利用，强化资源和生态环境保护。三是推动品牌建设。实施"三品一标（品种培优、品质提升、品牌打造和标准化生产）"行动，加强质量认证，完善质量分级和市场准入制度，健全全程质量追溯制度；建立农业品牌目录制度，加强农产品地理标志管理和农业品牌保护，培育区域公用品牌、企业品牌和产品品牌，增强乡村产业市场竞争力。

第 14 章

绿色发展政策

推进农业绿色发展是农业发展观的一场深刻革命，也是农业供给侧结构性改革的主攻方向，是实现农业农村现代化的重要内容。完善农业绿色发展政策体系，推进农业绿色发展，对于推动我国农业农村现代化、推进乡村全面振兴具有重要的意义。

一、发展历程

我国历来重视农业农村资源环境的保护。1949 年全国政协第一次全体会议通过的《中国人民政治协商会议共同纲领》，初步提出保护农业资源环境的立场。1957 年国务院颁布的《中华人民共和国水土保护暂行纲要》，是我国第一个综合性的资源保护政策文件。1972 年，联合国人类环境会议在瑞典召开。1973 年 8 月，我国召开第一次全国环境保护会议，标志着我国环境保护事业迈出关键性的一步。改革开放后，随着生态环境问题不断凸显，"绿色"成为中国经济发展不可或缺的内在要求。农业绿色发展支持政策的目标，经历了从主要促进粮食增产到着力促进农产品质量提升再到主动寻求绿色发展的转变，逐步实现了农业绿色发展经济性、安全性和可持续性支持政策的体系化整合。

（一）改革开放到党的十八大前

改革开放以后，随着改革的不断深化和经济的持续发展，农业绿色发展的定位不断提升，相应的绿色发展政策逐步建立健全。

1. 初步建立资源环境政策体系

我国资源环境政策体系建设在这个阶段开始起步，一系列重要法律法规密集出台，其中最重要的是 1989 年 12 月第七届全国人大常委会第十一次会议通过的《环境保护法》。作为农村资源与环境保护的法律基础，该法明确规定要加强农村环境保护、防治生态破坏，科学合理施用农药、化肥等农业生产投入品。1988 年颁布并实施的第一部管理水事活动的《水法》，对规范水资源开发利用、促进水利事业发展发挥了积极作用。

针对城市污染转嫁的问题，国务院在 1984 年颁布的《关于加强乡镇、街道企业环境管理的决定》以及 1986 年颁布的《中华人民共和国国民经济和社会发展第七个五年计划》中均明确指出，禁止"大城市向农村、大中型企业向小型企业转嫁污染"。国务院 1984 年颁布的《关于环境保护工作的决定》和国务院环境保护委员会 1985 年发布的《关于发展生态农业　加强农业生态环境保护工作的意见》，提出了推广生态农业的要求。中共中央、国务院在 1982—1986 年间连续颁发的五个中央 1 号文件，也对保护自然资源和生态环境提出了一些原则性要求。

2. 推进农业资源和环境保护

1994 年 7 月发布的中国《21 世纪发展议程》中，从农业生产、粮食安全、农村生态环境保护、资源可持续利用等方面对农业可持续发展进行了界定，并提出了全新的目标。1999 年，《国家环境保护总局关于加强农村生态环境保护工作的若干意见》印发，这是我国第一个直接针对农村生态环境保护的政策性文件。在改善农村生活环境方面，1993 年国务院颁布了《村庄和集镇规划建设管理条例》，要求建立村庄、集镇总体规划，"维护村容镇貌和环境卫生"，"保护和改善生态环境，防治污染和其他公害，加强绿化和村容镇貌、环境卫生建设"。

3. 聚焦质量兴农推进农业可持续发展

进入 21 世纪，随着人口增长、居民膳食结构升级和城镇化不断推进，我国农产品需求持续刚性增长。同时，国家经济实力不断增强、公众环保需求不断提升，国家对农业资源和环境保护的重视程度也随之不断提高。2001 年 12 月，国家环保总局等部门印发的《国家环境保护"十五"计划》明确，将控制农业面源污染、农村生活污染和改善农村环境质量作为农村环境保护的重要任务。2005 年，党的十六届五中全会首次提出建设社会主义新农村，强调了对农村生产和生活环境保护的要求。针对农村环保资金投入不足且投入主体责任不明确的情况，2006 年，国家环保总局发布了《国家农村小康环保行动计划》，提出农村环保资金投入以"中央财政投入为主，地方配套，村民自愿，鼓励社会各方参与"为基本原则。2007 年《关于加强农村环境保护工作的意见》进一步对中央、地方政府和乡镇、村庄各级环境保护资金投入责任进行了界定，并指出应积极引导和鼓励社会资金投入农村环保。2008 年中央财政设立农村环保专项资金，通过"以奖代补""以奖促治"等方式开展农村环境集中整治，提高地方治理农村环境的积极性。国家投入的农村环境保护专项资金迅速增加，从 2008 年的 5 亿元增加到 2012 年的 55 亿元。

这一阶段，国家相关政策由解决单领域问题逐步走向促进农村社会、经济、环境的协调发展，努力构建可持续的现代化农业体系。农业现代化目标从过去单一的高产转变为"高产、优质、高效、生态、安全"的综合目标，生态、环保成为农业发展自身的内在要求。单一的污染源达标排放的思想逐渐转为树立"利用是最有效的污染治理措施"的观念，农业生态环境保护也逐渐被提升到农业生态文明建设的高度。

（二）党的十八大以来

党的十八大以来，我国进入了全面建设小康社会的关键期。在整体经济实力增强和社会文化进步的推动下，迎来了经济发展方式转变的新时期。在深刻总结我国发展规律的基础上，习近平总书记提出将生态文明建设纳入我国"五位一体"总布局和"四个全面"战略布局，党的十八届五中全会正式提出绿色发展理念，推进绿色发展逐步成为我国农业发展的底色。

1. 建立以绿色生态为导向的农业补贴制度

为了进一步突出农业支持政策的绿色化特征，2016 年 12 月，财政部、农业部联合印发《建立以绿色生态为导向的农业补贴制度改革方案》，明确了到 2020 年基本建成以绿色生态为导向、促进农业资源合理利用与生态环境保护的农业补贴政策体系和激励约束机制的政策目标。加强在农业污染防治和生态农业建设方面的财政投入，进一步提高农业补贴政策的精准性、指向性和实效性。

2. 创新农业农村绿色发展机制

2017 年中央 1 号文件强调，绿色发展要突出一个"绿"字，通过转变农业发展导向，实施农业标准化战略，推行绿色生产方式，健全农产品质量和食品安全的监管体制等措施推进农业绿色发展。从 2017 年开始，我国进一步创新体制机制推进农业绿色发展，从优化农业主体功能与空间布局、强化资源保护与节约利用、加强产地环境保护与治理、养护修复农业生态系统、健全创新驱动与约束激励机制等方面进行全面部署。

3. 组织开展试点示范

2016 年，农业部联合国家发展改革委等八部门制定了《国家农业可持续发展试验示范区建设方案》，批复了第一批 40 个国家农业可持续发展试验示范区。2018 年，农业农村部等 8 部门印发《国家农业可持续发展试验示范区（农业绿色发展先行区）管理办法（试行）》的通知，并批复了第二批 41 个国家农业绿色发展先行区。2022 年，8 部门又发布了第三批 49 个国家农业绿色发展先行区创建名单。这些地区以农业产业、资源环境、农村社会可持续为目标，以高效利用资源、治理环境问题、保护修复生态为重点，在不同类型自然生态区整体设计各产业间协调发展方案，创新一批农业可持续发展集成技术，形成一批适应不同类型特点的农业可持续发展模式，构建一批良性运行的农业可持续发展机制，为全面推进农业可持续发展提供试验示范。

4. 实施农业绿色发展五大行动

2017 年 5 月，农业部启动实施"农业绿色发展五大行动"，包括畜禽粪污资源化利用行动、果菜茶有机肥替代化肥行动、东北地区秸秆处理行动、农膜回收行动和以长江为重点的水生生物保护行动。这有利于改变传统生产方式，减少化肥等投入品过量使用，优化农产品产地环境，有效提升产品品质，从源头上确保优质绿色农产品供给。

5. 打好污染防治攻坚战

从 2015 年起，农业部率先打响农业面源污染防治攻坚战，加强农业面源污染治理，实现"一控两减三基本"，重点任务是大力发展节水农业、实施化肥农药零增长行动、推进养殖污染防治、着力解决农田残膜污染、深入开展秸秆资源化利用、实施耕地重金属污染治理。

6. 推进农村人居环境整治

2018 年中央 1 号文件明确要求，实施农村人居环境整治三年行动计划，以农村垃圾、污水治理和村容村貌提升为主攻方向，整合各种资源，强化各种举措，稳步有序推进农村人居环境突出问题治理。坚持不懈推进农村"厕所革命"，大力开展农村户用卫生厕所建设和改造，同步实施粪污治理，加快实现农村无害化卫生厕所全覆盖，努力补齐影响农民群众生活品质的短板。

二、政策内容

以绿色发展引领乡村振兴是一场深刻革命。党的十八大以来，农业农村绿色发展实现良好开局。2015 年中央 1 号文件明确，以实施两个全国性规划（《农业环境突出问题治理总体规划（2014—2018 年)》和《全国农业可持续发展规划（2015—2030 年)》）为农业生态治理的重要抓手。2015 年，国务院办公厅印发《关于加快转变农业发展方式的意见》，指明了当前和今后一个时期我国农业发展转型的方向，表明我国农业农村工作总目标已由过去的"保障农产品供给、增加农民收入"的双目标向"保障农产品供给、增加农民收入和保持农业可持续性"的三目标转变。2017 年，中共中央办公厅、国务院办公厅印发的《关于创新体制机制推进农业绿色发展的意见》，成为推进农业绿色发展的纲领性文件。2021 年，农业农村部等六部门联合印发了《"十四五"全国农业绿色发展规划》，对新时期推进农业绿色发展作出了具体部署。

（一）促进农业绿色转型政策

2016 年 12 月，财政部、农业部联合印发了《建立以绿色生态为导向的农业补贴制度改革方案》，首次提出到 2020 年，基本建成以绿色生态为导向、促进农业资源合理利用与生态环境保护的农业补贴政策体系和激励约束机制。2017 年中央 1 号文件提出，要"推行绿色生产方式，增强农业可持续发展能力"。2019 年中央 1 号文件提出，发展生态循环农业，推进畜禽粪污、秸秆、农膜等农业废弃物资源化利用，实现畜牧养殖大县粪污资源化利用整县治理全覆盖，下大力气治理白色污染。2019 年，农业农村部印发《农业绿色发展先行先试支撑体系建设管理办法（试行）》，提出大力发展种养结合、生态循环农业，扩大绿色、有机和地理标志农产品种养规模，大力培育农产品品牌，增加绿色优质农产品供给，提升绿色农产品质量和效益。发展绿色农产品产地加工，建设产地贮藏、预冷保鲜、分级包装、冷链物流设施。《"十四五"全国农业绿色发展规划》提出：到 2025 年，绿色农业发展全面推进，制度体系和工作机制基本健全，科技支撑和政策保障更加有力，农村生产生活方式绿色转型取得明显进展。

（二）农业污染防治政策

2018 年，中共中央、国务院印发《关于全面加强生态环境保护坚决打好污染防治攻坚战的意见》，提出坚决打赢蓝天保卫战、着力打好碧水保卫战、扎实推进净土保卫战。2021 年，中共中央、国务院印发《关于深入打好污染防治攻坚战的意见》，重点对包括农村人居环境整治提升、农业面源污染治理在内的 8 个标志性战役提出了量化攻坚目标。2022 年，生态环境部、农业农村部、住房和城乡建设部、水利部、国家乡村振兴局联合印发《农业农村污染治理攻坚战行动方案（2021—2025年）》，提出以农村生活污水垃圾治理、黑臭水体整治、化肥农药减量增效、农膜回收利用、养殖污染防治等为重点领域，以京津冀、长江经济带、粤港澳大湾区、黄河流域等为重点区域，强化源头减量、资源利用、减污降碳和生态修复，持续推进农村人居环境整治提升和农业面源污染防治。面源污染治理方面，2015年，农业部发布《关于打好农业面源污染防治攻坚战的实施意见》，率先在农业农村领域开启面源污染防治。2019年，农业农村部、发改委、工信部、财政部、生态环境部、国家市场监督管理总局发布《关于加快推进农用地膜污染防治的意见》，通过建立健全废旧地膜回收处置体系、加强农膜生产经营和流通使用监管等措施，全面推进地膜污染治理，加快构建农业绿色发展新格局。2021年，生态环境部与农业农村部联合印发《农业面源污染治理与监督指导实施方案（试行）》，明确了统筹推进、突出重点，试点先行、夯实基础，分区治理、精细监管，政策激励、多元共治的基本原则。养殖污染防治方面，2014年生效的《畜禽规模养殖污染防治条例》总体鼓励畜禽粪污的综合利用，对畜禽粪污在内的农业污染治理提出了新的解决手段。在此基础上，我国对土壤、农膜、畜禽粪污等污染进一步采取防治措施，并于2016年印发了《土壤污染防治行动计划》《全国生猪生产发展规划（2016—2020年）》，对推进畜禽粪污资源化利用、落实绿色发展提出了重要举措。2017年，国务院办公厅发布《关于加快推进畜禽养殖废弃物资源化利用的意见》，农业部印发《农膜回收行动方案》，环境保护部通过《污染地块土壤环境管理办法（试行）》，环境保护部、农业部联合发布《农用地土壤环境管理办法（试行）》等文件，为污染防治打下了坚实基础。

党的十八大以来，我国农业污染治理取得显著成效。全国化肥农药使用量持续减少，2020年我国水稻、小麦、玉米三大粮食作物化肥利用率40.2%，比2015年提高5个百分点；农药利用率40.6%，比2015年提高4个百分点。农业废弃物资源化利用水平稳步提升，畜禽粪污综合利用率达到76%，比2015年提高16个百分点；秸秆综合利用率达到88.1%，比 2015 年提高 8 个百分点；农膜回收率持续稳定在 80％以上[①]。全国地表水优良水质断面比例提高到 83.4％，同比上升 8.5 个百分点，劣 V 类水体比例下降到 0.6％，同比下降 2.8 个百分点。

（三）农业生态保护与修复

改革开放以来，我国制定了一系列关于农业生态环境保护的政策性文件，包括《关于发展生态农业加强农业生态环境保护工作的意见》《国家环境保护总局关于加强农村生态环境保护工作的若干意见》等，对农业农村生态环境保护起到有力推动作用。21 世纪以来，我国进一步加强农村水、土地等资源保护，2000 年印发《国务院关于进一步做好退耕还林还草试点工作的若干意见》，2007 年印发《关于加强农村环境保护工作的意见》等。为了进一步提高农业农村的生态保护和修复程度，2017 年农业部组织编制了《农业资源与生态环境保护工程规划（2016—2020 年）》，2018 年印发《农业农村部关于深入推进生态环境保护工作的意见》，提出要落实农业功能区制度，建立农业生产力布局、耕地轮作休耕、节约高效的农业用水等制度；推进化肥减量增效、畜禽粪污资源化利用、秸秆综合利用等，推动农业发展方式加快转变。

1. 强化农业资源保护

一是推进水资源保护。2018 年，生态环境部、住房和城乡建设部印发《关于加快制定地方农村生活污水处理排放标准的通知》，对农村生活污水处理排放设定具体标准。2021 年，国家发展改革委印发《关于深入推进农业水价综合改革的通知》，强化农业用水刚性约束，健全农业节水激励机制，推动农业用水方式由粗放向节约集约转变。二是推进土壤保护。2016 年 5 月，国务院《土壤污染防治行动计划》发布，这个被称为是史上最严厉的"土十条"，包括了监测、评估、风险防控、治理试点等内容。2017 年印发的《中共中央　国务院关于加强耕地保

---

① 中国这十年·系列主题新闻发布，中共中央宣传部举行新时代的乡村振兴新闻发布会，中共中央宣传部网站 . http：//www. scio. gov. cn/ztk/dtzt/47 678/48 355/index. htm.

护和改进占补平衡的意见》提出，改进占补平衡管理，严格落实耕地占补平衡责任，拓展补充耕地途径，落实补充耕地任务等要求。2018 年，国土资源部印发《关于全面实行永久基本农田特殊保护的通知》，提出建立健全"划、建、管、补、护"长效机制为重点的农田保护格局。2021 年，生态环境部等部门印发《"十四五"土壤、地下水和农村生态环境保护规划》，提出针对农业农村领域制定专门的环境治理体系，包括农作物化肥使用量、农药使用量、农村生活污水治理等方面。

2. 健全草原森林河流湖泊休养生息制度

党的十八大以来，我国坚持系统观念，推进山水林田湖草沙一体化保护和修复。在草原生态保护方面，2021 年印发《国务院办公厅关于加强草原保护修复的若干意见》，要求实施更加严格的保护和管理，确保基本草原面积不减少、质量不下降、用途不改变，加大草原保护力度。同时，针对青藏高原生态保护，2021 年国家发展改革委等部门印发《青藏高原生态屏障区生态保护和修复重大工程建设规划（2021—2035 年)》提出，到 2035 年，各项重点工程全面实施，青藏高原生态屏障区草原综合植被盖度稳定在 60% 左右，草原退化现象得到全面遏制。生物多样性保护方面，2021 年，国家发展改革委会等部门编制《全国重要生态系统保护和修复重大工程总体规划（2021—2035 年)》，中共中央办公厅、国务院办公厅印发《关于进一步加强生物多样性保护的意见》，提出加快完善生物多样性保护政策法规，持续优化生物多样性保护空间格局，构建完备的生物多样性保护监测体系，着力提升生物安全管理水平。在推进重点区域生态环境保护方面，2020 年，农业农村部发布《长江十年禁渔计划》，全面实施长江流域重点水域十年禁渔，推进以长江为重点的渔政执法能力建设，做好退捕渔民安置保障工作。开展长江、黄河流域农业面源污染治理，实施深度节水控水行动。2021 年，中共中央、国务院印发了《黄河流域生态保护和高质量发展规划纲要》，以黄河干支流流经的青海、四川、甘肃、宁夏、内蒙古、山西、陕西、河南、山东 9 省份为对象，通过构建黄河流域生态保护"一带五区多点"空间布局，通过自然恢复和实施重大生态保护修复工程，加快遏制生态退化趋势，恢复重要生态系统，强化水源涵养功能。同时，建立生态产品价值实现机制，在长江流域等开展试点。

（四）农业农村减排固碳政策

推进农业农村减排固碳，是农业生态文明建设的重要任务。2021 年，中共中央、国务院印发《关于完整准确全面贯彻新发展理念做好碳达峰碳中和工作的意见》提出，加快推进农业绿色发展，提升生态农业碳汇，促进农业固碳增效，推进农村建设和用能低碳转型，大力推进生活垃圾减量化资源化等。

2021 年，农业农村部农业生态与资源保护总站发布《农业农村减排固碳十大技术模式》，涵盖种植业减排固碳、畜牧业减污降碳、渔业减排增汇和农村可再生能源替代等重点领域。涉及温室气体减排技术 4 项、固碳增汇技术 4 项、可再生能源替代技术 2 项，主要包括稻田甲烷减排技术、农田氧化亚氮减排技术、保护性耕作固碳技术、秸秆还田固碳技术、反刍动物肠道甲烷减排技术、畜禽粪便管理温室气体减排技术、牧草生产固碳技术、渔业综合养殖碳汇技术、秸秆能源化利用技术、农村沼气综合利用技术等。这 10 项技术模式协同兼顾保障粮食等重要农产品有效供给、农业生产质量效益提升和农业绿色低碳发展，减排固碳效果显著，具备很好的推广应用条件。这是我国首次以减排固碳为主题发布农业农村领域相关技术模式。

2022 年 6 月，农业农村部和国家发展改革委联合印发《农业农村减排固碳实施方案》（以下简称《方案》），明确提出"十四五"期间，在增强适应气候变化能力、保障粮食安全基础上，坚持降低排放强度为主、控制排放总量为辅的方针，着力构建政策激励、市场引导和监管约束的多向引导机制，探索全社会协同推进农业农村减排固碳的实施路径。明确了种植业节能减排、畜牧业减排降碳、渔业减排增汇、农田固碳扩容、农机节能减排、可再生能源替代等 6 项任务，实施稻田甲烷减排、化肥减量增效、科技创新支撑、监测体系建设等 10 大行动。《方案》明确了时间表：到 2025 年，农业农村减排固碳与粮食安全、乡村振兴、农业农村现代化统筹融合的格局基本形成，农业农村绿色低碳发展取得积极成效。到 2030 年，农业农村减排固碳与粮食安全、乡村振兴、农业农村现代化统筹推进的合力充分发挥，农业农村绿色低碳发展取得显著成效。《方案》要求，以保障粮食安全和重要农产品有效供给为前提，以全面推进乡村振兴、加快农业农村现代化为引领，以农业农村绿色低碳发展为关键，以实施减污降碳、碳汇提升重大行动为抓手，全面提升农业综合生产能力，降低温室气体排放强度，提高农田土壤固碳能力，大力发展农村可再生能源，建立完善监测评价体系，强化科技创新支撑，构建政策保障机制，加快形成节约资源和保护环境的农业农村产业结构、生产方式、生活方式、空间格局，为全国实现碳达峰碳中和作出贡献。

（五）农村人居环境整治政策

改善农村人居环境是实施乡村振兴战略的重要内容。2016 年，环境保护部印发《关于下达"十三五"农村环境综合整治目标任务的通知》；2018 年 2 月，中共中央办公厅、国务院办公厅印发了《农村人居环境整治三年行动方案》。2021 年，中共中央办公厅、国务院办公厅印发了《农村人居环境整治提升五年行动方案（2021—2025 年）》，提出加快农村人居环境整治提升，建设生态宜居美丽乡村。重点任务是扎实推进农村厕所革命、加快推进农村生活污水治理、全面提升农村生活垃圾治理水平、推动村容村貌整体提升、建立健全长效管护机制、充分发挥农民主体作用等，明确到 2025 年农村人居环境显著改善，生态宜居美丽乡村建设取得新进步的行动目标。

1. 扎实推进农村厕所革命

习近平总书记多次对深入推进农村厕所革命作出重要指示。2019 年，中央农办等 8 部门联合印发《关于推进农村"厕所革命"专项行动的指导意见》，科学指导各地农村改厕工作。2021 年中央 1 号文件提出，要分类有序推进农村厕所革命，加快研发干旱、寒冷地区卫生厕所适用技术和产品，加强中西部地区农村户用厕所改造。2022 年国务院发布的《"十四五"推进农业农村现代化规划》强调，在因地制宜推进农村厕所革命的同时，还应推进农村厕所革命与生活污水处理有机衔接。

2. 加快推进农村生活污水治理

2019 年，中央农办等 9 部门联合印发《关于推进农村生活污水治理的指导意见》，明确了扎实推进农村生活污水治理 8 个方面的重点任务。2022 年，财政部、生态环境部印发《关于开展 2022 年农村黑臭水体治理试点工作的通知》，在各省遴选有基础、有条件的地区支持开展农村黑臭水体治理试点，采取控源截污、清淤疏浚、生态修复、水体净化等措施综合治理，基本消除较大面积黑臭水体，形成一批可复制可推广的治理模式。

3. 全面提升农村生活垃圾治理水平

2015 年，《住房城乡建设部等部门关于全面推进农村垃圾治理的指导意见》印发。为改善农村生产生活环境，提高农村生活垃圾治理水平，2021 年，住房和城乡建设部发布了《农村生活垃圾收运和处理技术标准》，进一步规范农村生活垃圾的分类、收集、运输和处理，逐步实现农村生活垃圾减量化、资源化和无害化目标。

4. 推动村容村貌整体提升

2018 年，中央农办等 18 个部门联合印发《农村人居环境整治村庄清洁行动方案》，提出聚焦村庄环境卫生难题进行逐个推进，包括改善村庄公共环境、推进乡村绿化美化、加强乡村风貌引导等。《农村人居环境整治提升五年行动方案（2021—2025 年)》提出，改善村庄公共环境、推进乡村绿化美化和加强乡村风貌引导。

三、下一步政策取向

近年来，我国农业绿色发展成效显著。同时也应看到，我国农业绿色发展不平衡不充分的问题依然突出。具体表现在，贯彻绿色发展理念不够全面、深入；农业生产方式仍然较粗放，农业绿色技术集成创新不足；绿色优质农产品供给不足，绿色标准体系不健全；绿色生态政策激励机制不完善，与农业绿色发展相适应的法律法规和监督考核机制不健全，生态产品价值实现机制尚未形成，等等。下一步，要认真贯彻党的二十大报告关于"必须牢固树立和践行绿水青山就是金山银山的理念，站在人与自然和谐共生的高度谋划发展"的要求，认真贯彻《"十四五"推进农业农村现代化规划》《"十四五"全国农业绿色发展规划》等相关文件，从如下几方面加快政策体系建设。

（一）推进农业绿色科技创新

一是推进绿色技术集成创新。加强绿色科技基础研究，开展关键技术攻关，推进技术集成创新，加快建立农业绿色发展技术体系。二是加快绿色农机装备创制。完善绿色农机装备创新体系，促进产学研推用深度融合；推动农机装备研发升级，推动传统农机装备向绿色、高效、智能、复式方向升级；加快绿色高效技术装备示范推广；加强绿色农机标准制定。三是建设农业绿色技术创新载体。推进农业绿色技术创新平台建设，引导大型农业企业集团搭建绿色技术创新平台，加快构建农业绿色发展科技创新联盟，突破农业绿色发展技术瓶颈。

（二）加快绿色适用技术推广应用

一是推进农业绿色科技成果转化。建立健全农业科技成果评估制度；建立农业绿色科技成果转化平台，推动科技成果与绿色产业有效对接；建立农业绿色发展科技成果转化激励制度。二是推进绿色技术先行先试。开展绿色技术应用试验，探索农业绿色发展典型模式；开展农业绿色发展综合试点；开展农业绿色发展长期固定观测；推进重要农业资源台账建设，摸清农业资源底数；开展国家农业农村绿色发展监测预警。三是引导小农户应用绿色技术。开展绿色生产技术示范，提升小农户生产绿色化水平；实施科技服务小农户行动；实施小农户能力提升工程；鼓励有长期稳定务农意愿的小农户稳步扩大规模，采用绿色农业技术，开展标准化生产。

（三）加强绿色人才队伍建设

一是健全基层农技推广服务体系。推动基层农技推广机构建设，创新农技推广机构管理机制。二是培育新型农业经营主体。引导新型农业经营主体发展绿色农业、生态农业、循环农业，推进生态农场建设，提高绿色技术示范应用水平；支持新型农业经营主体带动普通农户发展绿色种养。三是培养绿色技术推广人才。创新绿色技术推广人才培养模式，培养新型农业经营主体带头人，加强农村实用人才培养，发挥高等院校和科研单位作用，指导科研人才参与绿色技术推广。

（四）完善法律法规约束机制

一是健全法律法规体系。推进农业绿色发展领域立法；强化重点区域农业绿色发展保障机制，将黄河流域农业生态保护等纳入法律法规；开展配套规章建设，健全重大环境事件和污染事故责任追究制度及损害赔偿制度。二是加大执法力度。强化重点领域执法，加大破坏农业资源环境等违法案件查处力度；提升农业绿色发展执法能力，推进农业综合行政执法。

（五）健全政府投入激励机制

一是完善农业资源环境保护政策。优化耕地地力保护补贴，引导农业投入品减量增效，推进废弃物资源化利用，开展绿色种养循环农业试点，加快建立地膜使用和回收利用机制。二是健全生态保护补偿机制。继续实施耕地轮作休耕制度，完善退耕还林还草政策，实施新一轮渔业发展补助政策。三是建立多渠道投入机制。完善财政激励政策，加大公共财政对农业绿色发展支持力度；创新绿色金融政策，完善农业绿色信贷增信机制；引导社会投入，扩大农业绿色发展社会投资。

（六）建立市场价格调节机制

一是健全绿色价格机制。进一步完善和落实农业资源有偿使用制度，深入推进农业水价综合改革。二是建立绿色产品市场价格实现机制。推进绿色优质农产品优质优价；加强绿色优质农产品市场监管；建立绿色优质农产品产地准出和市场准入制度；建立健全生态产品价值实现机制，探索开展农业生态产品价值评估，实现生态产品价值有效转化。三是培育和发展绿色农业交易市场。健全生态产品市场体系，推进市场化经营性服务。

第 15 章

农村减贫政策

　　贫困是人类社会的顽疾，是全世界面临的共同挑战，消除贫困，实现共同富裕，是人类孜孜以求的理想。改革开放以来，我国始终将减缓贫困作为国家发展的重要目标任务，坚持以人为本，努力使经济社会发展成果惠及全体人民。特别是党的十八大以来，以习近平同志为核心的党中央团结带领人民，以坚定不移、顽强不屈的信念和意志与贫困作斗争，最终取得了脱贫攻坚战的全面胜利。这不仅是中华民族发展史上具有里程碑意义的大事件，也为全球减贫事业发展和人类发展进步作出了重大贡献。

一、发展历程

　　新中国成立之初，我国不具备开展大规模减贫行动的物质条件。改革开放以后，随着经济社会快速发展，中国减贫进程加快推进。先后经历了以"三西"扶贫为代表的区域性扶贫减贫时期、20 世纪末的"八七"综合性扶贫攻坚时期、21 世纪初的集中连片地区扶贫开发时期，以及党的十八大以来的实施精准扶贫方略时期。

（一）局部区域性扶贫减贫阶段（1978—1993 年）

　　改革开放初期，面对农村贫困人口基数大、贫困发生率高的严峻形势，党中央作出"贫穷不是社会主义，社会主义要消灭贫穷"的重要论断，提出到 20 世纪末人民生活达到小康水平的目标。这一阶段，中央扶贫工作的思路是以改革促经济发展，在发展中缓解贫困。改革不适应生产力发展要求的生产关系，解决生产力发展的"瓶颈制约"，激发生产要素活力。

1980 年 9 月，中共中央印发《关于进一步加强和完善农业生产责任制的几个问题》的通知，提出在边远山区和贫困落后的地区，长期"吃粮靠返销，生产靠贷款，生活靠救济"的生产队，应当支持群众的要求，可以包产到户，也可以包干到户，并在较长时间保持稳定。1985 年，中央发布的《关于进一步活跃农村经济的十项政策》提出，建立以市场化为取向的农产品交易制度，改革农产品购销和流通体制，激发了农民生产积极性，促进了农民增收脱贫。

除了借助体制改革推动脱贫外，中国还实施了一系列帮助贫困地区和人口的政策措施。1980 年设立了"支援经济不发达地区发展资金"，专门支持老少边穷地区经济发展。1982 年 12 月，为了支持甘肃河西地区、定西地区和宁夏西海固地区的发展，中央决定每年投入 2 亿元资金，专门进行"三西"扶贫开发建设。1986 年，第一次确定了国家扶持贫困县标准：1985 年年人均纯收入低于 150 元的县和年人均纯收入低于 200 元的少数民族自治县。同年 4 月，第六届全国人民代表大会第四次会议通过的《中华人民共和国国民经济和社会发展第七个五年计划》，将"老、少、边、穷地区的经济发展"单列一章，提出"发挥这些地区的资源优势"，"促进山区商品经济的发展"。

1986 年 5 月，国务院成立了专门的扶贫机构——贫困地区经济开发领导小组，后于 1993 年改为国务院扶贫开发领导小组，相应地在县级以上政府建立了专门机构，使扶贫工作组织化、制度化、专业化。中国逐步开始在全国范围开展有组织、有计划、大规模的扶贫开发，扶贫政策由单纯救济式扶贫转变为开发式扶贫。

1986 年，中国第一次制定的扶贫标准为 206 元。按照这一标准，农村贫困人口由 1986 年的 1.25 亿人减少到 1993 年底的 8 000 万人，占农村总人口的比重从 14.8% 下降到 8.7%。这一阶段实施的区域开发式扶贫战略，着眼于改变贫困人口"等、靠、要"的依赖思想，更加积极地发挥群众自主性，确保扶贫的持续性。

（二）"八七"扶贫攻坚阶段（1994—2000 年）

通过长期持续不断实施扶贫方略，中国贫困地区经济发展成效显著，贫困地区人口的生活水平明显提高，贫困人口数量大大减少。但是，由于我国经济基础差、人口众多等因素，扶贫压力依然较大。而且，以国定贫困县为扶贫单元的战略难以覆盖全部贫困人口，区域性开发扶贫"富县不富民"的弊端逐渐显现，东部地区与中西部地区发展的差距逐渐扩大，解决贫困户温饱问题的任务十分艰巨。

这一时期，扶贫战略的主要内容和突出特点：一是将解决贫困人口温饱问题作为首要任务，明确要求集中人力、物力、财力，基本解决 8 000 万农村贫困人口的温饱问题；二是提出扶贫开发到村到户的工作方针，强调以贫困村为基本单位，以贫困户为工作对象。

1994 年，中共中央、国务院颁布了《国家八七扶贫攻坚计划（1994—2000 年）》，对扶贫开发作出宏观规划和设计，并明确指出"动员社会各界力量，力争用 7 年左右的时间，基本解决目前全国农村 8 000 万贫困人口的温饱问题。"1996 年，中共中央发布《关于尽快解决农村贫困人口温饱问题的决定》，明确了扶贫到户战略，把有助于直接解决群众温饱问题的种植业、养殖业等作为扶贫开发的重点，组织沿海发达省、直辖市对口帮扶西部贫困省、自治区。1997 年 9 月，党的十五大报告强调，"国家从多方面采取措施，加大扶贫攻坚力度，到本世纪末基本解决农村贫困人口的温饱问题。"1999 年《关于进一步加强扶贫开发工作的决定》发布，强调切实做好国家八七扶贫攻坚决战阶段的工作，确保实现 2000 年基本解决农村贫困人口温饱问题的战略目标。

按照 2000 年农民年人均纯收入 625 元的标准，贫困人口由 1978 年的 2.5 亿人减少到 2000 年的 3 000 万人，农村贫困发生率从 30.7% 下降到 3% 左右，"八七扶贫攻坚计划"确定的战略目标基本实现。

（三）集中连片地区扶贫开发阶段（2001—2012 年）

"八七扶贫攻坚计划"成功实施，我国农村贫困现象明显缓解，贫困人口大幅度减少。但由于农村地区生产生活条件尚未得到根本改变，巩固温饱成果的任务仍很艰巨。进入 21 世纪后，我国扶贫开发的战略重点开始从解决温饱为主转入巩固温饱成果、加快脱贫致富的阶段。这一时期扶贫工作的重点，一是实施参与式"整村推进"扶贫，对扶贫工作重点与瞄准对象作出了重大调整，把中西部地区作为扶贫工作重点区域；二是从 2007 年开始在全国建立农村最低生活保障制度。

2001 年，中共中央召开扶贫开发工作会议，国务院印发《中国农村扶贫开发纲要（2001—2010 年）》指出，要按照集中连片的原则，把贫困人口集中的中西部少数民族地区、革命老区、边疆地区和特困地区作为扶贫开发的重点，并在上述四类地区确定扶贫开发工作重点县。2005 年国务院发布《关于共同促进整村推进扶贫开发工作的意见》，提出在中西部地区确定 592 个国家扶贫开发重点县，把贫困瞄准重心下移到村，在全国范围内确定 15 万个贫困村，主要以整村推进、产业发展、劳动力转移为重点进行构建与实施，扶贫开发继续向纵深推进。

2007 年 7 月，国务院发布《关于在全国建立农村最低生活保障制度的通知》，标志着我国的反贫困开始进入开发扶贫和社会救助两轮驱动的新阶段。一方面，国家依靠开发式扶贫措施推动扶贫事业的发展和深入；另一方面，依靠社会保障为贫困人口作兜底性制度安排，推动扶贫事业进一步深入。随着农村最低生活保障制度建立起来并不断完善，脱贫人口返贫问题得到了很大改善。

2011 年 12 月，中共中央、国务院印发《中国农村扶贫开发纲要（2011—2020 年）》，首次将连片特困地区确定为扶贫攻坚的主战场，扶贫开发的重点范围覆盖 14 个集中连片特困地区、592 个国家扶贫开发重点县，继续坚持开发式扶贫方针、继续坚持扶贫到村到户。我国的扶贫开发，从以解决温饱为主要任务的阶段转入巩固温饱成果、加快脱贫致富、改善生态环境、提高发展能力、缩小发展差距的新阶段。

2001 年制定第一个十年农村扶贫开发纲要时，将扶贫标准提高到 865 元，对应的贫困人口数量为 9 422.8 万，到 2010 年底，这一标准下的农村贫困人口减少到 2 688 万人，贫困发生率降为 2.8%。2011 年制定第二个十年农村扶贫开发纲要时，将扶贫标准提高到 2 300 元（2010 年不变价），对应的贫困人口数量为 1.22 亿。这一时期扶贫开发成效明显：一方面，大多数贫困群体的温饱问题得以解决；另一方面，扶贫开发对促进国民经济持续健康发展、缓解区域城乡差距扩大趋势做出了重要贡献。

（四）新时代脱贫攻坚阶段（2013—2021 年）

党的十八大以来，以习近平同志为核心的党中央把人民对美好生活的向往作为奋斗目标，把贫困人口全部脱贫作为全面建成小康社会、实现第一个百年奋斗目标的底线任务，将脱贫攻坚纳入"五位一体"总体布局和"四个全面"战略布局，明确到 2020 年现行标准下农村贫困人口实现脱贫、贫困县全部摘帽、解决区域性整体贫困的目标任务，汇聚全党全国全社会之力打响脱贫攻坚战。

党的十八大提出了全面建成小康社会的奋斗目标。习近平总书记指出"小康不小康，关键看老乡，关键在贫困的老乡能不能脱贫"，强调"决不能落下一个贫困地区、一个贫困群众"，拉开了新时代脱贫攻坚的序幕。2014 年 1 月，《关于创新机制扎实推进农村扶贫开发工作的意见》出台，首次提出创新六大扶贫开发工作机制，即改进贫困县考核机制、建立精准扶贫工作机制、健全干部驻村帮扶机制、改革财政专项扶贫资金管理机制、完善金融服务机制和创新社会参与机制，标志着我国开始探索通过创新机制来推动农村扶贫开发。2015 年 11 月发布的《关于打赢脱贫攻坚战的决定》，进一步明确了脱贫攻坚"两不愁、三保障"的总体目标：到 2020 年，稳定实现农村贫困人口不愁吃、不愁穿，义务教育、基本医疗和住房安全有保障。2016 年 11 月，国务院印发《"十三五"脱贫攻坚规划》，对"十三五"期间脱贫目标进行了细化实化，并详细阐释了贫困人口和贫困地区精准脱贫的具体思路和实现路径。党的十九大报告指出，"让贫困人口和贫困地区同全国一道进入全面小康社会是我们党的庄严承诺"，把精准脱贫作为三大攻坚战之一进行全面部署，锚定全面建成小康社会目标，聚力攻克深度贫困堡垒。2018 年 6 月印发的《中共中央国务院关于打赢脱贫攻坚战三年行动的指导意见》，就完善脱贫攻坚顶层设计、强化政策措施、加强统筹协调等作出了具体安排。2020 年，面对突如其来的新冠肺炎疫情，习近平总书记主持召开决战决胜脱贫攻坚座谈会进行再部署再动员，指出农村贫困人口全部脱贫"必须如期实现，没有任何退路和弹性"。党中央要求全党全国以更大的决心、更强的力度，做好"加试题"、打好收官战，信心百倍向着脱贫攻坚的最后胜利进军。

2021 年，经过全党全国各族人民共同努力，在迎来中国共产党成立一百周年的重要时刻，习近平总书记在全国脱贫攻坚总结表彰大会上庄严宣告，中国脱贫攻坚战取得了全面胜利，中国完成了消除绝对贫困的艰巨任务，创造了又一个彪炳史册的人间奇迹。

二、政策内容

党的十八大以来，党中央坚持以人民为中心，把减贫摆在治国理政的突出位置，用发展的办法消除贫困根源，发挥贫困群众主体作用，立足国情、把握减贫规律，陆续出台了《中共中央国务院关于打赢脱贫攻坚战的决定》《"十三五"脱贫攻坚规划》《关于打赢脱贫攻坚战三年行动的意见》《关于建立贫困退出机制的意见》等一系列重要文件，采取了一系列超常规政策举措，构建了一整套行之有效的政策体系、工作体系、制度体系，形成了中国特色反贫困理论，走出了一条中国特色减贫道路。

（一）"六个精准"实现精准扶贫方略

2015 年 6 月，习近平总书记在贵州部分省区市党委主要负责同志座谈会上提出"六个精准"；同年 11 月，《中共中央国务院关于打赢脱贫攻坚战的决定》发布，将"六个精准"确定为"精准扶贫、精准脱贫"方略的具体要求，即扶持对象精准、措施到户精准、项目安排精准、资金使用精准、因村派人精准、脱贫成效精准。

1. 扶贫对象精准

扶贫不是普惠性社会福利，必须盘清家底，精准识别，建档立卡，明确贫困户是哪些户、哪些人。必须秉持严格对象标准、规范识别程序、坚持公平公正、直接到户到人的原则，全面准确掌握贫困人口数量、分布以及居住生活条件、就业渠道、收入来源、致贫因素等情况，确保扶真贫。

2. 措施到户精准

对不同原因、不同类型的贫困户，采取不同的脱贫措施，对症下药、精准滴灌、靶向治疗。找准每个贫困家庭的致贫原因，分析哪些可以通过扶持解决，哪些可以迅速解决，哪些需要长期解决，哪些需要通过兜底解决。致贫因子往往不是单一的，需要短期和长期扶持项目相结合，采取综合办法解决，必须找准瓶颈因素，从需求出发，采取有效措施进行干预，同时要区分情况，采取差异性策略。

3. 项目安排精准

选择和安排什么样的扶贫项目，要因人因地施策、因贫困原因施策、因贫困类型施策，区别不同情况。要有针对性地选择和安排相应的扶贫项目，如在经济发展基础较差但具有一定发展条件的贫困地区，应当以扶持生产和就业、教育扶贫等为主，为当地经济发展"输血"，激发群众脱贫致富的积极性和"造血"功能。

4. 资金使用精准

扶贫项目要以提高贫困户生产生活水平为基本出发点，规模不是越大越好，用钱不是越多越好。资金的安排和使用要根据扶贫项目实际需要而定，避免"撒胡椒面"。充分发挥财政资金的"药引子"作用，撬动金融保险和社会资金参与扶贫项目。

5. 因村派人精准

第一书记的派遣，严格按照中共中央组织部、中央农村工作领导小组办公室、国务院扶贫开发领导小组办公室发出的《关于做好选派机关优秀干部到村任第一书记工作的通知》的要求进行。以党组织软弱涣散村和建档立卡贫困村为重点，加大选派力度，应派尽派。严格选人标准，第一书记在政治素质、工作能力、工作经历、身体条件等方面要符合要求。

6. 脱贫成效精准

习近平总书记指出，"检验我们一切工作的成效，最终都要看人民是否真正得到了实惠，人民生活是否真正得到了改善，人民权益是否真正得到了保障。"要紧紧围绕"两不愁、三保障"来衡量脱贫成效，既不要吊高胃口，也不要降低标准。树立正确的政绩观，成效决不能渗水、造假，不搞虚假脱贫、数字脱贫。防止急躁症，坚持时间服从质量，坚持成熟一个摘一个，不要脱离实际随意提前，不搞层层加码。

（二）"五个一批"扎实推进脱贫工作

2015年10月，习近平总书记在减贫与发展高层论坛上首次提出"五个一批"脱贫措施，为打通脱贫"最后一公里"开出破题药方。随后，"五个一批"脱贫措施被写入《中共中央　国务院关于打赢脱贫攻坚战的决定》，针对不同地区、不同主体、不同人群实施相应的脱贫方略，以发展生产脱贫、易地搬迁脱贫、生态补偿脱贫、发展教育脱贫、社会保障兜底区分类别，靶向施策。

1. 发展生产脱贫

党的十八大以来，我国立足贫困地区资源禀赋，以市场为导向，因地制宜逐步推进发展生产脱贫。2014年，农业部、国务院扶贫开发领导小组办公室、国家发展改革委等制定了《特色产业增收工作实施方案》，明确了14个集中连片特困地区的特色产业布局。2015年11月，《中共中央　国务院关于打赢脱贫攻坚战的决定》发布，强调了发展生产脱贫在脱贫攻坚中的重要地位。2018年12月，农业农村部、国家发展改革委等联合制定了《关于实施产业扶贫三年攻坚行动的意见》，提出了培育壮大贫困地区特色产业、扶持贫困地区农产品产销对接等要求。

发展生产脱贫可大致分为五个模式：农林产业扶贫、旅游扶贫、电商扶贫、资产收益扶贫、科技扶贫。农林产业扶贫以优化发展种植业、积极发展养殖业、大力发展林产业、促进产业融合发展、扶持培育新型经营主体、加大农林技术推广和培训力度为主要内容。旅游扶贫以因地制宜发展乡村旅游、大力发展休闲农业、积极发展特色文化旅游为主要内容。电商扶贫以培育电子商务市场主体、改善农村电子商务发展环境为主要内容。资产收益扶贫以组织开展资产收益扶贫工作为主要内容，鼓励和引导贫困户将已确权登记的承包土地经营权入股企业、合作社、家庭农（林）场，与新型经营主体形成利益共同体，分享经营收益。

2. 易地搬迁脱贫

《中共中央　国务院关于打赢脱贫攻坚战的决定》，将易地扶贫搬迁作为脱贫攻坚的"头号工程"，进一步在扶贫体制机制上大力创新。2015 年 12 月，国家发展改革委、国务院扶贫办等五部门联合印发了《"十三五"时期易地扶贫搬迁工作方案》。2016 年 9 月，国家发展改革委印发了《全国"十三五"易地扶贫搬迁规划》，进一步详细阐述了易地搬迁脱贫工作要求。

易地搬迁脱贫主要以精准识别搬迁对象、稳妥实施搬迁安置、促进搬迁群众稳定脱贫为主要内容。首先，精准识别搬迁对象。以扶贫开发建档立卡信息系统识别认定结果为依据，以生活在自然条件严酷、生存环境恶劣等地区的农村建档立卡贫困人口为对象，以省级政府批准的年度搬迁进度安排为主要参考，确定易地扶贫搬迁人口总规模和年度搬迁任务，确保符合条件的建档立卡贫困人口应搬尽搬。其次，稳妥实施搬迁安置。因地制宜选择搬迁安置方式，合理确定住房建设标准，配套建设基础设施和公共服务设施，拓展资金筹措渠道。最后，促进搬迁群众稳定脱贫。大力发展安置区（点）优势产业，多措并举促进建档立卡搬迁户就业增收，促进搬迁人口融入当地社会，巩固易地搬迁脱贫成果。

3. 生态补偿脱贫

2016 年，国务院印发《关于健全生态保护补偿机制的意见》，指出结合生态补偿推进精准扶贫，探索生态脱贫新路子。2018 年 1 月，国家发展改革委、国家林草局、财政部等印发《生态扶贫工作方案》。2018年11月，国家林草局办公室、国家发展改革委办公厅等印发《关于推广扶贫造林（种草）专业合作社脱贫模式的通知》，进一步为生态补偿脱贫提供了方向。

生态补偿脱贫以加大生态保护修复力度、建立健全生态保护补偿机制为主要内容。加大生态保护修复力度以加强生态保护与建设和开展水土资源保护为主要举措，具体措施为加快改善西南山区、西北黄土高原等水土流失状况，加大"三北"等防护林体系建设工程，在重点区域推进京津风沙源治理、岩溶地区石漠化治理、青海三江源保护等山水林田湖综合治理工程。

4. 发展教育脱贫

党中央高度重视提高贫困人口基本文化素质和提升贫困家庭劳动力技能，瞄准教育最薄弱领域，阻断贫困代际传递，进一步确保真脱贫、脱真贫。2012年，《国务院关于深入推进义务教育均衡发展的意见》指出，积极推进义务教育学校标准化建设。2013年7月，国务院办公厅转发教育部等部门《关于实施教育扶贫工程的意见》，明确了教育扶贫重点范围及其目标。2019年7月，教育部等部门发布《关于切实做好义务教育薄弱环节改善与能力提升工作的意见》，继续推进城乡义务教育一体化改革发展，加大力度发展教育脱贫。

发展教育脱贫以提升基础教育水平、降低贫困家庭就学负担、加快发展职业教育等为主要举措。第一，提升基础教育水平。完善贫困地区学前教育公共服务体系，全面改善义务教育薄弱学校基本办学条件，建立城乡统一、重在农村的义务教育经费保障机制等。第二，降低贫困家庭就学负担。完善困难学生资助救助政策，健全学前教育资助制度，帮助农村贫困家庭幼儿接受学前教育。第三，加快发展职业教育。强化职业教育资源建设，加大职业教育力度，加大贫困家庭子女职业教育资助力度。

5. 社会保障兜底

2016年9月，国务院办公厅转发《关于做好农村最低生活保障制度与扶贫开发政策有效衔接的指导意见》，强调社会保障对扶贫开发的重要意义。2018 年 6 月，《民政部　财政部　国务院扶贫办关于在脱贫攻坚三年行动中切实做好社会救助兜底保障工作的实施意见》发布，推进了农村低保的重大制度创新，进一步明确了社会救助兜底工作和强化兜底功能，确保了动态管理下的"应保尽保"。

社会保障兜底以健全社会救助体系、逐步提高贫困地区基本养老保障水平、健全"三留守"人员和残疾人关爱服务体系为主要举措。首先，健全社会救助体系。完善低保对象认定办法，建立农村低保家庭贫困状况评估指标体系。其次，逐步提高贫困地区基本养老保障水平。统筹推进城乡养老保障体系建设，建立适应农村老龄化形势的养老服务模式。最后，健全"三留守"人员和残疾人关爱服务体系。组织开展农村留守儿童、留守妇女、留守老人摸底排查工作，优先扶持贫困残疾人家庭发展生产，支持引导残疾人就业创业等。

（三）着力提高贫困地区区域发展能力

脱贫攻坚不仅关注对贫困户、贫困村的脱贫，同样关注协调区域发展，提高贫困地区区域发展能力。《中共中央国务院关于打赢脱贫攻坚战的决定》提出，加强贫困地区基础设施建设，加快破除发展瓶颈制约，切实提高扶贫成果可持续性，让贫困人口有更多获得感。

1. 加快交通、水利、电力建设

在交通方面，推动国家铁路网、国家高速公路网连接贫困地区重大交通项目建设，大幅度增加中西部地区和贫困地区的铁路、公路建设投入，加强农村公路安全防护和危桥改造，推动了一定人口规模的自然村通公路。在水利建设方面，加强贫困地区重大水利工程、病险水库水闸除险加固、灌区续建配套与节水改造等水利项目建设，实施农村饮水安全巩固提升工程，全面解决贫困人口饮水安全问题。在电力建设方面，加快推进贫困地区农网改造升级，全面提升农网供电能力和供电质量，制定贫困村通动力电规划，提升贫困地区电力普遍服务水平。

2. 加大"互联网＋"扶贫力度

"互联网＋"具备分享、远程、快捷等特点，能够在社会资源配置中有效发挥优化和集成作用，推动各类资源向贫困地区、贫困群众集结。党的十八大以来，进一步完善电信普遍服务补偿机制，加快推进宽带网络覆盖贫困村。实施电商扶贫工程，加快贫困地区物流配送体系建设，支持电商企业拓展农村业务。同时，各地加强贫困地区农村电商人才培训，对贫困家庭开设网店给予网络资费补助、小额信贷等支持，开展互联网为农便民服务，提升贫困地区农村互联网金融服务水平。

3. 加快农村危房改造和人居环境整治

加快推进贫困地区农村危房改造，统筹开展农房抗震改造，切实保障了贫困户基本住房安全。同时，各地加大贫困村生活垃圾处理、污水治理、改厕和村庄绿化美化力度，加大贫困地区传统村落保护力度，进一步推动贫困地区农村环境连片整治，以整村推进为平台，改善贫困村生产生活条件，扎实推进美丽宜居乡村建设。

4. 革命老区、民族地区、边疆地区、连片特困地区脱贫攻坚

加大力度支持革命老区开发建设；加快推进民族地区重大基础设施项目和民生工程建设，实施少数民族特困地区和特困群体综合扶贫工程；对于边疆地区、连片特困地区，加强少数民族特色村镇保护与发展，大力推进兴边富民行动，加大边境地区转移支付力度，完善边民补贴机制。同时，充分考虑边境地区特殊需要，集中改善边民生产生活条件，扶持发展边境贸易和特色经济，使边民能够安心生产生活、守边固边。

(四) 广泛动员社会力量

党的十八大以来，东西部扶贫协作和中央单位定点帮扶的引领示范作用充分发挥，有效凝聚了社会各方面力量，进一步提升了贫困人口帮扶精准度和帮扶效果，形成"人人皆愿为、人人皆可为、人人皆能为"的扶贫参与机制，发挥了社会主义制度集中力量办大事的优势，增强了脱贫攻坚合力。

1. 东西部扶贫协作

2016 年 12 月，中共中央办公厅、国务院办公厅印发《关于进一步加强东西部扶贫协作工作的指导意见》，要求以闽宁协作模式为样板，建立东西部扶贫协作与建档立卡贫困村、贫困户的精准对接机制，做好与西部地区脱贫攻坚规划的衔接，确保产业合作、劳务协作、人才支援、资金支持精确瞄准建档立卡贫困人口。东部省份根据财力增长情况，逐步增加对口帮扶财政投入，并列入年度预算。同时，注重发挥市场机制作用，推动东部人才、资金、技术向贫困地区流动。

2. 企业帮扶

一方面，强化国有企业帮扶责任，引导中央企业设立贫困地区产业投资基金，采取市场化运作，吸引企业到贫困地区从事资源开发、产业园区建设、新型城镇化发展等。继续实施"同舟工程——中央企业参与'救急难'行动"，充分发挥中央企业在社会救助工作中的补充作用。另一方面，引导民营企业参与扶贫开发。充分发挥工商联的桥梁纽带作用，以点带面，鼓励引导民营企业和其他所有制企业参与扶贫开发。组织开展"万企帮万村"精准扶贫行动，引导东部地区的民营企业在东西部扶贫协作框架下结对帮扶西部地区贫困村。

3. 军队帮扶

全军部队发挥优势打造特色，参与脱贫攻坚。根据《关于军队参与打赢脱贫攻坚战的意见》明确的 10 项重点任务，统筹做好目标确定、计划实施、资源投入、质效评估等工作，制定路线图，倒排时间表，分步骤有重点推进落实。各部队立足贫困村资源禀赋和地域实际，瞄准贫困群众脱贫需求，精准制定帮扶台账，做到一村一个脱贫计划、一户一个帮扶措施。

4. 社会组织和志愿者帮扶

广泛动员社会力量帮扶，是脱贫攻坚的必要途径。中共中央支持社会团体、基金会、社会服务机构等各类组织从事扶贫开发事业，以各级脱贫攻坚规划为引导，鼓励社会组织扶贫重心下移，促进帮扶资源与贫困户精准对接。

（五）严格贫困退出，建立防返贫机制

贫困退出管理，是指依据明确的标准和合理的程序，采取科学可信的方法，对扶贫对象退出结果进行评估、认定和批准的过程和行为。2016 年，中共中央办公厅、国务院办公厅印发的《关于建立贫困退出机制的意见》提出，建立严格、规范、透明的贫困退出机制，确保如期实现脱贫攻坚目标。

1. 建立健全贫困退出机制

明确贫困县、贫困村、贫困人口退出的标准和程序，既防止数字脱贫、虚假脱贫等"被脱贫"，也防止达到标准不愿退出等"该退不退"的情况产生。此外，制定脱贫摘帽规划和年度减贫计划，确保规范合理有序退出，严格执行退出标准，严格规范工作流程。贫困人口退出实行民主评议，贫困村、贫困县退出实行审核审查，退出结果公示公告，让群众参与评价，做到程序公开、数据准确、档案完整、结果公正。

2. 健全防止返贫机制

对脱贫不稳定户、边缘易致贫户，以及因病因灾因意外事故等刚性支出较大或收入大幅缩减导致基本生活出现严重困难户，开展定期检查、动态管理，早发现、早干预、早帮扶。继续支持脱贫地区乡村特色产业发展壮大，持续促进脱贫人口稳定就业。坚持易地搬迁后续扶持，多渠道促进就业，强化社会管理，促进社会融入，确保搬迁群众稳得住、有就业、逐步能致富。加强扶志扶智，激励和引导脱贫群众靠自己努力过上更好生活。开展巩固脱贫成果后评估工作，压紧压实各级党委和政府责任，坚决守住不发生规模性返贫的底线。

党的十八大以来，我国脱贫攻坚取得重大历史性成就，贫困人口的收入和福利水平大幅提高，"两不愁三保障"全面实现，教育、医疗、住房、饮水等条件明显改善，为实现全面建成小康社会目标任务作出了关键性贡献。农村绝对贫困人口全部脱贫。经过 8 年持续奋斗，到 2020 年底，我国如期完成新时代脱贫攻坚目标任务，现行标准下 9 899 万农村贫困人口全部脱贫，832 个贫困县全部摘帽，12.8 万个贫

困村全部出列，区域性整体贫困得到解决，完成消除绝对贫困的任务。贫困地区经济实力不断增强，基础设施建设突飞猛进。截至 2020 年底，全国贫困地区新改建公路 110 万千米、新增铁路里程 3.5 万千米。贫困地区农网供电可靠率达到 99%，大电网覆盖范围内贫困村通动力电比例达到 100%，贫困村通光纤和 4G 比例均超过 98%。790 万户、2 568 万贫困群众的危房得到改造，累计建成集中安置区 3.5 万个、安置住房 266 万套。在全球贫困状况依然严峻、一些国家贫富分化加剧的背景下，我国提前 10 年实现《联合国 2030 年可持续发展议程》减贫目标，赢得国际社会广泛赞誉。脱贫攻坚战取得全面胜利，创造了人类减贫史上的伟大奇迹，为全球减贫事业作出了重大贡献，为推动构建人类命运共同体贡献了中国力量。

（六）巩固拓展脱贫攻坚成果同乡村振兴有效衔接

脱贫摘帽不是终点，而是新生活、新奋斗的起点。打赢脱贫攻坚战之后，为实现巩固拓展脱贫攻坚成果同乡村振兴有效衔接，2020 年 12 月中共中央、国务院出台了《关于实现巩固拓展脱贫攻坚成果同乡村振兴有效衔接的意见》，要求保持脱贫攻坚政策稳定，建立稳定脱贫的长效机制，自脱贫攻坚目标任务完成设立 5 年过渡期，健全农村低收入人口常态化帮扶机制，提升脱贫地区整体发展水平，坚决守住不发生规模性返贫的底线。

1. 巩固脱贫攻坚成果

第一，保持主要帮扶政策总体稳定。巩固"两不愁三保障"及精准扶贫举措成果，严格落实"摘帽不摘责任、摘帽不摘政策、摘帽不摘帮扶、摘帽不摘监管"要求，建立健全巩固拓展脱贫攻坚成果长效机制，对退出的贫困县、贫困村、贫困人口扶上马送一程，保持现有帮扶政策总体稳定，确保脱贫群众不返贫。现有帮扶政策继续延续、优化、调整，稳定兜底救助类政策，落实教育、医疗、住房、饮水等民生保障普惠性政策，优化产业就业等发展类政策，根据脱贫人口实际困难给予适度倾斜。第二，健全防止返贫动态监测和精准帮扶机制。坚持预防性措施和事后帮扶相结合，对易返贫致贫人口实施常态化监测，建立健全快速发现和响应机制，分层分类及时纳入帮扶政策范围。全面摸清扶贫项目资产底数，按"到户类资产、公益性资产、经营性资产"进行分类管理。完善农村社会保障和救助制度，健全农村低收入人口常态化帮扶机制，提高低收入人群的社会福利水平。第三，做好脱贫地区后续扶持工作。对脱贫地区继续实施城乡建设用地增减挂钩节余指标省内交易政策、调整完善跨省域交易政策。加强扶贫项目资金资产管理和监督，推动特色产业可持续发展。推广以工代赈方式，带动低收入人口就地就近就业。做好易地扶贫搬迁后续帮扶，加强大型搬迁安置区新型城镇化建设。

2. 提升脱贫地区整体发展水平

第一，支持脱贫地区乡村特色产业发展壮大。实施脱贫地区特色种养业提升行动，支持脱贫地区培育绿色食品、有机农产品、地理标志农产品，打造区域公用品牌，广泛开展农产品产销对接活动，深化拓展消费帮扶。继续发展帮扶车间、增加乡村公益岗位，吸纳脱贫人口稳定就业。第二，持续改善脱贫地区基础设施条件和公共服务水平。重点谋划建设一批交通、水利、电力、人居环境等区域性和跨区域重大基础设施建设工程。进一步提升脱贫地区公共服务水平，改善贫困地区教育、医疗条件，加强脱贫地区防灾减灾救灾能力建设。第三，倾斜支持西部地区乡村振兴。继续执行对贫困地区的主要扶持政策，坚持和完善东西部协作和对口支援、中央单位定点帮扶、社会力量参与帮扶等机制，调整优化东西部协作结对帮扶关系和帮扶方式，强化产业合作和劳务协作。对乡村振兴重点帮扶县，从财政、金融、土地、人才、基础设施、公共服务等方面给予集中支持。

三、下一步政策取向

当前，巩固拓展脱贫攻坚成果与乡村振兴有效衔接的任务仍面临着许多挑战。一是从产业扶贫到产业振兴跨越难。在地理条件、资源禀赋等客观因素制约下，部分脱贫地区产业发展出现可持续性较差、内生发展动力不足等问题。部分脱贫人口和边缘人口生计脆弱性较高，脱贫基础相对薄弱，抵抗风险能力有限，仍然面临着返贫致贫风险。二是从特惠性到普惠性转型难。消除绝对贫困不意味着中国不再存在贫困问题，相对贫困问题将长期存在。相对贫困很大程度上源于发展的不平衡不充分，收入分配差距依然偏大、收入分配制度仍不完善、基本公共服务水平不高的问题依然突出，机会不均等现象依然存在。三是从超常规向常态化衔接难。脱贫攻坚过程中，政府资金投入规模大、增速快、项目资金整合度高，形成了坚实的投入保障机制。但脱贫攻坚投入机制很难应用到乡村振兴中，如果政府资金投入力度减小、整合度下降，脱贫政策的延续性和脱贫项目的长效作用可能难以得到有效保障。

打赢脱贫攻坚战、全面建成小康社会后，要在巩固拓展脱贫攻坚成果的基础上，进一步做好同乡村振兴有效衔接，实现三农工作重心的历史性转移，做好乡村振兴这篇大文章。党的二十大报告指出，要全面推进乡村振兴，坚持农业农村优先发展，巩固拓展脱贫攻坚成果，增强脱贫地区和脱贫群众内生发展动力。这也为下一步政策指明了方向，在全面推进乡村振兴过程中，将持续重视脱贫地区发展，让包括脱贫群众在内的广大人民过上更加美好的生活，朝着逐步实现全体人民共同富裕的目标继续前进。

第 16 章

农村集体产权政策

产权制度是社会主义市场经济的基石。以土地集体所有为基础的农村集体所有制，是社会主义公有制的重要形式。建立健全符合我国国情的农村集体产权制度，并不断探索农村集体所有制有效实现形式，是贯穿我国社会主义建设历程的一条重要脉络。

一、发展历程

（一）新中国成立后农村集体所有制的确立

顺应农民开展互助合作的需求，从 1951 年开始，中央指导各地农民通过组建互助组、初级社，发展农业生产。1955 年毛泽东同志在《关于农业合作化问题》中指出，"我国的商品粮食和工业原料的生产水平，现在是很低的，而国家对于这些物资的需要却是一年一年地增大，这是一个尖锐的矛盾。"1956 年 6 月 30 日，为提高农业生产力水平，中央决定促进高级社快速发展，第一届全国人民代表大会第三次会议通过了《高级农业生产合作社示范章程》。该章程第 2 条规定："农业生产合作社按照社会主义的原则，把社员私有的主要生产资料转为合作社集体所有。"第 13 条规定："入社的农民必须把私有的土地和耕畜、大型农具等主要生产资料转为合作社集体所有。"自此，高级社在各地迅猛发展，到 1956 年 12 月底，全国农村已经基本实现高级形式的合作化。仅 1 年时间，高级社数量就从 1955 年的 500 个发展到 54 万个，入社农户从 4 万户增加到 1.07 亿户，占农户总数的 87.8%。在高级社中，社员私有的土地等生产资料已经转变为农民集体所有。

1958 年 8 月，中共中央政治局审议通过《中共中央关于在农村建立人民公社问题的决议》，确定人民公社实行政社合一，工农兵学商相结合；强调小社并大社的方法，首先由原来的各小社联合选出大社的管理委员会，把人民公社的架子搭起来；在并社过程中，要以"共产主义精神"去对待各个小社的公共财产和债务方面的差别；指出人民公社目前是集体所有制，以后可以变为全民所有制，并为向共产主义过渡作准备。同时，要求全国各地尽快地将小社并大社，转为人民公社。随后，全国农村普遍实现了人民公社化，到同年 9 月底，已经把 74 万多个农业生产合作社改组为 2.4 万多个人民公社，入社农户占农户总数的90% 以上，平均每社耕地 6.4 万亩，农户 5 000 户左右。1958 年 12 月，中共中央六届六中全会通过的《关于人民公社若干问题的决议》指出，人民公社"成为我国农村由集体所有制过渡到全民所有制的最好的形式"；但同时也指出，"农村人民公社的生产资料和产品，现在基本上仍然属于公社集体所有，同国营企业的生产资料和产品属于全民所有不同"。1960 年 11 月 3 日，中共中央《关于农村人民公社当前政策问题》的紧急指示强调，"三级所有，队为基础，是现阶段人民公社的根本制度。"1962 年 9 月，中共八届十中全会通过的《农村人民公社工作条例修正草案》（《人民公社 60 条》）再次重申，"人民公社的基本核算单位是生产队"；"生产队范围内的土地，都归生产队所有"。该条例虽然没有经过法定程序成为法律，但对调整农村生产关系发挥了重要作用。1975 年《中华人民共和国宪法》从法律上明确了"三级所有、队为基础"的农村生产资料所有制，其中第 7 条规定："农村人民公社是政社合一的组织。现阶段农村人民公社的集体所有制经济，一般实行三级所有、队为基础，即以生产队为基本核算单位的公社、生产大队和生产队三级所有。"

总之，从 20 世纪 50 年代开始，通过农业合作化运动，农村集体生产资料的产权（主要包括所有权、经营权和使用权）实现了由农户所有向集体所有的过渡。这一时期，农村集体经济组织既是农村集体资产的所有者，也是经营者和管理者。

（二）改革开放后实行统分结合的双层经营体制

改革开放后，"包产到户""包干到户"逐渐推开。以家庭联产承包为主的生产责任制，极大地冲击着人民公社体制，经营制度层次的变革有力推动了农村集体经济组织制度和产权关系的变迁。1982 年 12 月，第五届全国人民代表大会常委会第五次会议通过了新修改的《中华人民共和国宪法》，明确规定"中华人民共和国的社会主义经济制度的基础是生产资料的社会主义公有制，即全民所有制和劳动群众集体所有制。""农村人民公社、农业生产合作社和其他生产、供销、信用、消费等各种形式的合作经济，是社会主义劳动群众集体所有制经济。""农村和城市郊区的土地，除由法律规定属于国家所有的以外，属于集体所有；宅基地和自留地、自留山，也属于集体所有。"到 1986 年年初，全国已有 99.6％的农户实行大包干，家庭联产承包责任制在农村全面确立。

人民公社体制废除后，1984 年中央 1 号文件指出，"为了完善统一经营和分散经营相结合的体制，一般应设置以土地公有为基础的地区性合作经济组织。这种组织，可以叫农业合作社、经济联合社或者群众选定的其他名称；可以以村（大队或联队）为范围设置，也可以以生产队为单位设置；可以同村民委员会分立，也可以一套班子两块牌子。"1986 年中央 1 号文件明确要求，"地区性合作经济组织应当进一步完善统一经营与分散经营相结合的双层经营体制"。

20 世纪 90 年代，由于农村土地等集体资源性资产的开发利用，在一些发达地区村庄，农村集体资产已经形成相当规模。为加强集体资产管理、完善集体产权制度，国家出台了一系列政策措施。

1. 强化农村集体资金资产资源管理

1995 年 12 月印发的《国务院关于加强农村集体资产管理工作的通知》指出，"农业部是国务院主管农村经济工作的职能部门，要认真履行对集体资产管理工作进行指导和监督的职责"。按照国务院要求，从 1997 年开始，农业部会同财政部在全国范围内组织开展了改革开放后第一次农村集体资产清产核资工作，历时两年半，共对贵州、西藏以外的 29 个省（自治区、直辖市）的 5.1 万个乡级单位、67.9 万个村和 54.8 万个乡村办集体企业进行了清查。根据清产核资结果，截至 1998 年 3 月底，全国乡村两级集体账面资产 2.6 万亿元，其中村级集体资产 1.2 万亿元，村均资产 180.2 万元。2008 年 10 月，党的十七届三中全会决定提出，健全农村集体资金资产资源管理制度，做到用制度管权、管事、管人。2009 年 6 月，农业部出台《关于进一步加强农村集体资金资产资源管理的意见》，明确提出农村集体经济组织要建立健全农村集体资金资产资源管理的 14 项制度，推进农村集体经济管理方式创新，逐步形成产权明晰、权责明确、经营高效、管理民主、监督到位的农村集体资产管理体制和运行机制。同时，将集体资产管理纳入党风廉政建设总体框架，在《农业部办公厅关于做好 2009 年农村党风廉政建设工作的通知》中，明确要求进一步加强对农村集体资金、资产、资源的管理，规范农村集体资产出让、租赁、承包和资源开发利用，实行公开竞价和招投标制度，坚决防止和纠正擅自处置和侵占集体资产资源、严肃查处截留挪用贪污集体资金，侵占集体收益私设"小金库"等问题。2010 年，农业部召开全国农村集体资金资产资源管理工作座谈会，要求各地用三年时间自主开展农村集体资产清产核资。根据这次清查结果，截至 2012 年底，全国村级集体账面资产总额为 2.2 万亿元，村均资产 369.3 万元，比 1998 年分别增长 78% 和 105%。

2. 加强农村集体经济组织财务会计和审计管理

2008 年农业部印发《农村集体经济组织审计规定》，明确农业部负责全国农村集体经济组织的审计工作，县级以上地方人民政府农村经营管理部门负责指导农村集体经济组织的审计工作，乡级农村经营管理部门负责农村集体经济组织的审计工作，进一步强化农村集体经济组织审计监督。2011 年，农业部印发《农村集体经济组织财务公开规定》，明确村集体经济组织实行财务公开制度，强调建立以群众代表为主组成的民主理财小组监督财务公开活动，进一步加强对农村集体经济组织财务活动的管理和民主监督。

3. 加强农村集体经济组织建设

1998 年 10 月，党的十五届三中全会决定提出，农村集体经济组织要管理好集体资产，协调好利益关系，组织好生产服务和集体资源开发，壮大经济实力，特别要增强服务功能，解决一家一户难以解决的困难；适应生产和市场需要，发展跨所有制、跨地区的多种形式的联合与合作；以农民的劳动联合和农民的资本联合为主的集体经济，更应鼓励发展；积极推进乡镇企业改革，放手让群众从实际出发，探索和选择企业的经营方式和组织形式，增强企业活力，调动投资者、经营者和劳动者的积极性，确保集体资产保值增值。2008 年 10 月，党的十七届三中全会决定提出，统一经营要向发展农户联合与合作，形成多元化、多层次、多形式经营服务体系的方向转变，发展集体经济、增强集体组织服务功能；抓好以村党组织为核心的村级组织配套建设，领导和支持村委会、集体经济组织、共青团、妇代会、民兵等组织和乡镇企业工会组织依照法律法规和章程开展工作。

4. 指导地方探索农村集体产权制度改革

20 世纪 90 年代，地处改革前沿的珠江三角洲一带，由于农村集体经济发展较快，农村社区居民结构日趋复杂，集体资产管理和收益分配矛盾日益突出。为切实维护农民群众的集体资产权益，这些地方率先探索开展了农村集体产权制度改革。此后，北京、上海、江苏、浙江、湖北等地区借鉴珠三角地区的经验，相继开展了农村集体产权制度改革。进入 21 世纪，农村集体产权制度改革的范围逐步扩展到全国各地。2004 年以来，为适应农村集体资产管理的新形势新要求，积极推进农村集体产权制度创新，增强农村集体经济发展活力，按照中央相关要求，农业部加强对集体成员身份确认、集体资产股权设置和管理等农村集体产权制度重大问题的研究，并组织地方进行试点探索。2007年 10 月，出台《农业部关于稳步推进农村集体经济组织产权制度改革试点的指导意见》，引导有条件的地方推进以清产核资、资产量化、股权设置、股权界定、股权管理等为主要内容的农村集体经济组织产权制度改革。

（三）党的十八大以来开展新时期农村集体产权制度改革

1. 中央高度重视

2013 年 11 月，党的十八届三中全会通过的《中共中央关于全面深化改革若干重大问题的决定》提出，保障农村集体经济组织成员权利，积极发展农民股份合作，赋予农民对集体资产股份占有、收益、有偿退出及抵押、担保、继承权。2015 年 8 月，中共中央办公厅、国务院办公厅印发《深化农村改革综合性实施方案》，明确提出深化农村集体产权制度改革，分类推进农村集体资产确权到户和股份合作制改革。习近平总书记在多次讲话中强调农村集体产权制度改革。2016 年 4 月 25 日，习近平总书记在安徽凤阳县小岗村主持召开农村改革座谈会时强调，新形势下深化农村改革，主线仍然是处理好农民和土地的关系。要在坚持和完善农村基本经营制度的同时，着力推进农村集体资产确权到户和股份合作制改革，发展多种形式股份合作，赋予农民更多财产权利。2016 年 12 月 14 日，习近平总书记在中央经济工作会议上指出，要深化农村产权制度改革，开展清产核资，明晰农村集体产权归属，赋予农民更加充分的财产权利。这是党中央推出的一项重要改革，对推动农村改革发展、完善农村治理、保障农民权益、探索形成农村集体经济新的实现形式和运行机制具有重要意义。2017 年 12 月 28 日，习近平总书记在中央农村工作会议上指出，要稳步推进农村集体产权制度改革，全面开展清产核资，进行身份确认、股份量化，推动资源变资产、资金变股金、农民变股东，建立符合市场经济要求的集体经济运行新机制，确保集体资产保值增值，确保农民受益，增强集体经济发展活力，增强农村基层党组织的凝聚力和战斗力。2018 年 9 月 21 日，习近平总书记在中央政治局第八次集体学习时指出，要把好乡村振兴战略的政治方向，坚持农村土地集体所有制性质，发展新型集体经济，走共同富裕道路。

2. 先行试点探索

2014 年 10 月，党中央、国务院审议通过《农业部　中央农村工作

领导小组办公室　国家林业局积极发展农民股份合作赋予农民对集体资产股份权能改革试点方案》，明确提出重点围绕保障农村集体经济组织成员权利，积极发展农民股份合作，在赋予农民对集体资产股份占有、收益、有偿退出及抵押、担保、继承权等方面开展试点。2015 年，在全国选择 29 个县（市、区）开展试点，并于 2017 年结束。

3. 改革总体部署

2016 年，中共中央、国务院印发《关于稳步推进农村集体产权制度改革的意见》（以下简称《意见》），这是指导新时期农村集体产权制度改革的纲领性文件，明确要求"用 3 年左右时间完成集体资产清产核资，5 年左右时间完成经营性资产股份合作制改革"，"通过改革，逐步构建归属清晰、权能完整、流转顺畅、保护严格的中国特色社会主义农村集体产权制度。"

4. 统筹推进改革

经国务院办公厅同意，2017 年成立由农业部、中央农办牵头，中央组织部、全国人大农委等部门和单位组成的全国农村集体产权制度改革部际联席会议制度。全国先后开展 5 批农村集体产权制度改革试点，覆盖所有涉农县（市、区）。农村集体产权制度改革被列入中央有关督查检查考核计划，各成员单位每年组成督察组，先后赴 31 个省份、100 多个县（市、区）开展实地督查，并向党中央、国务院报告改革督察情况。同时农业农村部每年委托相关科研院所对各地改革情况开展第三方评估。2017 年，农业部会同财政部、国土资源部等 9 部门印发《关于全面开展农村集体资产清产核资工作的通知》，明确了清产核资办法和报表体系，指导各地按照清查核实、公示确认、建立台账、审核备案、汇总上报、纳入平台"六大步骤"，规范集体资产清产核资工作。2021 年 4 月，中央农办、农业农村部联合中央组织部、财政部等 10 部门印发《关于扎实做好当前重点工作如期完成农村集体产权制度改革阶段性任务的通知》，要求试点省份对照《意见》要求，加强农村集体资产管理，加快集体经济组织成员证书发放，做好集体经济组织登记赋码工作，切实维护农村妇女合法权益，因地制宜发展新型农村集体经济，确保如期完成各项试点任务。2022 年，农业农村部、中央组织部、财政部、国家乡村振兴局等 4 部门联合印发《关于做好农村集体产权制度改革成果巩固提升工作的通知》再次强调，规范农村集体经济组织的运行管理，加强农村集体资产监督管理，保障农村集体经济组织成员权益，稳步发展新型农村集体经济；同时，强化农村集体产权制度改革的条件保障，加大典型宣传力度，营造持续深化改革的良好氛围。

5. 基本完成阶段性任务

2017 年以来，中央农办、农业农村部会同农村集体产权制度改革部际联席会议成员单位指导各地贯彻落实《意见》部署要求，完善改革措施，狠抓责任落实，全面完成了党中央、国务院确定的各项工作目标任务。全国农村集体家底基本摸清，农村集体经济组织成员基本确认，农村集体经济组织框架和管理模式基本成型，农村集体所有制有效实现形式基本明确，为推进农村集体产权制度改革的制度化规范化法治化、盘活农村要素资源、增强农村集体经济发展活力打下了良好的基础。

6. 及时成果转化

随着改革的深入推进，农业农村部及时总结改革经验，将探索的成果进　步转化为制度建设。2020 年，印发《农村集体经济组织示范章程（试行）》，指导各地规范农村集体经济组织建设和发展。贯彻落实党中央决策部署，按照全国人大常委会立法计划，积极配合全国人大有关部门扎实推进农村集体经济组织立法工作，形成农村集体经济组织法草案初稿，推动更多改革成果提炼转化为法律制度规范。

二、政策内容

新时期农村集体产权政策主要有五个方面：

（一）农村集体资产管理政策

《意见》明确提出，管好用好集体资产，建立符合市场经济要求的集体经济运行新机制，促进集体资产保值增值；对集体所有的各类资产进行全面清产核资，摸清集体家底，健全管理制度，防止资产流失；加强农村集体资金资产资源监督管理，加强乡镇农村经营管理体系建设。

1. 农村集体资产年度清查

2017 年，农业部会同相关部门印发的《关于全面开展农村集体资产清产核资工作的通知》指出，要建立集体资产年度清查和报告制度。集体资产清查内容包括经营性资产、非经营性资产和资源性资产，涵盖乡、村、组三级农村集体经济组织及其所属企业。从 2020 年开始，农业农村部每年同步部署集体资产年度清查和政策与改革统计报送工作，要求农村集体经济组织以上一年度数据为基础，根据当年资产增减变动情况进行填报。截至 2021 年底，全国清查核实农村集体账面资产 8.2 万亿元，土地等资源面积 65.5 亿亩。

2. 集体资产财务会计和审计管理

《意见》明确指出，要强化农村集体资产财务管理，修订完善农村集体经济组织财务会计制度；加强农村集体经济组织审计监督，做好日常财务收支等定期审计，继续开展村干部任期和离任经济责任等专项审计，建立问题移交、定期通报和责任追究查处制度，防止侵占集体资产。2013 年，农业部印发《关于进一步加强和规范村级财务管理工作的意见》明确要求，切实做好村级会计工作，规范村级会计委托代理，完善村级财务民主监督机制，加强对农村集体财务的审计监督，稳定和加强农村财会队伍建设。2021 年，财政部、农业农村部印发《农村集体经济组织财务制度》，进一步规范农村集体经济组织财务行为、农村集体经济组织的财务管理主体及职责，在资金筹集、资产运行、收支管理及收益分配、产权管理、财务信息管理等方面作出明确规定。《关于做好农村集体产权制度改革成果巩固提升工作的通知》强调，"落实农村集体资产监督管理制度。规范财务公开程序，重大财务事项决策参照执行'四议两公开'制度。强化集体经济组织负责人任期和离任审计，对一些集体经济体量大、工程项目建设多、廉政风险高的村，要加强审计监督。"

3. 全国农村集体资产监督管理平台

《意见》部署了加快推进农村集体资产监督管理平台建设的重要任务。2017 年全国农村集体资产监督管理平台建设启动，并于 2021 年上线试运行，包括集体产权管理、集体资产清产核资、集体资产财务管理、集体经济组织登记赋码管理、集体资产管理数据服务、集体经济组织信用评价等功能模块。该平台实现数据管理、决策分析、服务应用于一体，为提高农村集体资产经营管理、乡村治理等数字化水平，构建完善农业农村大数据体系，更好地维护农民权益提供了有力支撑和重要基础。

（二）农村集体经济组织成员身份确认政策

《意见》要求，在确认农村集体经济组织成员身份时，要依据有关法律法规，按照尊重历史、兼顾现实、程序规范、群众认可的原则，统筹考虑户籍关系、农村土地承包关系、对集体积累的贡献等因素，协调平衡各方利益。改革试点中，各地在深入调查研究、反复征求干部群众意见的基础上，出台确认农村集体经济组织成员身份的指导意见，统一确认时点、明确基本条件、规范工作程序，群众民主协商决定成员身份确认标准，经张榜公示无异议后确定成员名册。同时，切实保护出嫁女等特殊人群的权益。2021 年 12 月，农业农村部办公厅印发《农村集体经济组织成员证书样式（试行）》供各地参考，明确各地可选择在农村承包地确权登记颁证、宅基地改革与管理、集体经营性资产股份合作制改革等方面工作基础好的集体经济组织，探索印制发放证书，作为成员享有承包地、宅基地、集体经营性资产收益分配权份额等权益的基本依据。截至 2021 年底，全国共确认农村集体经济组织成员约 9 亿人，均已纳入全国农村集体经济组织成员数据库管理。

（三）农村集体经济组织建设与发展政策

《意见》明确要求发挥农村集体经济组织功能作用，维护农村集体经济组织合法权利。

1. 农村集体经济组织登记赋码

2018 年 6 月，农业农村部、中国人民银行、国家市场监督管理总局联合印发《关于开展农村集体经济组织登记赋码工作的通知》，明确各级农业农村管理部门作为农村集体经济组织建设和发展的主管部门，是农村集体经济组织登记赋码的管理部门。县级农业农村部门负责向本辖区农村集体经济组织发放登记证书，并赋统一社会信用代码。农村集体经济组织可据此到相关部门办理公章刻制和银行开户等相关手续，以更好发挥管理集体资产、开发集体资源、发展集体经济、服务集体成员的功能作用。2018 年 10 月，农业农村部印发《关于启用农村集体经济组织登记证有关事项的通知》，明确《农村集体经济组织登记证》采用统一式样，设有正本、副本及封套，并于 2018 年 10 月 1 日起启用《农村集体经济组织登记证》式样。《农村集体经济组织登记证》原则上由县级人民政府农业农村行政管理部门负责发放并加盖印章，各省也可以根据实际情况确定由地市级或者省级人民政府农业农村行政管理部门发放登记证并加盖印章。截至 2021 年底，全国共建立农村集体经济组织约 96 万个，其中，乡级 993 个、村级 57 万个、组级 39 万个。

2. 农村集体经济组织规范运行

2020 年 11 月，农业农村部印发《农村集体经济组织示范章程（试行）》，进一步促进农村集体经济组织规范发展，保障集体经济组织及其成员的合法权益，明确农村集体经济组织的业务范围，成员的权利和义务，成员（代表）大会、理事会、监事会职责等内容，对农村集体经济组织的资产经营、财务管理、经营性资产量化、收益分配办法以及变更和注销的程序等作出原则性规定。

（四）新型农村集体经济发展政策

发展壮大新型农村集体经济是中央提出的一项重大战略任务，是完善农村基本经营制度、实现乡村全面振兴、推进农业农村现代化的重要支撑。《意见》明确将发展新型农村集体经济作为改革的目标之一，要求因地制宜探索农村集体经济有效实现形式。2021 年，全国村集体经济总收入 6 685 亿元，向成员分红 814 亿元，年收益超过 5 万元的村占比达到 59.2%。

1. 扶持村级集体经济组织发展

2015 年，财政部发布《关于印发〈扶持村级集体经济发展试点的指导意见〉的通知》，明确自 2016 年起，中央财政通过以奖代补的形式，支持部分省份开展扶持村级集体经济发展的试点工作。积极引导农村集体经济组织建立健全法人治理、经营运行、收益分配、监督管理等机制，有效利用各类资源资产资金，因地制宜发展壮大村级集体经济，确保集体资产保值增值。2018 年，试点范围扩大到 28 个省份和 4 个计划单列市。2018 年，中央组织部、财政部、农业农村部联合印发《关于坚持和加强农村基层党组织领导扶持壮大村级集体经济的通知》，计划到 2022 年，中央财政在全国范围内扶持 10 万个左右行政村发展壮大集体经济，示范带动各地进一步加大政策支持、资金扶持和统筹推进力度，基本消除集体经济薄弱村，逐步实现村村都有稳定的集体经济收入。截至 2022 年 10 月，中央财政已累计安排 348 亿元发展壮大集体经济。

2. 发展提升贫困地区集体经济薄弱村

2018 年，《中共中央　国务院关于打赢脱贫攻坚三年行动的指导意见》提出，"积极推广贫困地区农村资源变资产、资金变股金、农民变股东经验，制定实施贫困地区集体经济薄弱村发展提升计划。"2019 年 6 月，农业农村部印发《关于进一步做好贫困地区集体经济薄弱村发展提升工作的通知》，要求各地加快推进薄弱村集体产权制度改革，积极推广资源变资产、资金变股金、农民变股东的经验，实施好薄弱村壮大集体经济试点项目，因地制宜指导薄弱村产业发展，支持薄弱村盘活土地资源，加强薄弱村人才支撑。2021 年，财政部等 6 部门联合印发《中央财政衔接推进乡村振兴补助资金管理办法》，明确要求衔接资金可用于支持脱贫村发展壮大村级集体经济。同年，财政部出台《关于继续支持脱贫县统筹整合使用财政涉农资金工作的通知》，允许脱贫县结合实际按规定将整合资金用于建设符合条件的村集体经济发展项目。

3. 农村集体经济发展支持政策

《意见》指出，加大政策支持力度，营造有利于推进农村集体产权制度改革的政策环境。农村集体经济组织承担大量农村社会公共服务支出，不同于一般经济组织，其成员按资产量化份额从集体获得的收益，也不同于一般投资所得，要研究制定支持农村集体产权制度改革的税收政策。进一步完善财政引导、多元化投入共同扶持集体经济发展机制。中央组织部积极推行村党组织书记通过法定程序担任村级集体经济组织负责人。2017 年，财政部联合税务总局印发《关于支持农村集体产权制度改革有关税收政策的通知》，明确对农村集体经济组织在农村集体产权制度改革中涉及的契税、印花税予以免征；土地、房屋等确权变更免征不动产登记费。2021 年，自然资源部会同国家发展改革委、农业农村部印发《关于保障和规范农村一二三产业融合发展用地的通知》，提出引导农村产业在县域范围内统筹布局，拓展集体建设用地使用途径，大力盘活农村存量建设用地，保障设施农业发展用地。2022 年，农业农村部印发《关于推进农业经营主体信贷直通车常态化服务的通知》，明确将农村集体经济组织纳入服务范围，切实做好对农村集体经济组织的金融服务，助力发展壮大农村集体经济。《关于做好农村集体产权制度改革成果巩固提升工作的通知》强调，加快完善扶持农村集体经济发展的政策措施。鼓励从事农业生产及相关产业融合项目的农村集体经济组织申请农业经营主体信贷直通车服务；鼓励有条件的农村集体经济组织参与农村各类中小型项目建设。农村集体经营性建设用地可以通过入股、租赁等方式直接用于发展乡村产业。

4. 探索农村集体经济发展路径

《意见》指出，要从实际出发探索发展集体经济有效途径。农村集体经济组织可以利用未承包到户的集体"四荒"地等资源，集中开发或者通过公开招投标等方式发展现代农业项目；可以利用生态环境和人文历史等资源发展休闲农业和乡村旅游；可以在符合规划前提下，探索利用闲置的各类房产设施、集体建设用地等，以自主开发、合资合作等方式发展相应产业。在《关于扎实做好当前重点工作如期完成农村集体产权制度改革阶段性任务的通知》中，提出从实际出发探索发展新型集体经济的有效形式，确定主导产业和经营发展模式；要建立紧密的利益联结机制和风险防控机制，积极引导社会资本、技术、人才等要素向农村流动，发展乡村产业，实现资源变资产、资金变股金、农民变股东，让农民分享更多产业增值收益。在《关于做好农村集体产权制度改革成果巩固提升工作的通知》中进一步强调，指导农村集体经济组织立足自身实际，积极开展资源发包、物业出租、居间服务、资产使用权入股等风险较小、收益稳定的经营活动。发展农村集体经济要坚持实事求是、量力而行，不得下指标、定任务，确保严格控制集体经营风险和债务规模。近年来，各地农村集体经济组织立足自身资源禀赋、区位优势，盘活集体资产资源，探索了自主经营、联合经营等多种经营方式，促进了集体经济发展壮大。江苏、浙江等省探索飞地经济、抱团发展；重庆、贵州、甘肃、陕西等省市积极开展"资源变资产、资金变股金、农民变股东"改革；广西、海南、云南等省区农村集体经济组织利用生态优势发展乡村旅游、康养产业。

（五）农村产权流转交易市场建设政策

引导农村产权流转交易市场健康发展，事关农村改革发展稳定大局，有利于保障农民和农村集体经济组织的财产权益，提高农村要素资源配置和利用效率。2013 年党的十八届三中全会审议通过的《中共中央关于全面深化改革若干重大问题的决定》，将农村产权流转交易纳入全面深化改革顶层设计，要求建立产权流转交易市场，推动农村产权流转交易公开、公正、规范运行。2014 年 12 月，国务院办公厅印发《关于引导农村产权流转交易市场健康发展的意见》，对建立农村产权流转交易市场作出全面部署，要求以规范流转交易行为和完善服务功能为重点，扎实做好农村产权流转交易市场建设工作，对农村产权流转交易市场的功能、形式、交易品种、交易主体、服务内容等作了规定。《意见》指出，鼓励地方特别是县乡依托集体资产监督管理、土地经营权流转管理等平台，建立符合农村实际需要的产权流转交易市场，县级以上地方政府要根据农村产权要素性质、流转范围和交易需要，制定产权流转交易管理办法，健全市场交易规则，完善运行机制，实行公开交易，加强农村产权流转交易服务和监督管理。2019 年中央 1 号文件提出，健全农村产权流转交易市场，推动农村各类产权流转交易公开规范运行。2021 年中央 1 号文件强调，加强农村产权流转交易和管理信息网络平台建设，提供综合性交易服务。2022 年中央 1 号文件明确要求，开展农村产权流转交易市场规范化建设试点。

三、下一步政策取向

全国农村集体产权制度改革阶段性任务已经基本完成，但仍有一些深层次问题亟需通过深化改革加以解决。国家层面尚未出台集体经济组织方面的法律，推动集体经济组织发展的政策举措有待加强，集体资产管理运营的机构和制度体系需要健全，传统农区发展集体经济的办法不多，集体资产股份权能实现形式探索不够。下一步，要贯彻落实党的二十大报告关于"巩固和完善农村基本经营制度，发展新型农村集体经济"部署要求，按照"全面确权、充分赋权、有效活权"的思路，以"坚持集体所有权、明晰农户财产权、放活资产经营权"为导向，主要围绕巩固提升改革成果、激发农村资源活力、发展壮大新型集体经济，做好集体产权制度改革的后半篇文章。

（一）持续深化农村集体产权制度改革

完善全国农村集体产权制度改革部际联席会议机制，推动改革不断向纵深发展，健全符合社会主义市场经济要求的集体经济组织运行新机制。开展集体收益分配权抵押担保、有偿退出等试点，研究制定进城落户农民自愿有偿退出集体收益分配权的具体办法。指导有条件的地方探索对成员资格和财产权利在保持总体稳定的前提下适时调整机制。发挥农村集体经济组织功能作用，指导有条件的地方探索实行村民委员会事务和集体经济事务分离。

（二）切实加强农村集体资产监督管理

出台加强农村集体资产管理的规范性文件，切实完善农村集体经济管理体制和运行机制，不断提高农村集体资产管理规范化水平。切实加强确权到村集体的扶贫项目资产移交和后续管理，进一步研究完善扶贫项目资产管理办法。综合运用民主监督、纪检监察、审计监督以及大数据监控等手段，依托全国农村集体资产监督管理平台，加强对集体资产的实时有效监管，防止内部少数人控制和外部资本侵占，避免集体资产流失。加强农村产权流转交易市场建设与管理，建立健全农村集体资产监督管理服务体系，配备与监管工作相适应的专业人员，确保事有人干、责有人负。

（三）积极探索新型农村集体经济发展路径

按照"产权关系明晰、组织运行规范、统分结合紧密、经营方式多元、收益成员共享"的原则，鼓励各地因地制宜探索资源发包、物业出租、资产使用权入股、中介服务等新型农村集体经济发展模式。充分发挥集体经济组织"统"的功能，做实盘活资源资产、引领集体经济发展、服务集体成员的载体作用。指导各地严格控制集体经营风险和债务规模。继续开展扶持村级集体经济发展试点，创建一批集体经济发展示范村。推动健全完善农村集体产权制度改革相关支持政策，为发展集体经济提供良好的政策环境。

（四）强化农村集体经济组织法治保障

加快推进农村集体经济组织立法进程，对立法中涉及的集体经济组织功能定位、成员确认条件、扶持保障措施等重大问题开展专题研究，推动更多改革成果提炼转化为法律制度规范。考虑各地发展水平差异较大、群众诉求多元，在推动制定农村集体经济组织法的同时，指导各地结合实际出台地方性法规。

第 17 章

农村建设用地管理政策

农村集体建设用地是指农村集体经济组织及其成员兴办乡镇企业、乡（镇）村公用设施和公益事业以及村民建设自用住宅等经依法批准使用的农民集体所有的土地。新中国成立以来，在不同的历史时期，随着我国土地制度的变化，农村建设用地管理制度也在不断调整和完善。本章主要介绍农村宅基地、农村集体经营性建设用地相关政策。

一、发展历程

（一）农村宅基地制度的历史沿革

宅基地是指农村村民依法取得的、用于建造住宅及其生活附属设施的集体建设用地，包括住房、附属用房和庭院等，不包括与宅基地相连的农业生产性用地、农户超出宅基地范围占用的空闲地等土地。新中国成立至今，农村宅基地制度经历了从私有到集体所有、从自由流转到限制流转的过程。结合宅基地权属性质界定、政策变化、管理体制变革等，可将我国农村宅基地制度发展历程分为四个阶段。

1. 初步建立阶段（改革开放前）

新中国成立及之后的土地改革时期，国家明确提出保护农民包括宅基地在内的私有财产。土地改革完成后，人民政府对土改后农民获得的土地颁发了土地所有证。1950 年 6 月颁布的《中华人民共和国土地改革法》强调，农民对土地拥有所有权。这一时期农村宅基地的性质为农民个体所有，宅基地及其上面的房屋和其他生产生活资料是农民私产，受国家法律保护，可以买卖、出租、继承等。

1956 年 6 月，《高级农业生产合作社示范章程》规定，"社员原有的坟地和房屋地基不必入社。社员新修房屋需用的地基和无坟地的社员需用的坟地，由合作社统筹解决。"这一时期，尽管土地所有权经历了由农民私有向合作社集体所有的转变，但是农民的房屋仍然保持了私有属性。法律中并未直接出现"宅基地"一词，也未对宅基地和宅基地上的房屋及其他附着物进行严格区分。因此，农民拥有房屋所有权的同时，也即意味着拥有宅基地所有权。

高级农业生产合作社向人民公社过渡后，在农村实行生产资料集体所有制，农民的宅基地所有权演变为宅基地使用权。1962 年，党的八届十中全会通过了《农村人民公社工作条例》，明确规定社员的宅基地属于集体所有，一律不准出租和买卖。这是政策文件中第一次使用"宅基地"一词，而且开创了宅基地与其上的房屋相分离的制度安排。1963年发布的《中共中央关于各地对社员宅基地问题作一些补充规定的通知》，明确宅基地归各户长期使用，宅基地上的附着物永远归社员所有。至此，宅基地属于集体所有、房屋属于农民所有的农村"一宅两制"制度正式形成。

2. 逐步规范阶段（改革开放到党的十八大前）

为规范农民建房行为，促进节约用地，1982 年 2 月，国务院颁布《村镇建房用地管理条例》，规定村镇建房应当在村镇规划的统一指导下有计划地进行。首次以国家法规方式明确农村宅基地使用权可以因房屋买卖而转移，同时明确出卖、出租房屋的不得再申请宅基地。1986 年颁布的《土地管理法》规定，农村居民建住宅应当使用原有的宅基地和村内空闲地。农村居民建住宅使用土地，不得超过所在省（自治区、直辖市）规定的标准。同时，允许城镇非农业户口居民申请宅基地，城镇非农业户口居民建住宅，需要使用集体所有的土地的，必须经县级人民政府批准，其用地面积不得超过所在省（自治区、直辖市）规定的标准，并参照国家建设征用土地的标准支付补偿费和安置补助费。1998年修订的《土地管理法》对宅基地政策作了重大调整：一是将 1986 年

《土地管理法》中的"农村居民"全部修改为"农村村民";二是确立了农村宅基地"一户一宅"制度,规定农村村民一户只能拥有一处宅基地,其宅基地面积不得超过省、自治区、直辖市规定的标准;三是严格宅基地审批,涉及占用农用地的,要依法办理农用地转用审批手续,占用耕地的,要承担补充耕地的义务;四是删除了城镇非农业户口居民到农村申请宅基地建房的规定。

20世纪末,城镇住房制度改革取消住房实物分配后,很多城市居民涌向城乡结合部购买农民住房。为了治理农村土地非法转让、炒卖集体土地等乱象,1999年发布的《国务院办公厅关于加强土地转让管理严禁炒卖土地的通知》要求,加强对农民集体土地的转让管理,严禁非法占用农民集体土地进行房地产开发;农民的住宅不得向城市居民出售,也不得批准城市居民占用农民集体土地建住宅;有关部门不得为违法建造和购买的住宅发放土地使用证和房产证。2007年发布的《国务院办公厅关于严格执行有关农村集体建设用地法律和政策的通知》再次重申,城镇居民不得到农村购买宅基地、农民住宅或"小产权房"。2007年颁布实施的《物权法》在用益物权中专设"宅基地使用权"一章,规定了宅基地使用权的权利内容、宅基地使用权的取得和转让、宅基地灭失后的重新分配以及宅基地使用权的变更登记和注销登记。这一时期,宅基地管理政策体现了对宅基地使用权的物权保护,对增加农村村民财产性收入具有重大意义。2008年党的十七届三中全会通过的《中共中央关于推进农村改革发展若干重大问题的决定》明确提出:完善农村宅基地制度,严格宅基地管理,依法保障农户宅基地用益物权。

3. 改革探索阶段(党的十八大以来)

近年来,农村人口加速流向城市,在城市就业和购房居住,农村宅基地及农房闲置现象大量出现。为提高宅基地利用效率,推进人口流动与土地资源条件相匹配,需要加快探索有序盘活农村闲置宅基地及农房的具体路径。2013年党的十八届三中全会通过的《中共中央关于全面深化改革若干重大问题的决定》,明确了农村宅基地制度改革的方向和内容:保障农户宅基地用益物权,改革完善农村宅基地制度,选择若干试点，探索农民增加财产性收入的渠道。

为落实党的十八届三中全会决定要求，2014 年 12 月，中共中央办公厅、国务院办公厅印发了《关于农村土地征收、集体经营性建设用地入市、宅基地制度改革试点工作的意见》，在全国 33 个县级市开展农村宅基地制度改革试点。试点地区围绕健全宅基地权益保障方式、完善宅基地审批方式、探索宅基地有偿使用和自愿有偿退出机制等方面进行探索。2015 年 2 月，全国人大授权在全国 33 个试点地区暂时调整实施有关法律法规，开展宅基地制度改革试点。同年 11 月，中共中央办公厅、国务院办公厅印发了《深化农村改革综合性实施方案》，将探索宅基地有偿使用制度、自愿有偿退出机制等改革事项提上日程。2018 年中央 1 号文件又提出完善农民闲置宅基地和闲置农房政策，探索宅基地所有权、资格权、使用权"三权分置"等改革事项。

2019 年，全国人大通过了新修订的《土地管理法》，在"一户一宅"的基础上增加了户有所居的规定；下放宅基地审批权限，农村村民住宅用地，由乡（镇）人民政府审核批准；对宅基地有偿退出作出原则性规定，允许进城落户的农村村民依法自愿有偿退出宅基地，鼓励农村集体经济组织及其成员盘活利用闲置宅基地和闲置住宅。为落实《土地管理法》的规定，相关部门 2019 年陆续出台一系列文件，包括《中央农办　农业农村部关于进一步加强农村宅基地管理的通知》《农业农村部　自然资源部关于规范农村宅基地审批管理的通知》《农业农村部关于积极稳妥开展农村闲置宅基地和闲置住宅盘活利用工作的通知》等，进一步健全了宅基地审批、退出和盘活利用的相关规范。

2020 年 8 月，中共中央办公厅、国务院办公厅印发《深化农村宅基地制度改革试点方案》，启动以探索完善"三权分置"为重点的新一轮宅基地改革试点。试点地区按照"依法公平取得、节约集约使用、自愿有偿退出"的目标要求，在探索宅基地有偿使用制度、探索宅基地自愿有偿退出机制、完善宅基地权益保障和取得方式、完善宅基地管理制度等方面开展了改革试点，形成了一批可复制、可推广、利修法的制度创新成果。

（二）农村集体经营性建设用地入市制度发展历程

从用地性质和用地主体看，农村集体建设用地包括宅基地、公益事业和公共设施建设用地、集体经营性建设用地三种类型。集体经营性建设用地入市，是指农民集体以土地所有权人身份通过公开的土地市场，依法将农村集体经营性建设用地使用权以出让、出租等方式交由单位或者个人在一定期限内有偿使用的行为。改革开放以来，农村集体经营性建设用地经历了禁止流转、入市试点探索和深化入市试点的过程，大体可分为四个阶段。

1. 国家严格管控，地方零星探索（1978—1998 年）

1982 年《国家建设征用土地条例》第二条明确规定：禁止任何单位直接向农村社队购地、租地或者变相购地、租地。农村社队不得以土地入股的形式参与任何企业、事业的经营。1985 年中央制定的《关于进一步活跃农村经济的十项政策》提出，凡是在规划范围内的建设用地，可以由开发公司对其进行市场化运营；农村经济组织可以将规划范围内的集体建设用地用来自主经营或出租。集体建设用地第一次被允许用于经营。1986 年的《土地管理法》允许农村集体经济组织按照协议将土地使用权作为联营条件，规定："全民所有制企业、城市集体所有制企业同集体经济组织共同投资举办的联营企业，需要使用集体所有的土地的，经县级以上人民政府批准，可以按照国家建设征用土地的规定实行征用，也可以由集体经济组织按照协议将土地的使用权作为联营条件。"1988 年修改的《土地管理法》规定："国有土地和集体所有的土地的使用权可以依法转让。土地使用权转让的具体办法，由国务院另行规定。"

1998 年修订的《土地管理法》禁止农村集体土地进入市场，第四十三条明确规定："任何单位和个人进行建设，需要使用土地的，必须依法申请使用国有土地。但是，兴办乡镇企业和村民建设住宅经依法批准使用本集体经济组织农民集体所有的土地的，或者乡（镇）村公共设施和公益事业建设经依法批准使用农民集体所有的土地的除外。"第六十三条明确："农民集体所有的土地的使用权不得出让、转让或者出租用于非农业建设。"这次《土地管理法》修订，虽然在法律上禁止了农村集体建设用地入市，但为存量集体建设用地流转留出了空间。

2. 国家放宽限制，改革创新试点（1999—2007 年）

20 世纪 90 年代中期，大量乡镇企业倒闭，导致农村建设用地中工矿仓储用地闲置与商业、服务业等用地供应不足并存。为了加强管控以及探索直接入市途径，1999 年国务院办公厅颁布了《关于加强土地转让管理严禁炒卖土地的通知》，进一步规范了乡镇企业用地边界。2003 年以来，党中央、国务院出台的多个文件就农村集体建设用地入市问题作出了探索性规定。2003 年，《中共中央　国务院关于做好农业和农村工作的意见》提出，通过集体建设用地流转、土地置换、分期缴纳土地出让金等形式，合理解决企业进镇等用地成本问题，降低企业搬迁等成本。2004 年，《国务院关于深化改革严格土地管理的决定》提出，在符合规划的前提下，村庄、集镇、建制镇中农民集体所有建设用地使用权可以依法流转。2005 年，国土资源部印发《关于规范城镇建设用地增加与农村建设用地减少相挂钩试点工作的意见》，出台了城乡建设用地增减挂钩政策。2006 年，《国务院关于加强土地调控有关问题的通知》提出，农村集体建设用地使用权流转，必须符合规划并严格限定在依法取得的建设用地范围内。2007 年《国务院办公厅关于严格执行有关农村集体建设用地法律和政策的通知》则体现了从严管理的精神，明确任何改革和试点都不得擅自扩大农村集体建设用地规模；农村集体建设用地流转，必须是符合规划、依法取得的建设用地，并不得用于商品房开发。为了探索农村集体建设用地进入市场流转的实现途径，国土资源部自 1999 年开始，先后批准在安徽芜湖、广东顺德、浙江湖州等地开展农村集体建设用地流转试点工作，为农村经营性建设用地入市积累了经验。

3. 政策试点深化，保障农民权益（2008—2012 年）

2008 年党的十七届三中全会通过的《中共中央关于推进农村改革发展若干重大问题的决定》，在集体建设用地入市方面取得重大突破，明确：改革征地制度，严格界定公益性和经营性建设用地，逐步缩小征地范围，完善征地补偿机制。依法征收农村集体土地，按照同地同价原则及时足额给农村集体组织和农民合理补偿，解决好被征地农民就业、住房、社会保障。在土地利用规划确定的城镇建设用地范围外，经批准占用农村集体土地建设非公益性项目的，允许农民依法通过多种方式参与开发经营并保障农民合法权益；逐步建立城乡统一的建设用地市场，对依法取得的农村集体经营性建设用地，必须通过统一有形的土地市场、以公开规范的方式转让土地使用权，在符合规划的前提下与国有土地享有平等权益；要抓紧完善相关法律法规和配套政策，规范推进农村土地管理制度改革。2009 年，国土资源部出台了《关于促进农业稳定发展农民持续增收推动城乡统筹发展的若干意见》，强调规范集体建设用地流转，逐步建立起城乡统一的建设用地市场。2010 年中央 1 号文件明确提出，加快农村集体土地所有权、宅基地使用权、集体建设用地使用权等确权登记颁证工作，加快修改土地管理法。2012 年中央 1 号文件提出，2012 年基本完成覆盖农村所有各类土地的所有权确权颁证登记工作。

4. 改革全面深化，制度障碍扫除（党的十八大以来）

2013 年中央 1 号文件提出，严格规范城乡建设用地增减挂钩试点和集体经营性建设用地流转；农村集体非经营性建设用地不得进入市场。同年，党的十八届三中全会通过的《中共中央关于全面深化改革若干问题的重大决定》明确：建立城乡统一的建设用地市场，在符合规划和用途管制前提下，允许农村集体经营性建设用地出让、租赁、入股，实行与国有土地同等入市、同权同价。2014 年中央 1 号文件提出，加快建立农村集体经营性建设用地产权流转和增值收益分配制度。2015 年 1 月，中共中央办公厅、国务院办公厅印发《关于农村土地征收、集体经营性建设用地入市、宅基地制度改革试点工作的意见》，对农村集体经营性建设用地入市范围和途径、市场交易和服务监管作了明确规定，范围仅限于存量用地，严控增量。2015 年初，国土资源部在全国范围内选择 33 个试点县（市、区）进行农村土地制度三项（农村土地征收、集体经营性建设用地入市、宅基地制度）改革试点（以下简称"三项试点"），各地根据实际选择改革项目，首批集体经营性建设用地入市改革有 15 个试点地区。2015 年 2 月，第十二届全国人大常委会第十三次会议审议通过《关于授权国务院在北京市大兴区等三十三个试点县（市、区）行政区域暂时调整实施有关法律规定的决定》，授权在试点地区暂时调整《土地管理法》《城市房地产管理法》有关法律规定，授权期限截至 2017 年 12 月 31 日。2016 年中央 1 号文件又一次提出，总结农村集体经营性建设用地入市改革试点经验，适当提高农民集体和个人分享的增值收益。2016 年 9 月，中央全面深化改革领导小组决定将土地征收制度改革和集体经营性建设用地入市扩大到全部 33 个试点县（市、区）。同年，财政部、国土资源部出台《农村集体经营性建设用地土地增值收益调节征收使用管理暂行办法》，对于规范政府、集体与农民三者之间收益分配提出了具有可操作性的指导意见。

2018 年中央 1 号文件明确提出，"有效利用农村零星分散的存量建设用地"和"进一步完善设施农用地政策"。2019 年中央 1 号文件明确提出，"在修改相关法律的基础上，完善配套设施，全面推开农村土地征收制度改革和农村集体经营性建设用地入市改革，加快建立城乡统一的建设用地市场。"2019 年第四次修改后的《土地管理法》，明确了"在依法、符合规划，并通过集体组织三分之二以上成员或村民代表的同意下，经由出让或出租等方式，允许集体经营性建设用地入市"，且"使用者获得该地的使用权后仍可以转让或抵押"。2019 年中共中央、国务院印发的《关于建立健全城乡融合发展体制机制和政策体系的意见》明确提出，依法收回的闲置宅基地和废弃的集体公益性建设用地，在农民自愿前提下，可转化为集体经营性建设用地，可以扩大入市规模。2020 年中央 1 号文件明确提出农村集体建设用地可以通过入股、租用等方式直接用于发展乡村产业。2020 年 4 月，中共中央、国务院出台《关于构建更加完善的要素市场化配置体制机制的意见》，再次明确提出"推进土地要素市场化配置，建立健全城乡统一的建设用地市场"。2021 年 4 月，国务院修订的《土地管理法实施条例》，对农村集体经营性建设用地入市主体、入市范围、入市程序和交易规则、市场监管等作了规定，明确"鼓励乡村重点产业和项目使用集体经营性建设用地"。

2022 年 9 月，中央全面深化改革委员会第二十七次会议审议通过了《关于深化农村集体经营性建设用地入市试点工作的指导意见》，强调推进农村集体经营性建设用地入市改革，事关农民切身利益，涉及各方面利益重大调整，必须审慎稳妥推进。试点县（市、区）数量要稳妥可控。2022 年 11 月，中共中央办公厅、国务院办公厅印发《关于深化农村集体经营性建设用地入市试点工作的意见》（以下简称《试点工作意见》），明确要求试点工作要坚持审慎稳妥推进，把握好试点工作节奏，严格条件、规范程序、逐步推开；坚持守住底线红线，严守土地公有制性质不改变、耕地红线不突破、农民利益不受损的底线；坚持节约集约用地，盘活使用空闲、废弃、低效利用的存量集体建设用地，合理布局各用途土地；坚持同地同权同责，在符合规划、用途管制和依法取得的前提下，推进农村集体经营性建设用地与国有建设用地同等入市、同权同价。要求用两年左右时间深化试点工作，试点县（市、区、旗）具体数量原则上不得超过本省份县（市、区、旗）数量的 10%，做到稳妥可控，可优先安排在农村宅基地制度改革试点地区、国家城乡融合发展试验区以及农村改革试验区，试点工作要与深化农村宅基地制度改革试点、农村集体产权制度改革等加强协同。

二、政策内容

（一）宅基地管理政策

宅基地制度是中国特色土地制度的重要组成部分，核心是维护农村土地集体所有和保障农民基本居住权利。

1. 宅基地基本制度

一是集体所有、成员使用。《宪法》第十条规定，农村和城市郊区的土地，除由法律规定属于国家所有的以外，属于集体所有；宅基地和自留地、自留山，也属于集体所有。《土地管理法》规定，宅基地属于集体所有，禁止组织和个人非法转让土地，但依法保护农民对宅基地之上的附着物（包括房屋在内的其他财产）的所有权和继承权。对于宅基地使用权，《民法典》第三百六十二条规定，宅基地使用权人依法对集体所有的土地享有占有和使用的权利，有权依法利用该土地建造住宅及其附属设施；第三百六十三条规定，宅基地使用权的取得、行使和转让，适用土地管理的法律和国家有关规定；第三百六十五条规定，已经登记的宅基地使用权转让或者消灭的，应当及时办理变更登记或者注销登记。

二是一户一宅、户有所居。1997 年《中共中央　国务院关于进一步加强土地管理切实保护耕地的通知》，第一次以中央文件形式提出"一户一宅"的要求。1998 年修订的《土地管理法》规定"一户一宅、限定面积"，即"农村村民一户只能拥有一处宅基地，其宅基地的面积不得超过省、自治区、直辖市规定的标准。"2019 年《土地管理法》明确了"一户一宅、户有所居"的宅基地分配制度。人均土地少、不能保障一户拥有一处宅基地的地区，县级人民政府在充分尊重农村村民意愿的基础上，可以采取措施，按照省、自治区、直辖市规定的标准保障农村村民实现户有所居。

三是无偿取得、长期占有。依据有关规定，农村村民有下列情况之一的，可以户为单位申请宅基地：①无宅基地的；②因子女结婚等原因确需分户而现有的宅基地低于分户标准的；③现住房影响乡（镇）村建设规划，需要搬迁重建的；④符合政策规定迁入村集体组织落户为正式成员且在原籍没有宅基地的；⑤因自然灾害损毁或避让地质灾害搬迁的。农村村民申请宅基地的，应当以户为单位，向农村集体经济组织提出申请。

2. 宅基地管理政策规定

一是宅基地审批规定。现行《土地管理法》明确了农村村民申请宅基地时，应该以户为单位向农村集体经济组织提出申请，没有集体经济组织的，应当向所在村民小组或村民委员会提出申请。依法经过农村村民集体讨论通过，并在本集体范围内公示后，报乡（镇）人民政府审核批准。2019年农业农村部、自然资源部印发《关于规范农村宅基地审批管理的通知》规定，宅基地申请审批流程包括农户申请、村民小组会讨论通过并公示、村级组织开展材料审核、乡镇部门审查、乡镇政府审批、发放宅基地批准书等环节。为进一步深化"放管服"改革，改革土地管理制度，赋予省级人民政府更大用地自主权，2020年3月，国务院发布《关于授权和委托用地审批权的决定》，将国务院可以授权的永久基本农田以外的农用地转为建设用地审批事项授权各省、自治区、直辖市人民政府。

二是保障宅基地需求。2020年，自然资源部、农业农村部联合印发《关于保障农村村民住宅合理用地的通知》，规定要保证农村村民住宅建设用地不低于新增建设用地计划指标的5%；对农村村民住宅建设占用耕地的，通过多种途径统一落实耕地占补平衡。

三是宅基地使用权确权登记。2020年《自然资源部关于加快宅基地和集体建设用地使用权确权登记工作的通知》明确，各地要以未确权登记的宅基地和集体建设用地为工作重点，按照不动产统一登记要求，加快地籍调查，对符合登记条件的，办理房地一体不动产登记。全面查清宅基地和集体建设用地底数，对已调查登记、已调查未登记、应登记未登记、不能登记等情况要清晰掌握。充分发挥乡村基层组织作用，推动解决宅基地"一户多宅"、缺少权属来源材料、超占面积、权利主体认定等问题，按照房地一体要求，统一确权登记、统一颁发证书，努力提高登记率。

四是宅基地监督管理。机构改革后，根据《土地管理法》和农业农村部"三定"方案，农业农村部负责农村宅基地改革和管理有关工作，承担农村宅基地制度改革工作，负责起草农村宅基地管理和使用相关法律法规草案及政策，指导宅基地分配、使用、流转、纠纷仲裁管理和宅基地合理布局、用地标准、违法用地查处，指导闲置宅基地和闲置农房利用。

（1）对于监督管理。县级以上农业农村主管部门依据《土地管理法》第六十七、六十八条，责令停止违法行为，履行监督检查权；责令限期拆除，作出责令限期拆除的行政处罚决定。按照中央深化行政执法体制改革精神和 2019 年《中共中央办公厅　国务院办公厅关于推进基层整合审批服务执法力量的实施意见》要求，各地可探索按照法定程序和要求逐步将农村宅基地执法权赋予乡镇人民政府实施。

（2）对于争议解决。《土地管理法》第十四条规定，土地所有权和使用权争议，由当事人协商解决；协商不成的，由人民政府处理。宅基地纠纷还可通过人民调解①解决。

3. 宅基地改革探索

一是"三权分置"改革试点。 2018 年中央 1 号文件提出，探索宅基地所有权、资格权、使用权"三权分置"。落实宅基地集体所有权，保障宅基地农户资格权和农民房屋财产权，适度放活宅基地和农民房屋使用权，探索完善宅基地分配、流转、退出、使用、收益、审批、监管等制度的方法路径。

二是合理安排宅基地规划。 2019 年《中央农办　农业农村部关于进一步加强农村宅基地管理的通知》规定，合理安排宅基地用地，严格控制新增宅基地占用农用地，不得占用永久基本农田；涉及占用农用地的，应当依法先行办理农用地转用手续。城镇建设用地规模范围外的村庄，要通过优先安排新增建设用地计划指标、村庄整治、废旧宅基地腾退等多种方式，增加宅基地空间，满足符合宅基地分配条件农户的建房需求。城镇建设用地规模范围内的村庄，可以通过建设农民公寓、农民住宅小区等方式，满足农民居住需要。

三是宅基地盘活利用。 2019 年农业农村部印发《关于积极稳妥开展农村闲置宅基地和闲置住宅盘活利用工作的通知》提出，支持农民和农村集体经济组织采取自营、出租、入股、合作等多种方式盘活闲置宅

---

①　人民调解是指在调解委员会（包括城市的居民委员会和农村的村民委员会）的主持下，以国家的法律、法规规章、政策和社会公德为依据，对民间纠纷当事人进行说服教育、规劝疏导，促进纠纷当事人互相谅解，平等协商，从而自愿达成协议、消除纷争的一种群众自治活动。

基地和闲置住宅。盘活利用主要有以下方式：利用闲置住宅发展符合乡村特点的休闲农业、乡村旅游、餐饮民宿、文化体验、创意办公、电子商务等新产业新业态。利用闲置住宅发展农产品冷链、初加工、仓储等一二三产业融合发展项目；开展农村闲置宅基地整治，依法依规利用城乡建设用地增减挂钩、集体经营性建设用地入市等政策，为农民建房、乡村建设和产业发展等提供土地要素保障。2021年1月，自然资源部、国家发展改革委、农业农村部联合印发《关于保障和规范农村一二三产业融合发展用地的通知》，提出在符合国土空间规划的前提下，鼓励对依法登记的宅基地等农村建设用地进行复合利用，发展乡村民宿、农产品初加工、电子商务等农村产业。

四是宅基地有偿退出。宅基地退出要以尊重农民意愿并符合规划为前提，鼓励村集体对退出的宅基地进行土地综合整治，整治出的土地优先用于满足农民新增宅基地需求、村庄建设和乡村产业发展。要充分保障宅基地农户资格权和农民房屋财产权。《土地管理法》第六十二条规定：国家允许进城落户的农村村民依法自愿有偿退出宅基地，鼓励农村集体经济组织及其成员盘活利用闲置宅基地和闲置住宅。2015年1月，中共中央办公厅、国务院办公厅印发的《关于农村土地征收、集体经营性建设用地入市和宅基地制度改革试点工作的意见》提出，探索进城落户农民在本集体经济组织内部自愿有偿退出或转让宅基地，这是首次明确宅基地的自愿有偿退出，但将宅基地退出主体限定为进城落户农民，范围限定在本集体经济组织内部。在宅基地制度改革试点探索中，农民退出宅基地主要包括以下步骤：农户提交书面申请、村审核、专业机构评估价值、农户与村集体签订协议、农户获得补偿、县级主管部门变更登记。退出主要包括以下情形：①完全退出。自愿有偿退出合法占用的宅基地，且不再保留宅基地使用权申请资格的，不能再申请。该情形下，农户一般能获得完整补偿。②部分退出。退出合法占用的宅基地但继续保留宅基地使用权申请资格的，在约定期限内如有需要可以再申请。该情形下，农户可获得的退出补偿较少。③违法占用宅基地退出。对农民违法违规超占、多占的宅基地，各地一般采用无偿退出方式，退出后不能再申请。

（二）农村集体经营性建设用地入市试点政策

在 2015 年国家部署开展土地制度改革三项试点之前，习惯上将农村集体建设用地进入市场交易称作"集体建设用地流转"。三项试点之后，有关政策文件采用了"集体经营性建设用地入市"称谓，2021 年新修订的《土地管理法》也采用了"集体经营性建设用地入市"称谓。自三项试点以来，集体经营性建设用地入市改革试点地区主要围绕入市主体、入市范围和途径、服务监管和增值收益分配等内容展开。

1. 因地制宜确定入市主体

在 2015 年三项试点中，入市主体主要包括三种类型：第一，村民委员会或村民小组作为入市实施主体；第二，农村集体经济组织作为入市实施主体；第三，委托具有市场法人资格的代理机构作为入市实施主体。《试点工作意见》明确规定，在入市前，土地所属村（组）集体应完成农村集体经济组织登记赋码，并由该集体经济组织作为入市主体组织实施入市，或由其委托的其他法人组织代理实施入市。

2. 合理确定入市范围、方式和用途

在 2015 年三项试点时，各地对入市土地范围的界定主要有儿种类型：第一，现状为经营性用途的存量集体建设用地。大部分试点地区按照中央试点方案，将能够入市的土地限定为依法取得、符合规划、现状为经营性用途的存量农村建设用地。第二，部分地区将存量集体建设用地中经批准的公共设施用地和宅基地也纳入入市范围。第三，在上述范围界定基础上，探索增量集体建设用地入市。部分地区对农用地转用后入市明确的前提是严格落实耕地占补平衡，确保建设用地不增加、耕地数量不减少、质量不降低，并由政府和集体均担耕地占补平衡和新增建设用地的土地有偿使用费。各地探索的入市方式有出让、租赁、入股等，并在使用期内享有转让、抵押等权能，其中出让为主要方式。在 2015 年三项试点之前，入市土地主要用于工业和商业，严禁用于商品房开发和住宅建设。2015 年之后，入市土地作为公益性用地、

乡村旅游等新产业新业态用地的探索逐渐增多。《试点工作意见》明确规定，优先保障实施乡村振兴战略、发展乡村产业、乡村建设的用地需求，优先发展实体经济，鼓励用于工业、商业，积极支持保障性租赁住房建设。试点期间，入市土地不得用于建设商品房。

3. 探索建立土地增值收益分配机制

开展三项试点时，国家试点办法要求探索建立兼顾国家、集体和个人的土地增值收益分配机制，交易土地按照入市或再转让土地增值收益的 20%～50% 征收土地增值收益调节金。试点地区根据国家试点方案，结合实际制定了不同的增值收益征收及分配标准，主要包括政府收取调节金的比例及土地增值收益在集体经济组织内部的分配和使用方式。第一，按照入市土地用途和区位确定不同的调节金征收比例。第二，按照出让和转让环节及用途确定不同的调节金征收比例。第三，按照不同入市方式和用途确定不同的调节金征收比例。入市收益在缴纳土地增值收益调节金、税费等支出后，剩余部分归农民集体所有，集体与集体成员之间的收益分配方式和比例由集体内部协商决定。《试点工作意见》强调，要把握好土地增值收益调节，坚持兼顾国家、农村集体经济组织和农民利益，并提出要实现集体在入市和土地征收中土地增值收益分享比例大体相当，入市所在区域农民个人收益大体均衡。

4. 建立健全市场交易规则和服务监管制度

开展三项改革试点时，试点地区大多参照国有土地交易制度探索建立集体土地入市交易的管理办法、交易规则和服务监管等制度规范。第一，探索建立市场交易规则和监管制度。试点地区参照国有土地交易管理，结合农村集体建设用地特点，普遍建立农村产权交易市场或将入市土地统一纳入当地土地交易市场，进行公开交易。第二，探索建立统一的基准地价体系和估价制度。各地探索建立农村集体建设用地入市的基准地价体系，有的地区对租金体系作出规定，为农村集体建设用地入市前的价值评估提供了科学依据。对于入市价格，多地明确规定需委托具备资质的地价评估机构评估确定。第三，完善集体土地资产处置决策程序。有的地区要求必须通过村民代表会议进行民主决策，经本集体经济组织三分之二以上成员或成员代表同意形成入市决议后入市。有的地区入市决策参照"四议两公开"制度，最大程度体现成员意愿。《试点工作意见》明确指出，要参照同类用途国有建设用地的年限和交易程序，采取招标、拍卖、挂牌或者协议的方式，在统一的交易平台公开交易；要尊重农民对入市、征收的选择权与合理诉求，维护农村集体经济组织的入市主体地位。

三、下一步政策取向

（一）宅基地方面

目前，国家对宅基地管理没有专门性法律法规；试点周期较短、范围较窄，尚未形成成熟的试点经验；一些地方还存在宅基地闲置浪费、乱占乱建现象。下一步，需要稳慎推进宅基地制度改革，进一步建立健全宅基地所有权、资格权、使用权"三权分置"制度。

一是完善宅基地管理制度。逐步建立健全宅基地管理规章制度，形成政府依法管地、农民依法用地的良好局面。理顺宅基地管理体制机制；有序开展宅基地使用权流转制度探索；因地制宜探索宅基地自愿有偿退出机制；积极推动闲置宅基地和闲置农房盘活利用，及时总结提炼基层探索的好经验、好做法，并上升为可复制、可推广的制度成果。

二是加强宅基地管理。指导试点地区利用第三次全国国土调查、农村集体资产清产核资等成果，开展宅基地基础信息调查；推动试点地区加快推进村庄类型划分和村庄规划编制；指导试点地区针对宅基地历史遗留问题，结合实际制定专门处置办法；督促试点地区按照不动产统一登记要求，全面推进宅基地和农房权籍调查，完善确权登记颁证政策，加快颁发不动产权属证书。

三是出台宅基地管理暂行办法。细化宅基地合理布局、申请审批、使用、流转、退出、监督管理等具体规定，以进一步规范宅基地管理，保障农民合法权益。指导各地制订修订本地区宅基地管理规章制度，出台相关实施细则。

（二）农村集体经营性建设用地方面

当前，集体经营性建设用地入市仍存在一些问题。如集体建设用地产权归属不清；集体经营性建设用地权能不完整；国家、集体和个人的土地增值收益分配机制还不健全；等等。需要进一步深化试点，总结试点经验，强化政策举措。

一是继续推动集体建设用地与国有土地"同权同价"。加大对集体经营性建设用地使用权权能探索力度，鼓励各地在符合规划和用途管制的前提下，在全域开展入市土地和国有土地"同权"探索，夯实建立城乡统一建设用地市场的基础。

二是探索完善市场监管和调控机制。土地使用权人应按照国土空间规划确定的用途使用土地，入市方案应符合规划条件、产业准入和生态环境保护等要求。要把握好建设用地市场调控，探索完善合理控制入市规模和时序的有效措施，待时机成熟可进一步探索完善增量集体建设用地入市的具体方式和程序。

三是建立有效兼顾国家集体个人利益的土地增值收益分配长效机制。指导农村集体经济组织处理好内部分配问题，具体分配方式和分配比例由村集体自主决定，政府可出台规范性文件对其作出原则性规定。同时，加强对集体收益使用的监督管理，引导集体组织将收益用于发展集体经济和集体公益事业等，防止占用挪用等侵害集体和农民利益的行为。

第 18 章

乡村治理政策

乡村治理是国家治理的基石，是乡村振兴的重要内容，不仅关系到农村改革发展，更关乎党在农村的执政基础，影响农村社会大局稳定。改革开放特别是党的十八大以来，中央将乡村治理作为推进国家治理体系和治理能力现代化的重要一环，不断完善制度框架和政策体系，形成了一套务实管用的工作方法，善治乡村建设取得积极进展和明显成效。

一、发展历程

（一）探索建立新中国的乡村治理（1949—1978 年）

1. 建立新型农村基层政权

新中国成立后，中国共产党以土地改革带动政权建设，在全国范围内建立起稳固的基层政权，探索建立了以人民民主专政为根本特征的乡村治理模式，开启了执政党领导乡村治理的新纪元。1950 年 12 月，政务院颁布了《乡（行政村）人民代表会议通则》《乡（行政村）人民政府组织通则》，提出建立乡政权，乡和行政村为本行政区域行使政府职权的机构，乡政府干部多由上级政府或派遣的工作队物色当地人担任，主要从土地改革和其他运动中涌现出的积极分子中选拔[1]。

2. 围绕农业社会主义改造强化乡村治理

1951 年 9 月，党中央制定《关于农业生产互助合作的决议（草

---

[1] 《山西政报》，1951 年第 1 期。

案）》。1953 年 12 月，《中共中央关于发展农业生产合作社的决议》提出，指导农民发展农业生产合作社，并由初级社向高级社过渡。到 1956 年底，完成了农业社会主义改造，互助组、合作社成为农村基层组织的新形式。在此期间，依据 1954 年《中华人民共和国宪法》，县以下统一设置乡、民族乡、镇为农村基层行政单位。[①]

3. 建立政社合一的人民公社体制

1958 年 8 月，中共中央颁布了《关于在农村建立人民公社问题的决议》，要求小社并大社，发展"组织军事化、行动战斗化、生活集体化"的人民公社。[②] 随后仅两个月，全国农村就基本完成撤乡并社，实现了人民公社化。1962 年 2 月，中共中央发出指示："在我国绝大多数地区的农村人民公社，以生产队为基本核算单位，实行以生产队为基础的三级集体所有制。"[③] 1962 年 9 月，中共中央通过的《农村人民公社工作条例（修正草案）》规定："农村人民公社是政社合一的组织，是我国社会主义社会在农村中的基层单位，又是我国社会主义政权在农村中的基层单位。"[④] 也就是说，公社管理委员会一方面行使基层政权的职能，另一方面又行使经营管理权。由此，我国建立起国家对乡村社会的全能型治理结构。对于由此出现的农业生产和农村治理效率低下、农民发展生产的积极性受挫等问题，中央数次在农村开展社会主义教育运动，以教育和改造农民。浙江省绍兴市诸暨县枫桥镇的干部群众创造了"发动和依靠群众，坚持矛盾不上交，就地解决，实现捕人少，治安好"的"枫桥经验"，成为当时乡村治理的典范。

（二）改革与完善乡村治理制度（1978—2012 年）

1. 撤社建乡

1978 年 12 月，党的十一届三中全会决定把党和国家的工作重心转

---

① 《建国以来重要文献选编》第 5 册，北京：中央文献出版社，2011 年，第 461 页。
② 《建国以来重要文献选编》第 11 册，北京：中央文献出版社，2011 年，第 384 页。
③ 《建国以来农业合作化史料汇编》，北京：中共党史出版社，1992 年，第 678 页。
④ 《建国以来农业合作化史料汇编》，北京：中共党史出版社，1992 年，第 732 - 733 页。

移到经济建设上来，实行改革开放。随着家庭经营逐步成为农业生产经营的主要方式，原本建立在集体经营管理体制上的人民公社丧失了"政社合一"的经济基础。1980 年 6 月，四川省广汉县向阳人民公社率先摘除"人民公社"牌子，建立了乡人民政府。1982 年 12 月，新修订的《中华人民共和国宪法》提出"人民公社只是农村集体经济的一种组织形式"，要求"改变人民公社政社合一的体制，设立乡政府。"1983 年 10 月，中共中央、国务院发出《关于实行政社分开建立乡政府的通知》，撤社建乡工作稳步推进，到 1985 年随着各地乡级政府的建立，政社合一的人民公社制度正式终结。

2. 建立村民自治制度

1980 年 2 月，广西宜州市屏南乡合寨村村民自发成立了村民委员会，探索开展村民自治，订立村规民约，实行村务民主管理。1987 年 11 月，全国人大常委会审议通过《村民委员会组织法（试行）》。1998 年 11 月，《村民委员会组织法》正式颁布施行，确立了我国农村基层实行村民自治的法律制度。村民委员会是村民自治组织，不是国家一级政权组织。乡镇政权与村民委员会的关系是指导与被指导的关系。1999 年，中央出台《中国共产党农村基层组织工作条例》，明确村党支部是党在农村的基层组织，是村各种组织和各项工作的领导核心。

3. 推进乡镇机构改革

1985 年我国正式建立乡级财政，原来由集体承担的农业税费开始由农民承担。随着地方事权增加，以及 1994 年分税制改革后地方财政吃紧，农民承担的税费名目与日俱增，负担沉重。中央连续下发多个通知，制止向农民乱派款、乱收费，要求减轻农民负担。1998 年，中共中央印发《关于农业和农村工作若干重大问题的决定》要求，合理负担坚持定项限额，保持相对稳定，一定三年不变。为解决造成农民负担过重的深层次问题，2004 年，湖北等 4 个省份开展了以转变政府职能为核心的乡镇机构改革试点。2008 年，中共中央、国务院印发《关于地方政府机构改革的意见》，要求以政府职能转变为核心，按照精简统一效能的原则，理顺职责关系，明确和强化责任，优化政府组织结构，深化行政管理体制改革，把不该由政府管理的事项转移出去。

（三）开启乡村治理新时代（党的十八大以来）

党的十八大以来，我国乡村社会发生了巨大的变化，给乡村治理提出了新课题。2013 年 12 月，习近平总书记在中央农村工作会议上指出："当前，我国城乡利益格局深刻调整，农村社会结构深刻变动，农民思想观念深刻变化。这种前所未有的变化，为农村经济社会带来巨大活力，同时也形成了一些突出矛盾和问题。"党的十九大提出，健全自治、法治、德治相结合的乡村治理体系。

2013 年以来，每年中央 1 号文件都对乡村治理提出明确要求，形成了系统化的乡村治理政策体系。2013 年中央 1 号文件提出完善乡村治理机制，强调切实加强以党组织为核心的农村基层组织建设。在农村经济结构、农民思想观念产生深刻变化的情况下，构建符合国情、规范有序、充满活力的乡村治理机制。2014 年中央 1 号文件提出，创新基层管理服务，切实为农民群众生产生活带来便利，提高村民幸福感。2015 年中央 1 号文件提出，创新和完善乡村治理，鼓励根据实际需要扩大以村民小组为基本单元的村民自治试点，探索村民自治的有效实现形式，建立健全村民对村务的监督机制。2016 年中央 1 号文件提出，提高党领导农村工作的水平，加强农村基层党组织建设，创新和完善乡村治理机制，加强乡镇服务型政府建设。2017 年中央 1 号文件继续强调，完善村党组织领导的村民自治有效实现形式，探索深化村民自治实践形式，加强村务监督委员会建设。2018 年中央 1 号文件提出实施乡村振兴战略，对乡村治理提出新的目标，要求构建乡村治理新体系，建立充满活力、和谐有序的乡村社会，并提出了深化村民自治实践、建设法治乡村、提升乡村德治水平的具体要求。2019 年中央 1 号文件提出了完善乡村治理机制，保持农村社会和谐稳定的总体要求。2020 年中央 1 号文件提出要加强农村基层治理，并从充分发挥党组织领导作用、健全乡村治理工作体系、调处化解乡村矛盾纠纷、持续推进平安乡村建设等方面提出了具体举措。2021 年中央 1 号文件提出，充分发挥农村基层党组织领导作用，开展乡村治理试点示范创建工作，建立健全农村地区扫黑除恶常态化机制等。2022 年中央 1 号文件提出，加强农村基层组织建设、创新农村精神文明建设有效平台载体、切实维护农村社会平安稳定。

健全乡村治理机制，改善乡村社会面貌，建立安定有序、生动且充满活力的乡村社会是党和国家的一贯要求。2018 年 12 月，中共中央修订印发《中国共产党农村基层组织工作条例》；2019 年 6 月，中共中央办公厅、国务院办公厅印发《关于加强和改进乡村治理的指导意见》；2019 年 8 月，中共中央印发《中国共产党农村工作条例》；2019 年 10 月，党的十九届四中全会通过《中共中央关于坚持和完善中国特色社会主义制度、推进国家治理体系和治理能力现代化若干重大问题的决定》；2021 年 4 月，中共中央、国务院印发《关于加强基层治理体系和治理能力现代化建设的意见》。上述文件加上 2021 年 6 月 1 日施行的《乡村振兴促进法》、2018 年修订的《村民委员会组织法》等法律，共同构成了党领导人民推进乡村治理的法律法规制度和政策体系，确立了党组织统一领导、政府依法履职、各类组织积极协同、群众广泛参与，自治、法治、德治相结合的乡村治理体系，并把实现乡村治理体系和治理能力现代化纳入全面推进乡村振兴的重要内容予以统筹安排。

二、政策内容

推进乡村治理体系和治理能力现代化，打造充满活力、和谐有序的善治乡村是一项长期任务和系统工程。《关于加强和改进乡村治理的指导意见》，作为实施乡村振兴战略的重要配套性文件，对当前和今后一个时期的全国乡村治理工作进行了全面部署安排。中央有关部门和各地围绕基层党组织建设、村民自治、法治乡村、乡风文明等方面，出台了大量政策措施。这些重大决策部署和政策措施，构成了当前推进乡村治理工作的政策体系。

（一）强化农村基层党组织建设

以全面加强农村基层党组织政治领导力为重点，强化农村基层党组织建设，为推进乡村治理体系和治理能力夯实组织基础。党管农村工作是我们党的传统，也是我们的优势。《中国共产党农村基层组织工作条例》明确了党组织领导乡村治理的目标、机制、任务等。《中国共产党农村工作条例》是历史上首次专门制定的关于农村工作的党内法规。2021年中央组织部印发《关于抓党建促乡村振兴的若干意见》（中组发〔2021〕8号），要求持续加强农村基层党组织建设，推动五级书记抓乡村振兴。

1. 完善党领导乡村治理的体制机制

《中国共产党农村工作条例》明确要求，县级党委应当设立农村工作领导小组，由县委书记任组长。县委书记应当把主要精力放在农村工作上。《中国共产党农村基层组织工作条例》要求，党的农村基层组织应当加强对各类组织的统一领导，打造充满活力、和谐有序的善治乡村，形成共建共治共享的乡村治理格局。《乡村振兴促进法》第四十二条规定，中国共产党农村基层组织按照中国共产党章程和有关规定发挥全面领导作用。村民委员会、农村集体经济组织等应当在乡镇党委和村党组织的领导下，实行村民自治，发展集体所有制经济，维护农民合法权益，并接受村民监督。《关于加强和改进乡村治理的指导意见》明确，要建立以基层党组织为领导、村民自治组织和村务监督组织为基础、集体经济组织和农民合作组织为纽带、其他经济社会组织为补充的村级组织体系。

2. 全面加强农村基层党组织建设

农村基层党组织是党在农村全部工作和战斗力的基础。习近平总书记指出："农村工作千头万绪，抓好农村基层组织建设是关键。"一是加强党建考核。《中国共产党农村基层组织工作条例》规定，党的农村基层组织建设情况应当作为市县乡党委书记抓基层党建述职评议考核的重要内容，纳入巡视巡察工作内容，作为领导班子综合评价和领导干部选拔任用的重要依据。县级党委组织部门应当以足够精力抓好党的农村基层组织建设。2017 年，为进一步严格规范基层党组织换届工作，中央组织部印发《关于建立健全基层党组织按期换届提醒督促机制的通知》（组通字〔2017〕31 号），要求基层党组织严格执行按期换届制度。二是推行村党组织书记、村主任"一肩挑"。《中国共产党农村基层组织工作条例》规定，村党组织书记应当通过法定程序担任村民委员会主任和村级集体经济组织、合作经济组织负责人，村"两委"班子成员应当交叉任职。中央纪委机关、中央组织部、国家监察委员会、民政部、农业农村部联合印发《关于加强对村干部特别是"一肩挑"人员管理监督的通知》，推动各地加强村干部日常管理考核，组织开展换届"回头看"。三是选派驻村第一书记。2015 年，在一些地方和单位探索选派机关优秀干部到村任第一书记、选派党建指导员、派干部驻村等做法的基础上，中央组织部、中央农办、国务院扶贫办印发《关于做好选派机关优秀干部到村任第一书记工作的通知》，要求对党组织软弱涣散村、建档立卡贫困村和原中央苏区、边疆地区和民族地区灾后恢复重建地区全覆盖。2021 年，中办印发《关于向重点乡村持续选派驻村第一书记和工作队的意见》，在严格落实脱贫地区"四个不摘"要求基础上，合理调整选派范围，优化驻村力量，明确将乡村治理作为第一书记和工作队的工作内容。四是持续打击"村霸"等黑恶势力。2018 年，中共中央、国务院发出《关于开展扫黑除恶专项斗争的通知》，要求把扫黑除恶和加强基层组织建设结合起来。2021 年，中共中央办公厅、国务院办公厅印发的《关于常态化开展扫黑除恶斗争巩固专项斗争成果的意见》进一步明确，要不断夯实基层组织，持续防范和整治"村霸"等黑恶势力干扰侵蚀、家族宗族势力影响严重等问题。《关于加强和改进乡村治理的指导意见》强调，要全面落实村"两委"换届候选人县级联审机制，实施村党组织带头人整体优化提升行动，持续整顿软弱涣散村党组织。要严厉打击干扰破坏村"两委"换届选举的黑恶势力、宗族势力，坚决把受过刑事处分、存在"村霸"和涉黑涉恶等问题的人清理出村干部队伍等。

3. 发挥党员在乡村治理中的先锋模范作用

继承和发扬中国共产党密切联系群众的传统，把党在农村的阵地建到农民群众的心里，把政治优势转化为实际的效果。《中国共产党农村基层组织工作条例》规定，农村党员应当在社会主义物质文明建设和精神文明建设中发挥先锋模范作用，带头投身乡村振兴，带领群众共同致富。党的农村基层组织应当组织开展党员联系农户、党员户挂牌、承诺践诺、设岗定责等活动，给党员分配适当的社会工作和群众工作，为党员发挥作用创造条件。《关于加强和改进乡村治理的指导意见》明确提出，要加强对贫困人口、低保对象、留守儿童和妇女、老年人、残疾人、特困人员等人群的关爱服务，引导农民群众自觉听党话、感党恩、跟党走，推动党员在乡村治理中带头示范，带动群众全面参与。

（二）深化村民自治实践

村民自治是广大农民群众直接行使民主权利，依法办理自己的事情，创造自己的幸福生活，实行自我管理、自我教育、自我服务的一项基本社会政治制度。习近平总书记强调，要扩大农村基层民主、保证农民直接行使民主权利，重点健全农村基层民主选举、民主决策、民主管理、民主监督的机制。

1. 增强村民自治组织能力

一是规范自治组织建设。《村民委员会组织法》对村民委员会的组成、职责和选举，村民会议和村民代表会议，民主管理和民主监督等作出了明确规定，明确村民委员会是村民自我管理、自我教育、自我服务的基层群众性自治组织，实行民主选举、民主决策、民主管理、民主监督，2018 年修订后的《村民委员会组织法》将村民委员会的任期由 3 年改为 5 年，与村党组织的任期保持一致。《关于加强和改进乡村治理的指导意见》要求，进一步加强自治组织规范化建设，丰富村民参与村级公共事务平台。充分发挥村民委员会、群防群治力量在公共事务和公益事业办理、民间纠纷调解、治安维护协助等方面的作用。二是减轻村级组织负担。2021 年，中央农办印发《减轻村级组织负担工作方案》，重点解决村级组织行政事务多、评比达标多、检查考核多、机构牌子多、会议台账多、不合理证明事项多等突出问题。2022 年 8 月，中共中央办公厅、国务院办公厅印发《关于规范村级组织工作事务、机制牌子和证明事项的意见》，推动健全基层减负常态化机制，规范村级组织承担的工作事务、设立的工作机制、加挂的牌子、出具的证明事项。三是加强人才队伍建设。2021 年 2 月，中共中央办公厅、国务院办公厅印发的《关于加快推进乡村人才振兴的意见》明确要求，加快培养乡村治理人才，加强乡镇党政人才队伍建设，推动村党组织带头人队伍整体优化提升，实施"一村一名大学生"培育计划，加强农村社会工作人才队伍、农村经营管理人才队伍、农村法律人才队伍、农业综合行政执法人才队伍建设。中央组织部、财政部印发《关于加强村级组织运转经费保障工作的通知》，推动村党组织书记基本报酬不断提高。全面落实正常离任村干部生活补贴，实行村干部报酬与工作绩效挂钩，加大宣传表彰力度，不断激发村干部干事创业活力。

2. 丰富村民议事协商形式

《关于加强和改进乡村治理的指导意见》要求，健全村级议事协商制度，形成民事民议、民事民办、民事民管的多层次基层协商格局。创新协商议事形式和活动载体，依托村民会议、村民代表会议、村民议事会、村民理事会、村民监事会等，鼓励农村开展村民说事、民情恳谈、百姓议事、妇女议事等各类协商活动。2018 年，民政部、中央组织部、全国妇联等部门联合出台《关于做好村规民约和居民公约工作的指导意见》，明确村规民约的主要内容、制定程序以及各级各部门承担的监督和组织责任，为做好村规民约工作提供了基本遵循。

3. 建立村务监督机制

2015 年中央 1 号文件指出，进一步规范村"两委"职责和村务决策管理程序，完善村务监督委员会的制度设计，健全村民对村务实行有效监督的机制，加强对村干部行使权力的监督制约，确保监督务实管用。2017年，中共中央办公厅、国务院办公厅印发《关于建立健全村务监督委员会的指导意见》，明确村务监督委员会是村民自治机制和村级工作运行机制的完善，是村民监督村务的主要形式，并对其人员组成、职责权限、监督内容、工作方式、管理考核作出了具体规定。《中国共产党农村基层组织工作条例》规定，村务监督委员会主任一般由党员担任，可以由非村民委员会成员的村党组织班子成员兼任。村民委员会成员、村民代表中党员应当占一定比例。

（三）建设法治平安乡村

习近平总书记指出："坚持法治国家、法治政府、法治社会一体建设。"要想实现善治的目标，乡村治理必须以法治为保障，推进法治乡村建设。

1. 全面推进法治乡村建设

2020年3月，中央全面依法治国委员会印发的《关于加强法治乡村建设的意见》提出，加强党对法治乡村建设的领导，着力推进乡村依法治理，教育引导农村干部群众办事依法、遇事找法、解决问题用法、化解矛盾靠法，为全面依法治国奠定坚实基础，并提出到2035年法治乡村基本建成的目标。2021年4月，农业农村部印发的《关于全面推进农业农村法治建设的意见》指出，深入推进乡村依法治理，坚持以法治保障乡村治理。2021年，司法部在全国范围内开展"乡村振兴 法治同行"活动。司法部、民政部自2004年起在全国组织开展"民主法治示范村（社区）"创建，并每两年对"全国民主法治示范村（社区）"进行一次复核。

2. 推进公共法律服务体系建设

2018年，司法部印发的《关于进一步加强和规范村（居）法律顾问工作的意见》提出，普遍推行村（居）法律顾问制度，组织动员律师、基层法律服务工作者等积极担任农村法律顾问，加强农村法律服务供给。2019年7月，中共中央办公厅、国务院办公厅《关于加快推进公共法律服务体系建设的意见》要求，均衡配置城乡基本公共法律服务资源。加强基层普法阵地、人民调解组织建设，健全服务网络。充分发挥司法所统筹矛盾纠纷化解、法治宣传、基层法律服务、法律咨询等功能，发挥律师、基层法律服务工作者的作用，健全村（居）法律顾问制度，加快推进村（居）法律顾问全覆盖。

3. 农村普法用法宣传教育

2021 年 7 月，农业农村部、司法部印发《培育农村学法用法示范户实施方案》，强调坚持把全民普法和守法作为全面依法治国的长期基础性工作，将培育农村学法用法示范户纳入本地"八五"普法规划，将其作为建设法治乡村、全面推进乡村振兴的重要内容，采取有力措施，确保取得实效。2021 年 8 月，农业农村部印发《农业农村系统法治宣传教育第八个五年规划的通知》指出，深入学习宣传与乡村治理现代化密切相关的法律法规，有效调动农民群众参与乡村治理的主动性和创造性。2021 年 11 月，司法部会同中央宣传部、民政部、农业农村部、国家乡村振兴局、全国普法办公室印发了《乡村"法律明白人"培养工作规范（试行）》，明确乡村"法律明白人"的遴选、培训、使用、管理、考核等相关工作，重点在村干部、人民调解员、中共党员、"五老"人员、致富能手等各类人才和其他热心公益事业的村民中培养"法律明白人"。

4. 健全农村矛盾纠纷调处化解机制

发展新时代"枫桥经验"，完善调解、仲裁、行政裁决、行政复议、诉讼等有机衔接、相互协调的多元化纠纷解决机制。2018 年 4 月，中央政法委、最高人民法院、司法部、民政部、财政部、人社部联合印发《关于加强人民调解员队伍建设的意见》，明确乡镇（街道）人民调解委员会应有 2 名以上专职人民调解员，有条件的村（居）和企事业单位人民调解委员会应有 1 名以上专职人民调解员。2021 年，最高人民法院印发《关于加快推进人民法院调解平台进乡村、进社区、进网格工作的指导意见》，推动人民法院一站式多元解纷工作向基层延伸，对于起诉到人民法院的纠纷，适宜村（社区）处理的，先行引导由辖区内的村（社区）逐级进行化解、调解。

（四）持续推进农村精神文明建设

习近平总书记指出，"治理国家、治理社会必须一手抓法治、一手抓德治。"新时期要继承和弘扬优秀传统文化，遵守与新时代新情况相适应的乡村道德规范，推动构建新时代乡村道德体系，强化道德教化在乡村治理中的作用。

1. 培育践行社会主义核心价值观

2017年4月，中央文明委印发《关于深化群众性精神文明创建活动的指导意见》，强调用社会主义核心价值观引领群众性精神文明创建活动。2018年初，中央宣传部、中央文明办批准，在山东等地开展新时代文明传习中心（后改为实践中心）建设试点；8月，中共中央办公厅印发了《关于建设新时代文明实践中心试点工作的指导意见》。2019年10月，中央文明委印发了《关于深化拓展新时代文明实践中心建设试点工作的实施方案》。同期，中共中央、国务院印发《新时代公民道德建设实施纲要》指出，坚持以社会主义核心价值观为引领，将国家、社会、个人层面的价值要求贯穿到道德建设各方面，以主流价值建构道德规范、强化道德认同、指引道德实践，引导人们明大德、守公德、严私德。

2. 推进移风易俗建设文明乡风

2019年8月，中央农办、农业农村部、中央组织部、中央宣传部、中央文明办、教育部、民政部、司法部、文化和旅游部、共青团中央、全国妇联印发《关于进一步推进移风易俗建设文明乡风的指导意见》，推动各地加强农村思想道德建设，建立健全村规民约监督和奖惩机制，注重运用舆论和道德的力量推动移风易俗，促进文明乡风建设。2022年8月1日，农业农村部、中央组织部、中央宣传部、中央文明办、中央农办、民政部、全国妇联、国家乡村振兴局印发《开展高价彩礼、大操大办等农村移风易俗重点领域突出问题专项治理工作方案》，要求各地结合农村实际情况，围绕农民群众反映强烈、社会高度关注的突出问题，进一步明确专项治理重点，增强针对性和实效性。8月2日，农业农村部办公厅印发《关于在全国乡村治理体系建设试点示范单位率先开展农村移风易俗突出问题专项治理有关事项的通知》，在全国乡村治理体系建设试点县（市、区）中选取一部分地区率先开展专项治理，进一步加强模式探索和示范引领，以点带面推动农村不良社会风气治理。

3. 加强农村文化引领

2022 年 3 月，文化和旅游部、教育部、自然资源部、农业农村部、国家乡村振兴局、国家开发银行印发的《关于推动文化产业赋能乡村振兴的意见》提出，以文化产业赋能乡村人文资源和自然资源保护利用，促进一二三产业融合发展，贯通产加销、融合农文旅，传承发展农耕文明，激发优秀传统乡土文化活力。

（五）健全党组织领导下的自治、法治、德治相结合的乡村治理体系

习近平总书记强调，要加强和创新乡村治理，建立健全党委领导、政府负责、社会协同、公众参与、法治保障的现代乡村社会治理体系，健全自治、法治、德治相结合的乡村治理体系，让农村社会既充满活力又和谐有序。

1. 开展乡村治理体系建设试点示范

2019 年 6 月，中央农办、农业农村部、中央组织部、中央宣传部、民政部、司法部印发《关于开展乡村治理体系建设试点示范工作的通知》，要求重点围绕加强农村基层基础工作，健全党组织领导的自治、法治、德治相结合的乡村治理体系开展试点示范。全国 115 个县（市、区）开展乡村治理体系建设试点示范工作，形成可复制、可推广的经验做法，为走中国特色社会主义乡村善治之路探索新路子、创造新模式。2020 年 5 月，中央农办秘书局、农业农村部办公厅印发《关于加强乡村治理体系建设有关工作的通知》，要求抓紧推进乡村治理体系建设试点示范工作。2019 年起，中央农办、农业农村部、中央宣传部、民政部、司法部、国家乡村振兴局等部门每两年联合组织创建一批乡村治理示范村镇，发挥其引领示范和辐射带动作用，通过示范创建推动健全党

组织领导的自治、法治、德治相结合的乡村治理体系。截至目前，共创建乡村治理示范乡镇 199 个、示范村 1 992 个。

2. 推广务实管用的乡村治理方式

2020 年，中央农办、农业农村部印发的《关于在乡村治理中推广运用积分制有关工作的通知》强调，各地要结合实际，从乡村治理的重点难点问题和农民群众最关心、最迫切、最现实的问题入手，采取适宜的管理方式和机制手段，有效发挥积分制的功能作用。2021 年，农业农村部、国家乡村振兴局印发《关于在乡村治理中推广运用清单制有关工作的通知》，要求将基层管理服务事项以及农民群众关心关注的事务细化为清单，编制操作流程，明确办理要求，建立监督评价机制，形成制度化、规范化的乡村治理方式。2021 年 9 月，农业农村部办公厅、国家乡村振兴局综合司发布的《关于印发乡村治理典型方式工作指南的通知》，深入分析乡村治理中运用积分制、清单制以及整治高价彩礼、大操大办等方面典型做法的内在规律、关键环节，归纳提炼形成三个"一张图"，将相对模糊笼统的乡村治理概念和要求，转化为目标清晰明确、运行有章可循、监督评价科学合理的工作任务，形成具有可操作性的工作抓手。

3. 推进乡村治理数字化

2021 年 11 月，国务院《关于印发"十四五"推进农业农村现代化规划的通知》指出，要推进乡村管理服务数字化，构建线上线下相结合的乡村数字惠民便民服务体系，推进"互联网＋"政务服务向农村基层延伸，深化乡村智慧社区建设，推广村级基础台账电子化，建立集党务村务、监督管理、便民服务于一体的智慧综合管理服务平台。加强乡村教育、医疗、文化数字化建设，推进城乡公共服务资源开放共享，不断缩小城乡"数字鸿沟"。持续推进农民手机应用技能培训，加强农村网络治理。2022 年 4 月，中央网信办、农业农村部、国家发展改革委、工业和信息化部、国家乡村振兴局联合印发《2022 年数字乡村发展工作要点》，强调提升乡村数字化治理效能，包括推进农村党建和村务管理智慧化、提升乡村社会治理数字化水平、推进乡村应急管理智慧化、运用数字技术助力农村疫情防控。

4. 健全县乡村三级治理体系

2017 年 2 月，中共中央办公厅、国务院办公厅印发的《关于加强乡镇政府服务能力建设的意见》明确，要加快乡镇政府职能转变，强化服务功能，健全服务机制，创新服务手段，增强服务意识，提升服务效能。2017 年 6 月，中共中央、国务院印发的《关于加强和完善城乡社区治理的意见》强调，城乡社区是社会治理的基本单元，要健全完善城乡社区治理体系，提升治理水平、补齐治理短板。

三、下一步政策取向

总体来看，乡村治理体系不断完善，但与实现治理有效的要求相比，仍有一定距离。一是治理理念相对滞后。传统的政府管治、管理思维依然较强，现代社会多元主体共建共治共享的意识不够，特别是在农村社会矛盾化解、环境卫生整治、公益事业建设等方面，农民群众、社会组织参与程度不高。二是治理体制不够健全。基层政府、村级各类组织和农民群众之间"权、责、利"关系不顺，不同部门之间工作合力尚未完全形成。三是治理能力有待提高。有的地方基层政府、村级各类组织的管理和服务水平不高；农村党员干部年龄老化、文化水平偏低、专业能力不足等问题突出，甚至存在党员干部办事不公、作风不实、不廉不洁等情况。四是治理方式有待创新。自治、法治、德治等多种治理方式综合运用不够，利用现代化信息化技术、制度化管理方法的水平不高。

下一步，要认真贯彻党的二十大关于"完善社会治理体系，健全共建共治共享的社会治理制度，提升社会治理效能；建设人人有责、人人尽责、人人享有的社会治理共同体"的要求，将乡村治理放到提高国家治理体系和治理能力现代化水平、全面推进乡村振兴的大局中来认识谋划，加强部门协调配合，瞄准目标持续发力，推动乡村治理体系不断健全、能力不断提高。

（一）加强党对乡村治理的全面领导

一是提高乡村治理工作的政治站位。进一步提高各级党委政府，特别是基层党委政府对乡村治理重要性的认识，切实把乡村治理作为推进国家治理体系和治理能力现代化、全面实施乡村振兴战略的重要内容，纳入经济社会发展总体规划和乡村振兴规划，促进乡村治理与乡村振兴其他重点任务协调发展。二是完善党领导乡村治理的体制机制。健全党委领导、政府负责、民主协商、社会协同、公众参与、法治保障、科技支撑的现代乡村社会治理体制，构建共建共治共享治理格局，不断完善自治法治德治相结合的治理体系。增强各级党组织对乡村治理的领导能力，落实"五级"书记抓乡村治理的要求，进一步压实县乡党委书记抓乡村治理的重要责任。完善细化县乡党委书记年度述职评议关于乡村治理内容的考核。三是健全统筹推进乡村治理的工作机制。鼓励各地建立健全以党委农村工作部门、农业农村部门为主要牵头抓总单位的乡村治理部门联席会议工作机制，强化党委农村工作部门、农业农村部门协调推进乡村治理体系建设的职责。根据分工情况，将乡村治理作为各级部门年度考核、监督检查、评比的重要内容。

（二）健全乡村治理组织体系

一是强化农村基层党组织建设。持续整顿软弱涣散村党组织，稳妥有序开展不合格党员组织处置工作，建立防范和整治"村霸"问题长效机制，加强农村基层党风廉政建设。落实村党组织书记县级党委备案管理制度，推动各地全面落实村"两委"成员县级联审常态化机制。强化村党组织对其他各类组织的领导，积极稳妥推行村党组织书记通过法定程序担任村民委员会主任和村级集体经济组织、合作经济组织负责人。二是全面提升自治组织能力。修改村民委员会组织法，完善村民（代表）会议制度，改进民主选举、民主协商、民主决策、民主管理、民主监督实践，发挥自治组织在村庄公共基础设施建设、经济发展、重大活动中的积极作用，调动农民的积极性、主动性、创造性。三是推动农村经济组织发展。巩固提升农村集体产权制度改革成果，健全集体经济组织运行机制，促进农民专业合作社规范发展，提高农民组织化程度。四是加快农村社会组织发育。提升团支部、妇联等组织功能，加大农村道德评议会、红白喜事理事会、村民理事会等社会组织的建设力度，推动文化机构、法律顾问等专业性服务组织和人才下沉到镇村，积极发挥服务性、公益性、互助性社区社会组织作用。

（三）提高乡镇管理和服务能力

一是推动治理重心下移。尽可能把资源、管理、服务下沉到乡镇和村，优化基层公共服务和行政审批职责，在乡村合理布局服务站点，构建线上线下相结合的乡村综合管理服务平台。二是加强乡镇能力建设。增强乡镇政府公共服务职能和统筹协调能力，整合乡镇和县级部门派驻乡镇机构承担的职能相近、职责交叉工作事项，健全乡镇和县直部门联动机制，推广"乡镇吹哨、部门报到"经验，推进乡镇社会工作服务站点建设，将乡镇打造成乡村治理中心、服务中心、产业中心。三是增强为民服务能力。引导管理服务向农村基层延伸，推动以数字化、信息化方式完善村级台账电子化，加强综合管理服务平台建设，为农民群众提供"一门式办理""一站式服务"。四是减轻村级组织负担。在综合评估村级组织承接能力的条件下，简化村级组织承担的行政事务规模，清理各种繁冗的检查评比考核事项，全面减轻村级组织负担。

（四）加强乡村治理创新实践

鼓励各地以县（市、区）为单位，围绕乡村治理中的重点问题和关键环节进行探索创新，总结推广基层探索实践的经验做法。一是推进智慧治理。鼓励地方开展多种形式的数字乡村治理实践，探索"互联网＋党建"、智慧党建，推动"互联网＋"向乡村延伸覆盖，推进服务事项在线办理。二是因地制宜划分治理单元。结合各地乡村空间布局，推动网格、党小组、村民小组、院坝、屋场、庭院等农村居民聚落建设成为新的乡村治理单元，进一步优化治理的空间格局。三是拓宽村民议事渠道。依托村民会议、村民代表会议、村民议事会、村民理事会、村民监事会等，鼓励开展村民说事等各类协商活动，制定村级议事协商目录。四是丰富乡村治理积分制实践形式。探索推动在乡村治理中运用积分制，加强农民群众物质奖励、精神奖励，增加农民群众对集体的认同感、归属感、荣誉感。

（五）培育乡村治理骨干力量

加快乡村治理人才队伍建设，引导农民工、知识分子、工商界人士、退休人员等回乡参与乡村治理，引导农村致富能手等在乡村治理中发挥积极作用，畅通和规范市场主体、新社会阶层、社会工作者和志愿者等参与乡村治理的途径，增强乡村治理体系活力。指导驻村第一书记、驻村干部等围绕乡村治理主要任务开展工作，强化村级组织的治理力量。加大对乡镇行政执法人员、农村警务人员、人民调解员、法律工作者等群体的业务培训，加强和规范乡村专兼职人民调解员队伍建设，实施"法律明白人"培养工程。坚持专业化、职业化、规范化，完善培养选拔机制，拓宽农村社工人才和志愿者队伍来源。

第 19 章

城乡融合发展政策

在现代化进程中，如何处理好工农关系、城乡关系，在一定程度上决定着现代化的成败。作为一个从计划经济向社会主义市场经济转轨并探索中国式现代化道路的发展中国家，改革开放以来，我国城乡关系演进不仅包含一般发展中国家的二元结构转型，还包括我国特有的城乡二元体制变革。城乡关系调整经历了一个长期过程，从城乡二元分割，到党的十六大后统筹城乡发展、十七大后推动城乡发展一体化，再到十九大提出建立健全城乡融合发展体制机制和政策体系，城乡二元体制不断破除，城乡融合发展局面正逐渐形成。

一、发展历程

我国城乡发展政策与国家整体发展战略紧密相关，其变化呈现出阶段性、渐进性特点，贯穿其中的逻辑是统筹考虑现代化整体目标和阶段性约束条件，探寻并完善"四化同步"的发展路径。自新中国成立到改革开放前，为保障重工业优先的赶超型工业化战略顺利实施，我国确立了包括户籍、城市福利保障、农产品统购统销和人民公社等一系列制度安排等。这些制度有效支撑了高积累、高投资、高速度推进工业化的计划，但也造成并逐步强化了城乡二元结构。改革开放以后，随着经济社会体制改革的不断深化，城乡藩篱开始拆除，城乡关系逐步调整。以党和国家对城乡发展的重大决策和部署为节点，可以将城乡发展政策划分为三大阶段。

（一）城乡二元体制破冰阶段：改革开放到党的十六大以前

改革由农村率先起步。家庭联产承包责任制的确立，让农民获得了对土地的承包经营权、对生产的决策权和对收益的索取权，生产积极性得到极大激发，农业生产效率大幅度提高，粮食产量激增。为进一步解放和发展农村社会生产力，顺应农民改革意愿，粮食收购价格、农村商品流通体制、统购统销制度等多项改革陆续铺开。农村组织架构也做出适应性调整。1983年，政社分开在全国推广，人民公社不再承担农村基层政权的职能，改由新成立的乡政府来执行，同时成立村民委员会办理公共事务和公益事业。随之而来的是，乡镇企业异军突起，长时间成为农民转移就业的主渠道。农民进城限制逐步放宽，1984年《国务院关于农民进入集镇落户问题的通知》规定，农民可以自理口粮进集镇落户，2001年3月颁布的《国务院批转公安部关于推进小城镇户籍管理制度改革意见的通知》，标志着小城镇户籍制度改革全面推进，城乡二元分割的格局出现松动。

这一时期的改革主要集中在经济领域，在城乡公共服务投入等领域基本延续传统体制，并未改变主要由农民自筹资金的状况，甚至还一度出现了中央财政对农村公共服务的投入绝对减少的局面。从形式上看，县乡政府承担了提供农村公共产品的主要责任，但与城市的财政供给体制有显著不同，农村社会事业支出并未真正纳入政府的一般财政预算体系，而是主要靠向农民收取"三提五统"等预算外收费和其他财政体制外收费来获得资金。农民以税费形式实际承担着农村社会事业发展的主要支出责任，资金来源不稳定和使用随意性的特点，使得农村社会事业发展无法满足实际需要。1998年，全国人均福利支出为452元，城市居民平均为1 462元，农村居民仅为11.2元。

（二）城乡统筹发展阶段：党的十六大到十八大以前

进入21世纪以后，我国经济持续快速增长，综合国力不断增强，初步具备了工业反哺农业的条件。2003年人均GDP首次突破1 000美元，标志着我国跨入中等收入国家门槛，我国经济进入了一个新的发展起点。基于城乡发展的现实，国家着手对城乡关系作出重大调整，我国进入城乡统筹发展阶段。

2002 年，党的十六大报告明确将"统筹城乡经济社会发展"作为解决城乡二元结构问题的基本方针。2003 年，党的十六届三中全会提出"五个统筹"的要求，并将"统筹城乡发展"列为五个统筹之首。2004 年，党的十六届四中全会提出"两个趋向"的判断。2005 年，党的十六届五中全会确定"建设社会主义新农村"的重大历史任务。经过几年的探索，国家对于破解城乡二元体制的思路更加明晰。2007 年，党的十七大报告提出："统筹城乡发展、推进社会主义新农村建设，必须建立'以工促农、以城带乡'的长效机制，形成城乡一体化的新格局。""城乡发展一体化"成为构建新型城乡关系的新目标。党的十七届三中全会提出，"必须统筹城乡经济社会发展，始终把着力构建新型工农、城乡关系作为加快推进现代化的重大战略"。

党中央、国务院坚持工业反哺农业、城市支持农村和"多予少取放活"的方针，把落实统筹城乡发展方略体现在投入上，统筹城乡发展新机制开始形成。一方面，经济领域的城乡二元体制改革继续深化。2004 年，以完全放开粮食市场为标志，农产品市场化体制机制基本建立。实行以农村税费改革为重要突破口的国民收入分配关系改革，扭转了长期以来农民负担过重的局面，国家与农民的分配关系发生根本性改变。实行农村综合改革，着力解决农村上层建筑与经济基础不相适应的深层次问题。推进城乡户籍、就业、财税、金融、社保等方面改革，探索建立城乡统一的劳动力市场和公平竞争的就业制度，加快形成保障农民工合法权益的政策体系和覆盖农民工的城乡基本公共服务制度。城乡劳动力市场一体化程度显著提高，农民工在城镇劳动力市场中的比重不断攀升，2012 年外出农民工在城镇从业人员的占比超过 44%。另一方面，城乡二元体制改革向社会领域延伸。公共财政的阳光普照农村，社会主义新农村建设有序推进，基本建立了覆盖全国的免费义务教育制度、新型农村合作医疗制度、农村最低生活保障制度、新型农村社会养老保险制度，在制度上实现了从无到有的历史性转变。但由于标准不一、双轨运行，再加上积累的历史欠账过多，城乡社会事业发展仍存在较大差距。

（三）城乡全面融合发展阶段：党的十八大以来

2011 年，我国常住人口城镇化率突破 50%，人均 GDP 超过5 000 美元，国家综合实力、财政实力稳步提升，城乡关系变革的基本条件已经具备。2012 年，党的十八大明确提出："解决好农业农村农民问题是全党工作重中之重，城乡发展一体化是解决'三农'问题的根本途径。"2013 年，党的十八届三中全会进一步指出："城乡二元结构是制约城乡发展一体化的主要障碍。必须健全体制机制，形成以工促农、以城带乡、工农互惠、城乡一体的新型工农城乡关系，让广大农民平等参与现代化进程、共同分享现代化成果。"2013 年 12 月召开的中共中央政治局会议提出"要走新型城镇化道路，出台实施国家新型城镇化规划"。新中国成立以来首个中央城镇化工作会议于 2013 年 12 月在北京召开，会议明确了推进城镇化的指导思想、主要目标、基本原则，提出了城镇化发展的六大重点任务，强调了"以人为本，推进以人为核心的城镇化"新理念。2014 年，中共中央、国务院发布我国首个《国家新型城镇化规划（2014—2020 年）》，"走以人为本、四化同步、优化布局、生态文明、文化传承的中国特色新型城镇化道路"成为共识。2013 年底中央农村工作会议首次提出了到 2020 年实现"三个 1 亿人"的目标：促进约 1 亿农业转移人口落户城镇，改造约 1 亿人居住的城镇棚户区和城中村，引导约 1 亿人在中西部地区就近城镇化。在社会主要矛盾发生深刻变化的背景下，党的十九大明确提出"建立健全城乡融合发展体制机制和政策体系"，2017 年中央农村工作会议将"重塑城乡关系，走城乡融合发展之路"置于乡村振兴战略七条道路之首。2019 年，中共中央、国务院印发《关于建立健全城乡融合发展体制机制和政策体系的意见》，明确了总体要求、主要任务和政策方向。2022 年上半年，中共中央办公厅、国务院办公厅印发《关于推进以县城为重要载体的城镇化建设的意见》，对以县域为重要切入点加快城乡融合发展作了具体部署。

党的十八大以来，以习近平同志为核心的党中央站在全局和战略的高度，协同推进新型城镇化和乡村振兴，积极探索符合中国国情的城乡融合发展体制机制，推出了一系列重大改革举措，取得了历史性成就。一方面，稳步推进城乡要素自由流动、平等交换。2014 年，国务院颁布《关于进一步推进户籍制度改革的意见》，在前期改革的基础上进一步调整户口迁移政策，统一城乡户口登记制度，全面实施居住证制度，公共服务加快向城镇常住人口覆盖。农业转移人口进城落户门槛不断降低、通道逐步拓宽，城市人才入乡机制也在逐步建立，城乡人才双向流动渠道开始打通。农村土地制度改革取得新突破，明确第二轮土地承包到期后再延长 30 年，农村承包地"三权"分置制度正式确立并加快完善，农村宅基地制度改革试点稳步推进，农村集体经营性建设用地入市试点取得积极进展。另一方面，稳步推进城乡公共资源合理配置。城乡一体的基础设施建设取得显著成效，农村水电路网等基础设施水平全面提升。城乡一体的基本公共服务供给制度基本形成。城乡义务教育经费保障机制初步建立，统一的城乡居民基本养老保险、基本医疗保险、大病保险制度逐步建立。我国城镇化水平继 2013 年超过世界平均水平后，2017 年达到中等收入国家平均水平，2021 年常住人口城镇化率达到 64.7%。

二、政策内容

城乡融合发展政策内容广泛，考虑到与其他章节衔接，本章将聚焦公共服务方面，重点介绍改革开放以来，为缩小城乡差距、加快城乡融合发展，在教育、医疗卫生、社会保障、规划等领域出台的政策。

（一）城乡义务教育均衡发展体制与政策

改革开放以来，农村义务教育管理体制经历了从"国家办学、政府管理"到"地方负责、分级管理"再到"以县为主"的转变。改革开放初期，我国义务教育管理体制仍然延续了"国家办学、政府管理"的模式。通过 1985 年的《中共中央关于教育体制改革的决定》、1986 年颁布的《义务教育法》、1992 年的《义务教育法实施细则》，国家有步骤地推行地方负责、分级管理的九年制义务教育。随后出台的《中国教育改革和发展纲要》《国务院关于〈纲要〉的实施意见》《中共中央国务院关于深化教育改革全面推进素质教育的决定》等文件，就继续完善分级办学、分级管理的体制作出相关规定。"地方负责、分级管理"的义务教育管理体制突破了以往基础教育由国家统包统管的旧模式，加强了地方政府在义务教育管理和投入上的责任，在一定程度上调动了地方各级政府办学积极性。但同时也不可避免地存在一些缺陷，最突出的问题是农村基础教育财权与事权不匹配，各种收费成为教育经费主要来源，这给农民带来了很重的负担。

进入 21 世纪，农村义务教育管理体制开始向"以县为主"转变，投入的公共性逐步得到确立。2001 年《国务院关于基础教育改革与发展的决定》、2002 年国务院办公厅《关于完善农村义务教育管理体制的通知》等文件，进一步明确了各级政府对农村义务教育领导和管理的具体责任。"以县为主"管理体制最突出的变化是义务教育经费投入责任的上移，基层政府特别是乡镇政府的农村义务教育支出压力大大缓解。但由于义务教育所需投入量较大，县级财政特别是中西部地区的县级财力不足，无力按照国家要求承担义务教育投入责任。2003 年印发的《国务院关于进一步加强农村教育工作的决定》（国发〔2003〕19 号），2005 年国务院印发的《关于深化农村义务教育经费保障机制改革的通知》，以及 2006 年 9 月颁布的新《义务教育法》，确立了农村义务教育支出的公共性。2007 年，政府分级负责的农村义务教育经费保障机制初步建立，免费义务教育在广大农村得以实现。

党的十八大以来，以县域为重点，城乡一体化义务教育发展机制加快建立。2010 印发的《国家中长期教育改革和发展规划纲要（2010—2020 年）》提出，"建立城乡一体化义务教育发展机制。率先在县（区）

域内实现城乡均衡发展，逐步在更大范围内推进。"2016 年印发《国务院关于统筹推进县域内城乡义务教育一体化改革发展的若干意见》（国发〔2016〕40 号），提出了"四个统一、一个全覆盖"的明确要求，即加快推进县域内城乡义务教育学校建设标准统一、教师编制标准统一、生均公用经费基准定额统一、基本装备配置标准统一，"两免一补"政策城乡全覆盖，统筹推进城乡义务教育一体化改革发展。2017 年 9 月，中共中央办公厅、国务院办公厅印发《关于深化教育体制机制改革的意见》，要求完善义务教育均衡优质发展体制机制，统一城乡学校建设标准、城乡教师编制标准、城乡义务教育学校生均公用经费基准定额，加快建立义务教育学校国家基本装备标准。实施消除大班额计划。加快义务教育学校标准化建设，加强教师资源的统筹安排，实现县域优质资源共享。

在完善义务教育管理体制的同时，坚持把农村教育作为优先领域，促进公共教育资源向农村倾斜，推进城乡基本公共教育服务均等化。农村办学条件大幅改善。2018 年，印发《关于全面加强乡村小规模学校和乡镇寄宿制学校建设的指导意见》（国办发〔2018〕27 号），部署完成新一轮农村义务教育学校布局规划，进一步规范了农村学校撤并程序，切实保障农村学生就近就便接受义务教育。中央财政下达义务教育薄弱环节改善与能力提升、教育现代化推进工程项目资金，重点支持贫困地区改善农村学校办学条件以及消除大班额工作。经费保障机制逐步健全。2015 年，印发《关于进一步完善城乡义务教育经费保障机制的通知》（国发〔2015〕67 号），要求建立城乡统一、重在农村的义务教育经费保障机制。从 2016 年起，分两步统一城乡义务教育学校生均公用经费基准定额和城乡义务教育学生"两免一补"政策，实现相关教育经费随学生流动可携带。乡村教师支持政策不断完善。把教师队伍作为办好基础教育的第一资源，重点加强乡村教师队伍建设。2019 年，中央编办、教育部、财政部、人力资源社会保障部联合出台《关于进一步挖潜创新加强中小学教职工管理的指导意见》（中央编办发〔2019〕230 号），通过事业编制跨行业跨层级调剂、周转使用、合理配置，优先满足中小学教育事业发展需要。完善教师补充机制，推动制定符合教师职业特点的公开招聘办法。通过实施"特岗计划"、健全职称制度体系、发放乡村教师生活补助等政策，推动城镇教师向乡村学校、薄弱学校流动。义务教育均衡发展督导评估制度不断健全。2012年，教育部出台《县域义务教育均衡发展督导评估暂行办法》，标志着我国建立起义务教育均衡发展督导评估制度。2013年，全国启动第一批义务教育发展均衡县（市、区）督导评估认定工作。截至目前，我国31个省（区、市）和新疆生产建设兵团的2 895个县都实现了县域义务教育基本均衡发展。这是继全面实现"两基"后，我国义务教育发展中的又一重要里程碑。2021年，教育部办公厅发出《关于开展县域义务教育优质均衡创建工作的通知》，从重硬件建设转向更重软件内涵建设，从重指标合格转向更重群众获得，从重数量规模转向更重质量效果，推动县域义务教育基本均衡高质量发展。

（二）城乡医疗卫生服务均等化发展政策

改革开放初期，以县级医疗卫生机构为龙头、乡镇卫生院为主体，村卫生室为基础的农村医疗卫生服务网络建设一度弱化。20世纪90年代以后，通过"八五"期间农村卫生和预防保健两项专项投资、启动农村卫生"三项建设"工程等举措，农村医疗卫生服务网络建设有所恢复，农村医疗卫生建设投入增长较快，乡镇医疗状况有所改善。

2000年以后，国家对农村医疗卫生工作高度重视，农村医疗卫生服务网络得到加强。在《关于进一步规范和积极稳妥地推进乡（镇）村卫生室组织一体化管理的几点意见》《关于农村卫生改革与发展的指导意见》《农村卫生服务体系建设与发展规划》等文件的推动下，农村卫生机构开始优化组合，农村医疗服务质量逐步提高，村级卫生室数量和乡村医生数量均有所增加，农村居民人均卫生资源有较大幅度提高。随着2009年新一轮医药卫生体制改革、2010年公立医院改革、2013年县级公立医院综合改革等试点启动和实施，医疗卫生的公共性逐步得到强化。

2016 年，我国明确了新形势下卫生与健康工作的方针：以基层为重点，以改革创新为动力，预防为主，中西医并重，把健康融入所有政策，人民共建共享。近年来，我国持续深化医疗制度改革。着力推进基本医疗卫生制度建设，通过医联体、医共体，大医院带动小医院，县医院连接乡镇卫生院等方式，使得县乡一体、乡村一体，不断提高基层医疗水平；规范推进远程医疗服务，逐步形成"国家、省、地市、县、乡"五级远程医疗服务体系，重点覆盖国家级贫困县和边远地区；不断强化基层医疗卫生服务能力，加强基层医疗卫生服务体系建设，实施基层中医药服务能力提升工程，推进国家医学中心和区域医疗中心建设，促进优质医疗资源逐步下沉，按照"县强、乡活、村稳、上下联、信息通、模式新"的思路，推进县域综合医改，深化基层医疗卫生机构综合改革，激发基层机构活力，八成以上县级医院达到二级及以上医院水平。医疗卫生工作重心下移、医疗卫生资源下沉，推动城乡基本公共服务均等化，为群众提供安全有效方便价廉的公共卫生和基本医疗服务，真正解决好基层群众看病难、看病贵问题。

（三）农村社会保障制度逐步建立和完善

1. 农村养老保障制度方面

改革开放前的五保供养、集体养老模式，是我国农村社会养老保险制度的萌芽。20 世纪 80 年代初，我国农村少数村庄就已经对老年农民实行退休养老。为适应计划生育政策和家庭联产承包责任制的普遍推行，国家"七五"计划提出"建立我国社会保障制度的雏形"任务。据此，从 1986 年开始，民政部负责进行农村社会保障制度改革探索，重点是建立现代意义的社会保险制度即农村社会养老保险制度。1992 年12 月，民政部召开"全国农村社会养老保险工作会议"，全面总结了在近 60 个县市组织大规模试点的经验，提出"积极领导、稳步前进"的工作方针。自此，农村社会养老保险在全国逐步发展起来。但由于缺乏有力的政府支持、管理体系不完善等原因，1998 年以后农村社会养老保险发展速度放缓，全国大部分地区出现了参保人数下降、基金运行难度加大等问题。

从 2003 年起，我国开始探索新型农村养老保险制度，以缴费补贴、基金贴息、老人直补、待遇调整等方式，建立个人缴费、集体补助、政府补贴的筹资机制。劳动和社会保障部于 2006 年 1 月选择北京市大兴区等 8 个县市区，启动了新型农村社会养老保险制度建设试点工作，俗称"新农保"。2009 年 9 月，国务院发布《关于开展新型农村社会养老保险试点的指导意见》（国发〔2009〕32 号），正式启动全国新农保试点工作。2011 年 6 月，国务院印发《关于开展城镇居民社会养老保险试点的指导意见》（国发〔2011〕18 号）。到 2012 年 7 月，我国基本实现社会养老保险制度全覆盖。

2014 年 2 月，国务院印发《关于建立统一的城乡居民基本养老保险制度的意见》（国发〔2014〕8 号），将新农保和城居保两项制度合并实施，在全国范围内建立统一的城乡居民基本养老保险，按照全覆盖、保基本、有弹性、可持续的方针，以增强公平性、适应流动性、保证可持续性为重点，全面推进和不断完善覆盖全体城乡居民的基本养老保险制度，明确了城乡居民保险的任务目标、参保范围、基金筹集、养老保险待遇及调整、领取条件、制度衔接、基金管理和运营等内容，统筹城乡社会保障制度进入新阶段。2018 年 3 月，《关于建立城乡居民基本养老保险待遇确定和基础养老金正常调整机制的指导意见》出台，要求推动城乡居民基本养老保险待遇水平随经济发展而逐步提高，确保参保居民共享经济社会发展成果，不断增强参保居民的获得感、幸福感、安全感。截至 2021 年底，全国基本养老保险参保人数已超过 10.25 亿人。

2. 农村医疗保障制度方面

改革开放以来，农村医疗保障制度经历了从合作医疗制度到新型农村合作医疗制度再到城乡居民基本医疗保险制度的转变。改革开放前，各地探索形成的合作医疗制度逐步成为农民享受医疗保障的基本形式。1979 年 12 月，卫生部、农业部、财政部等联合印发《农村合作医疗章程（试行草案）》，标志着合作医疗开始走上制度化运行轨道。截至 1980 年底，全国农村已形成集预防、医疗、保健功能于一身的三级医疗预防保健网络，基本实现"小病不出村、中病不出社、大病不出县"的目标。随着人民公社体制的解体、乡村集体经济公共积累的下降和国家卫生工作重心的转移，原有的合作医疗逐渐难以为继，全国实行合作医疗的行政村（生产大队）比例由 1976 年的 90％下降到 1986 年的 4.8％。

20 世纪 90 年代中期，国家开始积极探索恢复重建农村合作医疗。1996 年 7 月，全国共选择 19 省（自治区、直辖市）183 个县（市、区）开展合作医疗试点。1997 年，中共中央、国务院出台《关于卫生改革与发展的决定》。1999 年，国务院批准卫生部等部门《关于改革和加强农村医疗卫生工作的请示》。2002 年 10 月，中共中央、国务院印发《关于进一步加强农村卫生工作的决定》（中发〔2002〕13 号），提出到 2010 年在全国范围内建立起以大病统筹为主的新农合制度和医疗救助制度，并在各地推开试点。2006 年 1 月，卫生部等部门印发《关于加快推进新型农村合作医疗试点工作的通知》，提出全国新农合试点县（市、区）数量在 2006 年、2007 年分别达到全国县（市、区）总数的 40％和 60％左右，2008 年在全国基本推行，2010 年实现制度全覆盖的目标。截至 2011 年底，全国开展新农合试点的县（市、区）达到 2 637 个，占全国总县（市、区）的 92.4％；参合农民 8.32 亿，覆盖农业人口 8.53 亿，参合率达到 97.5％。与此同时，以大病统筹为主的城镇居民基本医疗保险制度也逐步建立。

国务院于 2016 年 1 月发布的《关于整合城乡居民基本医疗保险制度的意见》（国发〔2016〕3 号）提出，将新型农村合作医疗和城镇居民基本医疗保险两项制度整合，建立统一的城乡居民基本医疗保险制度，并提出在覆盖范围、筹资政策、保障待遇、医保目录、定点管理和基金管理方面"六统一"的政策要求，城乡共享统一的缴费标准、待遇水平、就医范围等。2020 年 2 月，《中共中央国务院关于深化医疗保障制度改革的意见》印发，提出从筹资、待遇、支付、监管四大关键环节入手，加快建立覆盖全民、城乡统筹、权责清晰、保障适度、可持续的多层次医疗保障体系，推动医保制度走向成熟定型。2021 年底，我国基本医疗保险参保人数达 13.6 亿人。

3. 城乡居民大病保险制度方面

大病保险是指政府从基本医保基金中拿出一部分资金，为参加基本医保的城乡居民购买大病医疗保险，其本质是基本医保的延伸和拓展。2012 年 8 月，国家发展改革委等部门联合发布了《关于开展城乡居民大病保险工作的指导意见》（发改社会〔2012〕2605 号）。2015 年，国务院办公厅发布了《关于全面实施城乡居民大病保险的意见》（国办发〔2015〕57 号），全面推进该制度建设，惠及更多人民群众。2016 年，在整合城乡居民基本医保制度的同时，各地还同步整合城乡居民大病保险。根据党的十九大提出的"完善统一的城乡居民基本医疗保险制度和大病保险制度"要求，近年来，大病保险在实现制度城乡统一的基础上，持续推进制度完善，增加政策供给，增强大病保障功能。资金投入持续加大。大病保险资金由居民医保划拨，2018—2019 年连续 2 年居民医保新增筹资的一半用于大病保险（分别为 20 元、15 元）。2020 年，明确各统筹区根据居民医保基金运行情况，合理确定大病保险筹资水平。保障水平稳步提高。统一降低大病保险起付线至上年居民人均可支配收入的一半，政策范围内支付比例从 50% 提高到 60%。据统计，2020 年大病保险在基本医保基础上提高报销比例超过 13 个百分点。对贫困人口实施倾斜支付。为进一步减轻贫困大病患者负担，实施起付线降低 50%、支付比例提高 5 个百分点、全面取消封顶线的倾斜政策，并进一步延伸至困难群众。截至 2021 年底，大病保险已覆盖 12.2 亿城乡居民。

（四）乡村规划内涵不断丰富，管理逐渐成熟

党的十一届三中全会后，全国各地均展现出强劲的发展活力，尤其是在鼓励农民自主建房政策出台后，村庄建设达到小高潮，但也出现了无序建房、乱占耕地等现象。1979 年底，第一次全国农村房屋建设工作会议召开。此后，我国长期自发进行的农房建设逐步走上有引导、有规划、有步骤的发展轨道。1981 年，第二次全国农村房屋建设工作会

议召开，标志着我国的乡村规划工作开始从只抓农房建设进入到对村庄和集镇进行综合规划、综合建设的新阶段。1984 年 11 月，全国村镇建设经验交流会明确了在国家"七五"计划时期"以集镇建设为重点，带动整个村镇建设"的工作方针。1993 年 10 月召开的全国村镇建设工作会议，确定"以小城镇建设为中心，带动村镇建设，促进农村经济全面发展"的工作方针，对小城镇建设开展多层次、多方位的试点工作。2005 年，党的十六届五中全会提出建设社会主义新农村后，乡村规划内涵大幅拓宽。党的十八大明确提出了包括生态文明建设在内的"五位一体"总体布局，乡村建设进入生态文明时代的美丽乡村建设阶段，乡村规划发展为生产生活生态的全方位规划。

在乡村规划管理方面。改革开放以来，乡村规划方面法规制度不断健全。1982 年 2 月发布的《村镇建设用地管理条例》，规定了加强村镇建设管理的原则和办法。同月，国务院颁布《村镇建房用地管理条例》，明确了村庄规划和集镇规划的审批程序。为确保工程质量和安全生产，城乡建设环境保护部于 1982 年 8 月制定了《关于加强县社建筑勘察设计管理的暂行规定》《关于加强县社建筑施工技术管理的暂行规定》《关于加强集体所有制建筑企业安全生产管理的暂行规定》，乡村建设工作开始走上法治轨道。为了使乡村建设有章可循、有法可依，1993—1998 年，有关部门先后发布了《村庄和集镇规划建设管理条例》《建制镇规划建设管理办法》《关于加强小城镇建设的若干意见》《村镇建筑工匠从业资格管理办法》，为加强全国村镇的规划建设和管理，保障村镇建设事业健康发展，提供了有力的法律依据。2000 年，建设部发布施行《村镇规划编制办法（试行）》。2008 年颁布实施的《城乡规划法》，对村镇规划的制定、实施、修改、监督检查和法律责任作了规定，将城市、乡村规划二元立法体系调整为城乡一元规划立法体系，将体现科学发展和城乡统筹思想、提高统筹城乡发展水平、规范城乡规划行为、保护公共利益的重要性，上升到法治层面，具有划时代的意义。2010 年，住房城乡建设部出台了《镇（乡）域规划导则（试行）》《城市、镇控制性详细规划编制审批办法》等《城乡规划法》配套法规，进一步完善了我国村镇规划建设管理的法规体系。2015 年 11 月，住房城乡建设部印发了《关于改革创新全面有效推进乡村规划工作的指导意见》，要求规划应明确目标、统筹全域、"多规合一"，分区分类提出村庄整治指引。2018 年，新的国土空间规划管理体系基本构建完成。在乡村振兴政策和国土空间规划管理的双向推动下，2019 年以来，国家相继出台了《关于统筹推进村庄规划工作的意见》《关于建立国土空间规划体系并监督实施的若干意见》《关于加强村庄规划促进乡村振兴的通知》《关于进一步做好村庄规划工作的意见》等文件，大力推进"多规合一"的实用性村庄规划编制。全国各地陆续启动了村庄规划编制试点工作，出台村庄规划编制导则。自上而下与自上而下相结合，提升了村庄规划的科学性，保障了规划的可操作性。

三、下一步政策取向

党的十八大以来，城乡融合发展取得了历史性成就，乡村面貌发生了巨大变化，为实施乡村振兴战略奠定了坚实基础。同时也要看到，当前城乡融合发展体制机制和政策体系还不够健全，促进城乡公共服务均等化方面仍存在一些短板弱项。一是农村义务教育资源质量不高，学前教育、职业教育资源供给不足。二是乡村医疗卫生服务体系不健全，医疗设施建设滞后，服务能力不强，优质医疗服务资源可及性较差。三是农村人口社会保障水平普遍偏低，现行社会保障体系无法满足农民的多元需求。四是乡村规划编制滞后，已编制规划质量参差不齐，无法满足乡村振兴的现实需要。

下一步，要认真贯彻落实党的二十大关于"坚持农业农村优先发展，坚持城乡融合发展"的要求，健全城乡融合发展的体制机制和政策体系，以协同推进新型城镇化和乡村振兴战略为抓手，以县域为突破口，紧盯重点领域、关键环节、重要人群，在推进城乡基本公共服务标准统一、制度并轨的基础上，继续加大投入、深化改革、完善制度，加快实现从形式上的普惠向实质上的公平转变，着力提高城乡基本公共服务均等化水平，加快形成工农互促、城乡互补、协调发展、共同繁荣的城乡发展新格局。

（一）多措并举提高乡村地区教育质量

多渠道增加农村普惠性学前教育供给，完善普惠性学前教育保障机制。继续改善乡镇寄宿制学校办学条件，保留并办好必要的乡村小规模学校，在县城和中心镇新建改扩建一批普通高中和中等职业学校。加强乡村教师队伍建设，推进县域内义务教育学校校长教师交流轮岗，支持建设城乡学校共同体，引导优质教育资源下沉。加快发展面向乡村的网络教育。

（二）促进乡村医疗卫生体系健康发展

重点强化县域内医疗卫生资源统筹和布局优化，合理配置乡村医疗资源。加强人才培养和引进，统筹解决好乡村医生薪酬分配和待遇保障问题，打造一支专业化、规范化的乡村医生队伍。提高农村地区医疗保障水平，强化乡村医疗卫生服务体系功能，加强疾病预防控制能力建设，加快补齐乡村公共卫生体系短板。

（三）完善农村基本社会保障制度，提高重点人群保障水平

落实城乡居民基本养老保险待遇确定和正常调整机制。合理提高政府补助标准和个人缴费标准，健全重大疾病医疗保险和救助制度。推进城乡低保制度统筹发展，逐步提高特困人员供养服务质量。健全县乡村衔接的三级养老服务网络，发展农村普惠型养老服务和互助性养老。加快健全多层次社会保障体系，提高高素质农民、新型农业经营主体、新生代农民工等重点群体社会保障水平。

（四）完善县镇村规划布局，配强配优乡村规划编制力量

强化县域国土空间规划管控，统筹划定落实永久基本农田、生态保护红线、城镇开发边界。统筹县城、乡镇、村庄规划建设，明确村庄分

类布局。推进县域产业发展、基础设施、公共服务、生态环境保护等一体规划，加快形成县乡村功能衔接互补的建管格局，推动公共资源在县域内优化配置。加大乡村规划编制人才培养力度，加强乡村规划编制人才保障，提高乡村规划编制的实效性。

主要参考文献

本书编写组 . 2017. 党的十九大报告辅导读本 ［M］. 北京：人民出版社 .

蔡昉 . 2021. 劳动力转移与就业体制改革 ［M］//中国改革开放：实践历程与理论探索 . 北京：中国社会科学出版社 .

陈锡文，韩俊 . 2021. 中国脱贫攻坚的实践与经验 ［M］. 北京：人民出版社 .

陈锡文，罗丹，张征 . 2018. 中国农村改革 40 年 ［M］. 北京：人民出版社 .

陈锡文，赵阳，陈剑波，等 . 2009. 中国农村制度变迁 60 年 ［M］. 北京：人民出版社 .

陈锡文 . 2018. 读懂中国农业农村农民 ［M］. 北京：外文出版社 .

陈志钢，等 . 2017. 建立营养导向的中国粮食安全发展战略 ［M］//中国农业供给侧改革研究 . 北京：清华大学出版社 .

程国强 . 2010. 中国农村市场改革：经验、挑战与思路 ［J］. 改革 （9）：151－153.

《当代中国农业合作化》编辑室 . 1992. 建国以来农业合作化史料汇编 ［M］. 北京：中共党史出版社：678，732－733.

邓菊秋，王祯敏，尹志飞 . 2018. 改革开放 40 年我国财政支农政策的成效、问题与展望 ［J］. 贵州财经大学学报 （5）.

翟雪玲 . 2014. 我国蔬菜流通体制变迁背景、内容及方向 ［J］. 经济研究参考 （62）：8－13.

丁俊发 . 2008. 中国商品交易市场风雨三十年 ［J］. 经济界，78 （6）：13－15.

都阳，程杰 . 2021. 社会建设和民生事业 ［M］//中国改革开放：实践历程与理论探索 . 北京：中国社会科学出版社 .

都阳 . 2019. 劳动力市场制度改革 ［M］//中国就业和社会保障体制改革 40 年 . 北京：经济管理出版社 .

高强 . 2019. 脱贫攻坚与乡村振兴有机衔接的逻辑关系及政策安排 ［J］. 南京农业大学学报 （社会科学版），19 （5）：15－23，154－155.

耿云辉，等 . 2020. 实施质量兴农战略研究 ［M］//乡村振兴制度性供给研究 . 北京：中国发展出版社 .

郭庆海，宫斌斌 . 2022. 21 世纪以来粮食收储政策演进、得失与改革完善 ［J］. 中州学刊（8）．

郭天财．2021．新发展阶段中国小麦产业的新问题与新对策［R］．2021 作物健康种植
　技术交流会报告．

韩俊，宋洪远．2019．新中国 70 年农村发展与制度变迁［M］．北京：人民出版社．

韩俊．2014．中国粮食安全与农业走出去战略研究［M］．北京：中国发展出版社．

韩扬．2021．中美农业支持政策的演变与完善——基于 WTO《农业协定》影响的对比
　［J］．国际经济评论（6）．

韩长赋．2019．新中国农业发展 70 年　科学技术卷［M］．北京：中国农业出版社．

韩长赋．2019．新中国农业发展 70 年　政策成就卷［M］．北京：中国农业出版社．

何昌垂．2013．粮食安全——世纪挑战与应对［M］．北京：社会科学文献出版社．

纪良纲，刘东英．2006．中国农村商品流通体制研究［M］．北京：冶金工业出版社：
　13 - 16．

孔祥斌．2019．耕地占补平衡如何对接生态文明建设［N］．中国自然资源报，8 - 13．

粮食安全干部读本编写组．2021．粮食安全干部读本［M］．北京：人民出版社．

刘守英，熊雪峰．2019．产权与管制——中国宅基地制度演进与改革［J］．中国经济问
　题（6）：17 - 27．

刘同山．2018．农村宅基地制度改革：演进、成就与挑战［J］．农林经济管理学报（6）．

罗必良．2003．中国农产品流通体制改革的目标模式［J］．经济理论与经济管理（4）：
　58 - 63．

马建堂．2021．迈向 2035 年的中国乡村［M］．北京：中国发展出版社．

马凯，曹玉书．2002．计划经济体制向社会主义市场经济体制的转轨［M］．北京：人
　民出版社：152 - 153．

孟宏斌．2019．新中国成立 70 年来农村医疗保障制度变迁及其经验启示［J］．中国农
　业大学学报（社会科学版）（5）．

倪洪兴．2021．入世 20 年看农业［J］．农业贸易研究（10）．

农业部．2014．关于加强农产品质量安全全程监管的意见［Z］．

农业部．2017．关于印发《"十三五"全国农产品质量安全提升规划》的通知［Z］．

农业部．2011．关于印发《农产品质量安全发展"十二五"规划》的通知［Z］．

农业农村部，国家发展改革委．2022．农业农村减排固碳实施方案［Z］．

农业农村部．2022．关于印发《"十四五"全国农产品质量安全提升规划》的通知［Z］．

农业农村部农产品质量安全监管司．2022．2022 年农产品质量安全监管工作要点［Z］．

农业农村部农产品质量安全监管司．2022．完善监管机制　补齐安全短板［Z］．

祁春节，蔡荣．2008. 我国农产品流通体制演进回顾及思考［J］. 经济纵横，275
　　（10）：45－48.

钱煜昊，曹宝明，武舜臣．2019. 中国粮食购销体制演变历程分析——基于制度变迁中
　　的主体权责转移视角［J］. 中国农村观察（4）：2－17.

宋洪远．2000. 改革以来中国农业和农村经济政策的演变［M］. 北京：中国经济出版
　　社：506－530.

唐仁健．2022. 扎实推动乡村振兴取得新进展［N］. 学习时报，3－2（1）.

唐仁健．1997. 中国粮食流通体制改革、现状、目标和思路［J］. 改革（3）：52－54.

涂圣伟．2020. 脱贫攻坚与乡村振兴有机衔接：目标导向、重点领域与关键举措［J］.
　　中国农村经济（8）：2－12.

王斌，于淑华．2009. 中国农产品流通发展报告（上）［J］. 中国流通经济，23（1）：
　　13－17.

王斌，于淑华．2009. 中国农产品流通发展报告（下）［J］. 中国流通经济，23（2）：
　　12－15.

王德文，黄季焜．2001. 中国粮食流通体制改革——双轨过渡与双轨终结［J］. 改革
　　（4）：99－106.

王可山，苏昕．2018. 我国食品安全政策演进轨迹与特征观察［J］. 改革（21）.

王振富．1992. 我国二元经济结构与农产品流通模式的选择［J］. 财贸研究（1）：
　　9－13.

魏后凯，杜志雄．2022. 中国农村发展报告——促进农民农村共同富裕［M］. 北京：
　　中国社会科学出版社.

魏莉华．2021. 新《土地管理法实施条例》释义［M］. 北京：中国大地出版社.

翁贞林，唐文苏，谌洁．2022. 乡村振兴视野下农村集体经营性建设用地直接入市：演进
　　逻辑、现实挑战与未来展望［J］. 华中农业大学学报（社会科学版）（3）：188－196.

习近平．2022. 高举中国特色社会主义伟大旗帜　为全面建设社会主义现代化国家而团
　　结奋斗——在中国共产党第二十次全国代表大会上的报告［M］. 北京：人民出
　　版社.

徐柏园．2000. 半个世纪来我国农产品流通体制变迁［J］. 北京社会科学（1）：127－133.

许庆，刘进，杨青．2020. WTO 规则下的农业补贴改革：逻辑、效果与方向［J］. 农
　　业经济问题（9）.

叶兴庆，张云华，伍振军，等．2018. 农业农村改革重大问题研究［M］. 北京：中国
　　发展出版社.

张车伟．2019. 中国人口与劳动绿皮书（No.20）——面向更高质量的就业："十四五"时期中国就业形势分析与展望［M］. 北京：社会科学文献出版社．

张红宇，赵长保．2010. 中国农业政策的基本框架［M］. 北京：中国财政经济出版社.

张然，田志宏．2019. 美国"黄箱"补贴政策调整适应 WTO 规则的做法与启示［J］. 华南理工大学学报（社会科学版），21（2）.

张天佐，张海阳，居立．2017. 新一轮欧盟共同农业政策改革的特点与启示——基于比利时和德国的考察［J］. 世界农业（1）.

张晓山，苑鹏，崔红志，等．2019. 农村集体产权制度改革论纲［M］. 北京：中国社会科学出版社．

中共中央，国务院．2021. 关于完整准确全面贯彻新发展理念做好碳达峰碳中和工作的意见［Z］.

中共中央文献研究室．2011. 建国以来重要文献选编（第 11 册）［M］. 北京：中央文献出版社：384.

中共中央文献研究室．2011. 建国以来重要文献选编（第 5 册）［M］. 北京：中央文献出版社：461.

中共中央文献研究室．1999. 毛泽东文集（第六卷）［M］. 北京：人民出版社：431.

中共中央宣传部．2018. 习近平新时代中国特色社会主义思想三十讲［M］. 北京：学习出版社．

中国村镇建设 70 年成就收集整理课题组．2019. 新中国成立 70 周年村镇建设发展历程回顾［J］. 小城镇建设（9）.

中国农村财经研究会课题组．2016. 中国财政支农政策与体系的演变历程［J］. 当代农村财经（3）：9-23.

中国农业绿色发展研究会．2021. 中国农业绿色发展报告：2020［M］. 北京：中国农业出版社．

中国中共党史学会．2019. 中国共产党历史系列辞典［M］. 北京：中共党史出版社、党建读物出版社．

周南．2019. 破除城乡二元体制 实现城乡融合发展［J］. 中国经贸导刊（9）.

后　　记

对农业农村政策发展历程进行回顾和总结，是农业农村政策工作者的优良传统。2009 年，原农业部产业政策与法规司司长张红宇同志、农村经济研究中心副主任赵长保同志，组织相关人员对改革开放特别是新世纪以来的农业农村政策进行系统梳理，出版了《中国农业政策的基本框架》。当前，我国已进入新发展阶段，农业农村发展的历史方位、时代特征、基本趋势发生了明显的变化，对全面把握农业农村政策提出了更高要求。为便于三农工作者了解农业农村政策的整体框架，特别是党的十八大以来的最新成果，农业农村部政策与改革司牵头编写了本书。

本书的篇章结构和写作分工是：第 1 章 "总论"，作者是张海阳；第 2 章 "农村土地承包政策"，作者是刘涛、杨凯波、刘春明、苏晓宁；第 3 章 "耕地保护政策"，作者是肖卫东；第 4 章 "粮食安全政策"，作者是孙昊；第 5 章 "新型农业经营主体培育政策"，作者是李文婧；第 6 章 "农产品流通政策"，作者是翟雪玲；第 7 章 "农产品质量安全政策"，作者是姚璐；第 8 章 "农业投入和补贴政策"，作者是谭慧颖；第 9 章 "农产品价格支持政策"，作者是曹慧；第 10 章 "农业对外开放政策"，作者是刘武兵、刘丽佳；第 11 章 "农村金融政策"，作者是龙文军、郭军、靳少泽；第 12 章 "农村劳动力转移就业政策"，作者是程杰；第 13 章 "乡村产业发展政策"，作者是张照新、李文婧；第 14 章 "绿色发展政策"，作者是金书秦；第 15 章 "农村减贫政策"，作者是蔡海龙；第 16 章 "农村集体产权政策"，作者是杨霞、崔琳、李沣恒、吕明阳；第17章"农村建设用地管理政策"，作者是杨霞、种聪、吕明阳；第18章"乡村治理政策"，作者是贺潇、鲁广鹏；第19章"城乡融合发展政策"，作者是陈炫汐。

农业农村部政策与改革司司长赵鲲同志组织拟定了全书框架结构和写作提纲，审定了全部书稿。农业农村部政策与改革司一级巡视员赵长保同志、副司长王平、王宾和刘涛同志，二级巡视员刘光明、余葵和张海阳同志，农村经济研究中心副主任杨春华同志，农业贸易促进中心副主任吕向东同志，国家乡村振兴局政策法规司负责人毛德智同志，承担了初稿审阅和组织修改等工作。农村经济研究中心的王欧同志参与了书稿讨论有关工作。张海阳、王欧同志还承担了协调、统稿等大量具体工作。

本书在写作过程中，得到了农业农村部农村经济研究中心主任金文成同志的大力支持。农业农村部计划财务司王胜同志、乡村产业司李春艳同志、国际合作司叶全宝同志认真审读相关章节并提出了宝贵修改意见。中国农业出版社赵刚同志及其团队为本书顺利出版付出了大量心血。在此，对这些单位和同志表示衷心的感谢。

本书是关于中国农业农村政策的资料性工具书，希望帮助读者概貌了解中国农业农村政策。由于能力有限，欠妥错漏之处在所难免，恳请读者批评指正。

编　者

2022年12月